高等职业教育公共基础课创新系列教材

职业礼仪

主　编◎咸桂彩　雷朝晖
副主编◎王容平　胡怡然　何　莉　赵　曾　徐　健
编　委◎张　雪

北京理工大学出版社
BEIJING INSTITUTE OF TECHNOLOGY PRESS

版权专有　侵权必究

图书在版编目（CIP）数据

职业礼仪／咸桂彩，雷朝晖主编．－－北京：北京理工大学出版社，2019.11（2024.1 重印）
ISBN 978－7－5682－7977－2

Ⅰ．①职… Ⅱ．①咸… ②雷… Ⅲ．①礼仪－教材 Ⅳ．①K891.26

中国版本图书馆 CIP 数据核字（2019）第 254192 号

责任编辑：龙　微　　**文案编辑**：梁铜华
责任校对：周瑞红　　**责任印制**：施胜娟

出版发行	／北京理工大学出版社有限责任公司
社　　址	／北京市丰台区四合庄路 6 号
邮　　编	／100070
电　　话	／（010）68914026（教材售后服务热线）
	（010）68944437（课件资源服务热线）
网　　址	／http：//www.bitpress.com.cn
版 印 次	／2024 年 1 月第 1 版第 2 次印刷
印　　刷	／涿州市新华印刷有限公司
开　　本	／787 mm×1092 mm　1/16
印　　张	／19.5
字　　数	／455 千字
定　　价	／49.80 元

图书出现印装质量问题，请拨打售后服务热线，负责调换

前　言

习近平总书记在全国学校思政课教师座谈会上指出"欲修其身者，先正其心；欲正其心者，先诚其意"，在主持中共中央政治局就培育和弘扬社会主义核心价值观、弘扬中华传统美德进行的集体学习时指出"要建立和规范一些礼仪制度，组织开展形式多样的纪念庆典活动，传播主流价值，增强人们的认同感和归属感。要利用各种时机和场合，形成有利于培育和弘扬社会主义核心价值观的生活情景和社会氛围，使核心价值观的影响像空气一样无所不在、无时不有"。中共中央、国务院颁布的《新时代公民道德建设实施纲要》中第六条规定"充分发挥礼仪礼节的教化作用。礼仪礼节是道德素养的体现，也是道德实践的载体"。"研究制定继承中华优秀传统、适应现代文明要求的社会礼仪、服饰礼仪、文明用语规范，引导人们重礼节、讲礼貌"。教育部最新发布的《高等职业学校专业教学标准》要求高职院校的学生"理想信念坚定，德、智、体、美、劳全面发展，具有一定的科学文化水平，良好的人文素养、职业道德和创新意识，精益求精的工匠精神，较强的就业能力和可持续发展的能力"。在这种形势下，我们深入推进教材改革，为满足高职礼仪教学之需而编写了本教材，在编写过程中，创新性地在职业礼仪的学习内容中融入思政元素，以求做到以礼仪为载体，达到正其心、诚其意的效果。

本教材的编写，将立德树人的教育本质放在首位，致力于培养德智体美劳全面发展的、高素质强技能的职业人才。具体表现在：一是按照工作流程，将教材项目内容活页化，线条清晰，叙述精炼，始终使学生明确所学内容在职业工作中处于哪个岗位的哪个工作环节，能够解决哪些职业工作问题，怎么解决问题；二是教材内容突出职教特色，从现代服务业的职业岗位出发，将职业礼仪知识与培养职业礼仪技能相结合，强化学生职业素养的养成和专业技能的积累，既满足高职学生当前的学习需求和毕业后的工作需要，更体现立德树人的教育本质；三是以"职业化"为主线，在编写中，依据岗位任务、工作流程，通过案例分析、情景导入等多种形式，体现教学内容与职业工作岗位和工作过程的关联性。

职业礼仪课程担负着提升学生职业素养、培养和谐职业人的重任，具有很强的实践性和可操作性。通过对本教材的学习，学生可以掌握在人际交往中应遵守的基本礼仪规范，并能做到得体应对、礼貌交往，步入社会后能自信、自如、得体地进行人际沟通交流，实现由"准职业人"到"职业人"的过渡。

《职业礼仪》由咸桂彩（天津职业技术师范大学）、雷朝晖（成都工贸职业技术学院）担任主编，王容平、胡怡然、何莉、赵曾、徐健担任副主编，张雪参与编写。四川西南航空职业学院刘桦特级教师、李灵副院长参与全书的指导工作。编写过程中邀请到行业企业专家、四川中立科技有限公司董事长杜萍女士、总经理倪虎先生，四川启帆礼仪服务有限公司董事长王一帆女士、总经理高卓先生等为教材编写作指导。教材及资源库的原创图片由成都工贸职业技术学院肖禹、周湘、李孟聪等同学担任模特。本书在编写和出版的过程中，得到了成都市工匠文化中心等的热情帮助和大力支持。另外，本书在编写过程中，除参阅参考文献中列出的文献外，还参考了大量的相关报刊、网络文章、新闻报道及不少专家的研究成果，未能一一列出，在此谨向所有帮助过我们的同志们表示衷心的感谢！由于编者的经验有限，教材中难免存在不妥、疏漏甚至错误之处，敬请礼仪界同行、专家、学者和广大读者批评指正，以便我们能紧跟时代步伐，及时修订和出版更新、更优的高职礼仪教材。

编 者

2019 年 7 月

目 录

第一部分 礼仪与形象

模块一 职业礼仪 / 2

任务1.1 礼仪的认知 / 3

任务1.2 职业礼仪的认知 / 13

任务1.3 职业礼仪的养成 / 22

综合训练一 / 34

模块二 职业形象 / 38

任务2.1 仪容礼仪的认知 / 39

任务2.2 仪态礼仪的认知 / 53

任务2.3 职业形象的塑造 / 68

综合训练二 / 79

第二部分 职业礼仪训练

模块三 职业交往礼仪 / 84

任务3.1 职场拜访礼仪的认知 / 85

任务3.2 职场电子通信礼仪的认知 / 101

任务3.3 职场交往位次礼仪的认知 / 115

综合训练三 / 128

模块四 职业沟通礼仪 / 133

  任务 4.1 面试沟通礼仪的认知 / 134
  任务 4.2 同事沟通礼仪的认知 / 143
  任务 4.3 上下级沟通礼仪的认知 / 150
  综合训练四 / 157

模块五 商务礼仪 / 161

  任务 5.1 商务礼仪的认知 / 162
  任务 5.2 商务接待礼仪的认知 / 175
  任务 5.3 商务谈判礼仪的认知 / 186
  综合训练五 / 199

模块六 社交礼仪 / 202

  任务 6.1 社交礼仪的认知 / 203
  任务 6.2 酒会、宴会礼仪的认知 / 210
  任务 6.3 公共场所礼仪的认知 / 231
  综合训练六 / 246

模块七 涉外交往礼仪 / 251

  任务 7.1 涉外礼仪的认知 / 252
  任务 7.2 涉外服务礼仪的认知 / 264
  任务 7.3 涉外商务礼仪的认知 / 278
  综合训练七 / 293

附录一 称谓知识 / 297

附录二 花卉知识 / 299

后 记 / 303

第一部分

礼仪与形象

模块一　职业礼仪

❁ 模块导读

职业礼仪模块主要涉及的内容有：礼仪的认知、职业礼仪的认知和职业礼仪的养成。这部分主要涉及以下内容：一是礼仪的起源、发展、内涵、特征、功能及原则；二是职业的内涵、定位，职业礼仪的概念、特征和意义；三是职业礼仪的认知误区、养成方式、职业人的礼仪修养，不同行业的职业礼仪。通过学习掌握不同行业的职业礼仪要求与规范。

为达到学习目标，本模块设计了三个学习任务：第一个任务通过导入案例等的学习，帮助学习者认识礼仪学习的重要性，从而能主动学习礼仪规范，运用礼仪知识。第二个任务中运用多个案例和故事，让学习者掌握职业礼仪的内涵、原则和意义；通过对此环节任务的探究学习，让学习者能对职业礼仪有了解，对职业礼仪的特征和意义有认知。最后一个任务是通过对案例的比较和情境体验，让学习者掌握职业礼仪的养成途径和不同行业的职业礼仪要求等。

任务1.1 礼仪的认知

名人名言

不学礼,无以立。

——孔子

凡人之所以贵于禽兽,以有礼也。

——《晏子春秋》

训练目标

知识目标	1. 认识中国传统礼仪文化的精髓。 2. 了解遵守礼仪的重要意义。 3. 把握礼仪的内涵。 4. 掌握礼仪的原则及适用场合
能力目标	1. 能探寻中国历史文化中的礼仪要素。 2. 能发现和关注身边的礼仪现象。 3. 学会用正确的方法,观察、分析有关礼仪的事件。 4. 能采用礼仪的原则去规范自己的言行举止
情感目标	1. 礼敬中国传统礼仪精华,自愿传承中国传统礼仪文化。 2. 开启主动明礼、自觉守礼、热情行礼的礼仪意识。 3. 激发对礼仪知识的求知欲

重点和难点

1. 重点:熟悉礼仪的起源与发展,掌握礼仪的内涵及特点。
2. 难点:能够在学习、生活、工作中培养讲礼仪的意识,养成讲礼仪的习惯。

案例 1.1

孝传五世

宋朝浙江瑞安府永嘉县，有个叫陈侃的人，因事亲至孝而名扬四方。他奉侍双亲，温顺孝敬，从来不让父母心中有忧虑之念。偶遇父母有病，则衣不解带，日夜陪床服侍，亲自做汤熬药。二老逝世之后，陈侃悲痛欲绝，真正做到了"生事尽力，死事尽思"的圣人垂训。他的孝行被整个家族引为典范。所以后代子孙人人效仿，尊老爱幼，兄弟团结，夫妇和睦，妯娌相亲。之后陈氏家族五代同堂，传为佳话。宋皇树坊旌表，赐匾额"孝门陈君"。百姓则称其为"陈孝门"。

思考：
1. 陈侃的孝亲行为体现了他个人的哪些美德？
2. 孝老爱亲的美德为什么得到人们的广为传颂？

说到尊老，这是中国传统礼仪文化中的一大特色。古代的尊老，并不是只停留在思想观念和说教上，也并不仅止于普通百姓的生活之中。尊老是中国传统美德。任何形态的社会，都需要尊敬老人。这不仅因为老人阅历深、见闻广、经验多、劳动时间长、对社会贡献大，理应受到尊敬，而且因为他们在体力上和精神上较弱，需要青年人的体贴、照顾和帮助。作为一个知礼仪、有礼貌的现代青年，对老人应该做到：路遇主动谦让，乘车主动让座，在商店、影院等公共场所，应尽量考虑到为老人创造方便条件。

中国有许多优良的礼仪文化和传统美德流传至今。中国是世界公认的文明古国之一，也是人类文明的发源地之一。中国自古以来就崇尚礼仪，且素有"礼仪之邦"的美称。那么，礼仪究竟起源于何时？又如何发展的？它有何内涵、特征、功能、原则？下面我们就一一对其展开叙述。

一、礼仪的起源

中国具有五千年文明史，素有"礼仪之邦"之称，中国人也以其彬彬有礼的风貌而著称于世。礼仪文明作为中国传统文化的一个重要组成部分，对中国社会历史发展有着广泛深远的影响，其内容十分丰富。礼仪所涉及的范围十分广泛，几乎渗透于社会的各个方面。

中国古代的"礼"和"仪"，实际上是两个不同的概念。"礼"是制度、规则和一种社会意识观念；"仪"是"礼"的具体表现形式，它是依据"礼"的规定和内

容形成的一套系统而完整的程序。

任何一个文明社会，任何一个文明民族，总是十分注重文明礼貌。因为礼貌是人类社会据以促进人际交往友好和谐的道德规范之一，是人与人和睦相处的桥梁。它标志着一个社会的文明程度，反映着一个民族的精神面貌。中华民族历来就非常重视遵循礼规，礼貌待人。其中许多耐人寻味的经验和经历，无论在过去还是在现在，都给人以启迪。

我国传统礼仪有许多精华。毫无疑问，传统礼仪文化对我国社会历史发展产生了积极影响。一般说来，文明礼貌的人越多，社会便越和谐、安定。如果我们每个人都礼貌待人、处事有节，那么我们的生活就会多一些愉悦，而国家、社会就会多一些有序与文明。

二、礼仪的发展

我国礼仪的发展大致经历了以下过程。

（一）礼仪的起源时期：夏朝以前（约公元前21世纪前）

礼仪起源于原始社会，在原始社会中、晚期（约新石器时代）出现了早期礼仪的萌芽。整个原始社会是礼仪的萌芽时期，礼仪较为简单和虔诚，还不具有阶级性，内容包括明确血缘关系的婚嫁礼仪和区别部族内部尊卑等级的礼制。

（二）礼仪的形成时期：夏、商、西周三代（公元前21世纪—前771年）

人类进入奴隶社会后，统治阶级为了巩固自己的统治地位把原始的宗教礼仪发展成符合奴隶社会政治需要的礼制，礼被打上了阶级的烙印。在这个阶段，中国第一次形成了比较完整的国家礼仪与制度。

（三）礼仪的变革时期：春秋战国时期（公元前771—前221年）

这一时期，学术界形成了百家争鸣的局面，以孔子、孟子、荀子为代表的诸子百家对礼教进行了研究，推动了其发展，对礼仪的起源、本质和功能进行了系统阐述，第一次在理论上全面而深刻地论述了社会等级秩序的划分及其意义。

春秋战国时期，儒家学派的代表孔子提出了"仁"的概念。他认为"不学礼，无以立"。他要求人们用"礼"的规范来约束自己的行为，做到"非礼勿视，非礼勿听，非礼勿言，非礼勿动"；倡导"仁者爱人"，强调人与人之间要有同情心，要相互关心、彼此尊重。孟子把"礼"解释为对尊长和宾客严肃而有礼貌，即"恭敬之心，礼也"，并把"礼"看作人的善性的发端之一。"人无礼则不生，事无礼则不成，国无礼则不宁"。管仲认为"礼"关系到国家的生死存亡，把"礼"看作人生的指导思想和维持国家的"第一支柱"。

（四）强化时期：秦汉到清末（公元前 221—1911 年）

在我国长达 2 000 多年的封建社会里，尽管在不同的朝代礼仪文化具有不同的社会、政治、经济、文化特征，但有一个共同点，就是一直为统治阶级所利用，礼仪是维护封建社会等级秩序的工具。

（五）近代礼仪的发展（1911—1949 年）

中国进入半殖民地、半封建社会时期，中国出现"大杂烩"式的礼仪思想，关于礼仪的标准、价值观念得到推广和传播。而此时，西方与中国推崇的思想截然不同，西方推行自由、平等、解放的思想。相对于中国的思想而言，西方的思想显得更开放和自由，中国的思想略为保守。

（六）当代礼仪的发展（1949 年以来）

中华人民共和国成立以来，新型的社会关系和人际关系的确立，标志着我国礼仪进入了一个新的历史时期。这一时期，确立了同志式的合作关系和男女平等的新型社会关系，而尊老爱幼、讲究信义、以诚待人、先人后己、礼尚往来等中国传统礼仪中的精华得到继承和发扬。

改革开放以来，随着中国与世界各国交往的日趋频繁，西方一些先进的文明礼仪陆续传入我国，同我国的传统礼仪一道融入社会生活的方方面面。许多礼仪从内容到形式都在不断变革，现代礼仪进入了全新的发展时期。不少礼仪的研究成果问世，各行各业的礼仪规范纷纷出台，礼仪讲座、礼仪培训日趋火热，人们学习礼仪知识的热情空前高涨，讲文明、讲礼貌蔚然成风。

三、现代礼仪的内涵和特征

（一）现代礼仪的内涵

现代礼仪泛指人们在社会交往活动过程中形成的应共同遵守的行为规范和准则。具体表现为礼貌、礼节、仪式等。

1. 礼貌

礼貌是指人们在交往中表示相互尊重和友好的行为规范。它既能体现出时代风尚，又能体现出人们的精神面貌和文明程度。

礼貌是待人接物时的外在表现，它通过言谈、表情、姿态等形式，来表示对他人的敬重。礼貌由礼貌行为和礼貌语言两部分组成。礼貌行为是一种无声语言，需要通过仪表、仪容、仪态来体现；礼貌语言是一种有声语言，要求人们不说脏话、

粗话，说话和气，言谈得体。

2. 礼节

礼节是指人们在社会交往过程中表示出的尊重、祝颂、致意、问候、哀悼等惯用的形式和规范。礼节是向他人表示敬意的某种动作和形式。

常见的礼节有拥抱、亲吻、举手、致意、合十、脱帽、作揖等。常见的服务礼节包括握手礼、鞠躬礼等。一般来说，礼节产生于礼仪之前。人们从最初单调的、简单的交往礼节开始，逐步发展和形成一种约定俗成的规矩，即礼节程序。所以，礼节是礼仪的基础，礼仪是程序化的礼节。礼节是礼貌的具体表现，体现在仪表、仪容、仪态及语言、行为等方面，其实质是礼貌本质的外化。礼貌则概括了礼节所要求的道德规范。

3. 仪式

仪式指典礼的秩序形式，是在比较重大的场合举行的、具有专门规定的规范化程序的活动，如升旗仪式、阅兵仪式、迎宾仪式等。

（二）现代礼仪的特征

1. 普遍认同性

所谓普遍认同性主要是指礼仪是全社会约定俗成的，是全社会共同认可、普遍遵守的准则。一般来说，礼仪代表一个国家、一个民族、一个地区的文化习俗特征。但我们也看到不少礼仪是全世界通用的，具有全人类的共同性。例如：问候、打招呼、礼貌用语、各种庆典仪式、签字仪式等，大多是世界通用的。

2. 规范性

所谓规范性主要是指礼仪对具体的交际行为具有规范性和制约性。这种规范性本身所反映的实质是一种被广泛认同的社会价值取向和对他人的态度。无论是具体言行还是具体的姿态，均可反映出行为主体的思想、道德等内在品质和外在的行为标准。

3. 广泛性

所谓广泛性主要是指礼仪在整个人类社会的发展过程中普遍存在，并被人们广泛认同。礼仪无处不在、无时不在。

4. 沿习性

所谓沿习性主要是指礼仪形成本身是个动态发展的过程，是在风俗和传统变化

中形成的行为规范。在这种发展变化中，礼仪表现为一种继承和发展。我们今天的礼仪形式就是从昨天的历史中继承下来的，有不少优秀的礼仪形式还要继续传承下去。

四、礼仪的功能及原则

礼仪作为一种行为准则或规范，一经产生，便具有其自身所特有的功能，可以用来指导人们的一言一行、一举一动。同时，礼仪功能的发挥又不可能是凭空的，它必须借助于现实的礼仪活动，并且要以遵循礼仪的基本原则为前提。

（一）礼仪的功能

礼仪从古到今都是衡量一个人文明程度的准绳。在生活中，礼仪不仅是对对方的善意和尊重，还是一个人的精神面貌、道德情操、气质修养以及处理问题时的应变能力的体现。在现代社会，礼仪的功能也越发凸显出来。礼仪的功能表现在以下几个方面。

1. 尊重的功能

礼仪的核心是尊重，体现人与人之间发自内心的相互尊重。通过各种仪表、仪态、仪式体现尊重，既可以融洽人与人之间的关系，还可以体现个人的素养。

案例 1.2

曾子避席

曾子避席的故事出自《孝经》。曾子是孔子的弟子，有一次他在孔子身边坐着，孔子就问他："以前的圣贤之王有至高无上的德行、精要奥妙的理论，用来教导天下之人，人们就能和睦相处，君王和臣下之间也没有不满，你知道它们是什么吗？"

曾子听了，明白老师孔子是要指点他最深刻的道理，于是立刻从坐着的席子上站起来，走到席子外面，恭恭敬敬地回答道："我不够聪明，哪里能知道，还请老师把这些道理教给我。"在这里，"避席"是一种非常礼貌的行为，当曾子听到老师要向他传授知识时，他站起身来，走到席子外向老师请教，这是为了表示他对老师的尊重。曾子懂礼貌、知礼仪的故事被后人传诵，很多人都向他学习。

> 思考：
> 1. 故事中曾子的哪些行为、做法值得我们学习？
> 2. 在日常生活中，你将如何体现对他人的尊重？

2. 约束的功能

礼仪作为一种行为准则，对人们的社会行为有很强的约束作用。一旦礼仪被制定和实施，随着时间的推移，它就会成为一种社会习俗和社会行为准则。任何生活在特定礼仪习俗和规范环境中的人都会自觉或不自觉地受到礼仪的束缚。自觉接受礼仪限制的人是"成熟人"的标志。如果一个人不接受礼仪限制，社会会用道德和舆论手段来约束他，甚至用法律手段来强迫他。

3. 教化的功能

礼仪具有教化功能，主要表现在两个方面。一方面是礼仪的尊重和约束功能。礼仪作为一种道德习俗，对整个社会的每个人都有教化作用，并且正在进行教化。另一方面，礼仪的形成、礼仪的完整和固化将成为某一社会传统文化的重要组成部分。它以"传统"的力量不断地从老一辈传到新一代，代代相传。在社会进步中，礼仪的教化功能具有重要意义。

4. 调节的功能

礼仪具有调节人际关系的功能。一方面，礼仪作为一种规范和程序，作为一种文化传统，在调节、制约和规范人们之间相互关系模式中发挥着作用；另一方面，一些礼仪形式和活动可以解决冲突并建立新的关系模式。可以看出，礼仪在处理人际关系和发展健康良好的人际关系中发挥着重要作用。

（二）礼仪的原则

礼仪在形成过程中，由使用人达成了许多共同遵守的原则，这些原则非常重要，人们在运用过程中达成共识。大家共同遵守这些原则，进而形成礼仪传统的、共同承认的公共守则。

1. 真诚尊重的原则

真诚是对人对事的一种实事求是的态度，是待人真心实意的友善表现。真诚和尊重首先表现为对人不说谎、不虚伪、不骗人、不侮辱人，所谓"骗人一次，终身无友"；其次表现为对于他人的正确认识，相信他人、尊重他人，所谓"心底无私天

地宽"。真诚的奉献,才有丰硕的收获,只有真诚尊重,方能使双方心心相印、友谊地久天长。

然而在社交场合中,真诚和尊重也有许多误区,一种是一味地倾吐自己的真诚,甚至不管对象是谁;一种是不管对方是否接受,凡是自己不赞同的或不喜欢的就一味地抵制排斥,甚至攻击。故在社交过程中,必须注意真诚和尊重的一些具体表现,在你倾吐衷言时,有必要看一下对方是否是自己能倾吐肺腑之言的知音,如果对方根本不喜欢听你的真诚的心声,那就是徒劳了。

另外,如果你不喜欢、不赞同对方的观点或装扮等,也不必针锋相对地批评,更不能嘲笑或攻击,你可以委婉地提出或适度地有所表示或干脆避开此问题。有人认为这是虚伪。非也,这是给人留有余地,是一种尊重他人的表现,自然也是真诚在礼貌中的体现。就像在谈判桌上,尽管对方是你的对手,你也应彬彬有礼,显示自己尊重他人的大将风度,这既是礼貌的表现,同时也是心理上战胜对方的表现。因此,要表现你的真诚和尊重,在社交场合切记三点:给他人充分表现的机会,对他人表现出你最大的热情,给对方永远留有余地。

2. 平等适度的原则

在社交场上,礼仪行为总是表现为相互的,你给对方施礼,对方自然也会相应地还礼于你,这种礼仪施行必须讲究平等的原则,平等是人与人交往时建立情感的基础,是保持良好的人际关系的诀窍。平等在交往中表现为不骄狂,不我行我素,不自以为是,不厚此薄彼,不傲视一切、目空无人,更不以貌取人或以职位、地位、权势压人,而是处处时时平等谦虚待人。唯有此,我们才能结交更多的朋友。

适度原则即交往应把握礼仪分寸,根据具体情况、具体情境而行使相应的礼仪,如在与人交往时,既要彬彬有礼,又不能低三下四;既要热情大方,又不能轻浮谄谀;要自尊但不能自负;要坦诚但不能粗鲁;要信人但不能轻信;要活泼但不能轻浮;要谦虚但不能拘谨;要老练持重,但不能圆滑世故。

3. 自信自律原则

自信的原则是社交场合中一个体现心理健康的原则,唯有对自己充满信心,才能如鱼得水、得心应手。自信是社交场合中一种很可贵的心理素质。一个有充分自信心的人,能在交往中不卑不亢、落落大方,遇到强者不自惭,遇到艰难不气馁,遇到侮辱敢于挺身反击,遇到弱者会伸出援助之手;而一个缺乏自信的人,在面对这些时可能就会处处碰壁,甚至一败涂地。

自信但不能自负,自以为了不起、一贯自信的人,往往就会走向自负的极端,凡事自以为是,不尊重他人,甚至强人所难。自律原则正是正确处理好自信与自负问题的又一原则。自律乃自我约束的原则。在心中树立起一种内心的道德信念和行为修养准则，以此来约束自己的行为，严以律己，实现自我教育、自我管理，摆正自信的天平，既不能前怕虎后怕狼、缺少信心，又不能凡事自以为是、自负高傲。

4. 信用宽容的原则

信用的原则即讲究信誉的原则。孔子曾有言："民无信不立，与朋友交，言而有信。"这句话强调的正是守信用的原则。守信是我们中华民族的美德，在社交场合，尤其讲究：一要守时，与人约定时间的约会、会见、会谈、会议等，绝不应拖延迟到；二要守约，即与人签订的协议、约定和口头答应他人的事一定要说到做到，所谓"言必信，行必果"。故在社交场合，如没有十分的把握就不要轻易许诺他人，许诺做不到，反而落个不守信的恶名，从此会失信于人。

宽容的原则即与人为善的原则。在社交场合，宽容是一种较高的境界，《大英百科全书》对"宽容"下了这样一个定义："宽容即容许别人有行动和判断的自由，对不同于自己或传统观点的见解能够耐心公正地容忍。"

宽容是人类一种伟大的思想，在人际交往中，宽容的思想是创造和谐人际关系的法宝。宽容他人、理解他人、体谅他人，千万不要求全责备、斤斤计较，甚至咄咄逼人。总而言之，站在对方的立场去考虑一切，是你争取朋友的最好方法。

5. 入乡随俗的原则

入乡随俗的原则就是平民化、普通化的原则。要入乡随俗，不能唯我独尊。我国的风俗、习惯、风土人情在各地存在着极大的差异。不同的国家、民族、地区的礼仪差异性也很大。

案例 1.3

不该伸出的左手

张女士是一位商务工作者，由于业务成绩出色，被公司安排随团到中东地区某国考察。他们一行抵达目的地后，东道主热情接待，并举行宴会招待。席间，为表示敬意，主人向每位客人递上一杯当地特产饮料。递到张女士面前时，一向习惯于"左撇子"的张女士不假思索，便伸出左手去接，主人见此情形，脸色骤变，不但没有将饮料递到张女士的手中，而且非常生气地将饮料重重地放在餐桌上，并不再理睬张女士。这是为什么？

思考：
张女士是因为什么惹恼了接待方？

分析：作为从事多年商务工作的张女士，忽略了这一点：中东地区是伊斯兰教教徒最为集中的地区，不少国家把该教定为国教。按伊斯兰教习俗，左手是拿不干净东西的，故在人际交往中，忌用左手递接物品。张女士用左手接杯子，违反了当地的习俗，而且也是对主人的极大侮辱。

礼仪不仅是一种简单的外在表现形式，还是一个人道德修养、审美修养与文化品位的集中反映。一个人的自身修养程度与其礼仪水准密切相关。因此，每个人在注重礼仪外在表现形式的同时，更应在自身修养上下功夫。

深厚的内涵与优美的外在表现相得益彰、相映生辉，会为每个人的学习、工作、生活带来丰硕的回报。而且，伴随着我国国际地位的不断提升，中国在国际舞台上的角色越来越重要，讲究礼仪、注重修养、完善自我，成为中华民族走向世界的必然要求。

课后思考

小纸团、大损失

小王是某公司的员工，某天正好去财务处窗口领工资。在等候的时候，他随手把手中捏着的一张无法报销的票据揉成一团，扔在了地上。其他部门的同事看到后，纷纷皱起了眉头。恰巧此时有位顾客来财务室交定金，他正好看到了这一幕，心里想："这个公司的员工如此行事，他们做的东西质量能好吗？售后服务会有保障吗？还是先别交定金，回去再斟酌一下吧。"

这时，生产部门的经理陪着几位外商参观公司，正好也路过这里，地上的纸团没有逃过大家的眼睛。结果外商指着那个纸团问："这样的员工能做出符合质量要求的产品吗？"本来不费吹灰之力便能扔到垃圾桶的小纸团，导致公司失去了数百万元的订单。

思考：
1. 如果你是这家公司的老板，你将如何避免类似事件发生？
2. 请给这家企业的领导提一些员工礼仪方面的培训建议。

任务1.2 职业礼仪的认知

名人名言

礼仪周全能息事宁人。

——儒贝尔

粗暴无礼，是内心虚弱的人用来使自己显得貌似强大的手段。

——埃里克

训练目标

知识目标	1. 了解职业的内涵及职业定位。 2. 掌握职业礼仪的概念和特征。 3. 认知学习职业礼仪的意义
能力目标	1. 能分析职业礼仪与生活礼仪的区别。 2. 学会用职业定位理论去定位不同系统环境中自己的角色。 3. 能根据职业礼仪的特征，分析关于职业礼仪的事例，分享职业礼仪的意义
情感目标	1. 主动开启职业认知，建立角色定位意识。 2. 感知和认同职业礼仪的重要意义，主动学习进入职场的礼仪知识

重点和难点

1. 重点：掌握职业礼仪的内涵和特征，明确学习职业礼仪的意义。
2. 难点：培养职业角色定位意识，为步入职场做好礼仪知识的储备。

职业礼仪

案例 1.4

办公室的坐姿

小王第一天到公司上班,做了精心的准备之后,早早地到了办公室。来到办公室,小王非常热情地与同事打招呼,很主动地做了很多工作,跑前跑后。一天下来后,小王觉得腰酸腿疼。快要临近下班的时候,小王看到同事都陆陆续续走了,他准备休息一下再离开办公室。于是他在自己的办公桌前坐下来,习惯性地把脚翘到了自己的办公桌面上,闭上了眼睛,他感觉浑身都很舒服。突然,他感觉到一个人在拍他的腿,他猛然睁开眼一看,原来是同一办公室隔壁写字间的一位同事。这位同事见他睁开了眼睛,于是指着他的腿说:"小王,你能不能把你的腿放下来?这里是办公室,公共场合!"小王听到这儿脸一下就红了,连忙把腿放下来。但他的同事转身就离开了,边走边摇头。

思考:
1. 小王在办公室的行为暴露了他个人的哪些特点?
2. 在职业场所,我们的言谈举止怎样才符合职业形象呢?

每个职业人都希望自己在岗位上有所作为,良好的职业礼仪素养,是职业人走向职场所必须具备的。拥有良好的专业知识与技能,具有得体的职业形象和礼仪,才能让你面对工作时表现得游刃有余,赢得同事的好感。

一、职业的内涵及定位

(一)职业的内涵

职业从社会的角度来讲,是指人们为了谋生和发展而从事相对稳定的、有收入的、专门类别的社会劳动。职业是人类在劳动过程中的分工现象,它体现的是劳动力与劳动资料之间的结合关系,其实也体现出劳动者之间的关系,劳动产品的交换体现的是不同职业之间的劳动交换关系。

一般来说,职业与人类的需求和职业结构相关,强调社会分工;与职业的内在属性相关,强调利用专门的知识和技能;与社会伦理相关,强调创造物质财富和精神财富获得合理报酬;与个人生活相关,强调物质生活来源,并涉及满足精神生活。

职业生涯就是个人在人生中所经历的一系列职位和角色,他们和个人的职业发展过程相联系,是个人接受培训教育以及发展职业所形成的结果。

职业对个人而言，是维持个人和家庭生存的基础，可以促进个人多方面的发展，满足个人的社会性需要，实现个人价值。职业也体现着个人的基本社会权利。

(二) 职业的定位

我国的职业分类是采用一定的标准和方法，根据一定的分类原则，对从业人员所从事的各种专门化的社会职业所进行的全面系统的划分与归类，它是一个国家形成产业结构概念和进行产业结构、产业组织及产业政策研究的基础。

我国的职业分类依据在业人员所从事的工作性质的统一性进行分类；依据企业、事业单位、机关单位和个体从业人员所从事生产或其他社会经济活动性质的统一性分类；依据三大产业分类。产业结构、行业结构和职业结构三个层次，构成了整个职业社会的劳动分工体系。

职业定位就是清晰地明确一个人在职业上的发展方向，它是人在整个生涯发展历程中的战略性问题，也是根本性问题。具体而言，从长远看是找准一个人的职业类别，就阶段性而言是明确所处阶段对应的行业职能，也就是说在职场中自己应该处于什么样的位置。

职业定位是职业规划及职业发展的第一步，也是最基础的工作和最重要的一步。定位错误或是偏差较大，必然意味着接下来职业生涯的挫折和失败。根据心理学、管理学和经济学等的原理，可以为职业人做出最优职业方向的判定。一般将职业定位为以下几类。

1. 职业定位的类别

（1）技术型。持有这种职业定位思想的人，出于自身个性与爱好的考虑，往往并不愿意从事管理工作，而愿意在自己的专业技术领域发展。在某些单位，有时将技术拔尖的员工提拔到管理岗位，但他们本人并不喜欢这样，反而更希望能继续在自己的技术岗位工作。

（2）管理型。这类人愿意做管理人员，同时经验也告诉他们，自己有能力获得更高的领导岗位。因此他们将职业目标定位于有相当大职责的管理岗位，而成为高层管理人员，则需要具备分析能力、人际协调能力、情绪控制能力，等等。

（3）创造型。这类职业人需要建立完全属于自己的东西，或是以自己名字命名的产品或工艺，或是自己的公司，或是能反映个人价值的私人财产。他们认为只有这些实实在在的事物，才能体现自己的才干和成功。

（4）自由独立型。这类人喜欢独来独往，不愿意像在大公司里那样彼此依赖。很多有这种职业定位的人，同时也有相当高的技术性职业定位，但是他们不同于那些简单技术性人才，他们不愿意在组织中发展，而是宁愿做一名咨询人员或是独立从业者，或是与其他人合伙创业。另外，自由独立型的人才往往能成为自由职业者，或是开一家自己的店铺等。

（5）全面型。有相当一部分人，最关心的是职业的长期稳定性。他们会全面考虑为了安定的工作、稳定的收入、优越的福利与养老制度等付出努力。

2. 职业定位的原则

（1）择己所爱。职业定位首先要选择自己喜欢的一种职业或是感兴趣的一种职业。一般来说，只有从事自己喜欢的、感兴趣的工作，工作本身才能给自己一种满足感，自己的职业生涯才会变得妙趣横生。因此，择己所爱是做好未来职业定位的首要原则。

（2）择己所长。在人才市场的就业竞争中，求职者必须善于从与竞争者的比较中来认清自己的长处和短处，即竞争的优势和劣势，然后在此基础上按照扬长避短的原则进行具体的职业定位。定位准确，就会持久地发展自己。很多人在事业上发展不顺利，不是因为能力不够，而是因为选择了并不适合自己的工作，也因为不清楚自己要什么。

（3）择市所需。进行职业定位时，不仅要了解当前的社会职业需求状况，还要善于预测职业随社会需要而变化的未来走向，以便能使自己的职业定位有一定的远见。定位准确，就会善于利用自己的资源集中精力去发展；定位准确，就会抵抗外界的干扰，不会轻易地放弃；定位准确，就会让合适的用人单位找到你，或者让你的上司正确地培养你。

因此，进行准确的职业定位，必须既准确了解自己的性格和天赋，又充分了解各种不同职业的特点。职业定位是自我定位和社会定位两者的统一，一个人只有在了解自己和了解职业的基础上，才能够给自己做出准确的定位。

二、职业礼仪的概念

职业礼仪是人们在职业场所，通过言谈、举止、行为等，对他人表示尊重和友好的行为规范和惯例，是职业人应当遵循的礼仪规范。它是个体形象的外在表现形式之一，职业礼仪素养的高低往往反映出一个人的教养、素质的高低；同时，职业礼仪也是在工作中维系正常交往的纽带。职业礼仪是为了顺应市场经济发展，对现代职业人员素质和能力的迫切需要，是基于提升从业人员的职业形象，完善职业人员的综合素质，增强工作能力，进而增进职业竞争能力而言的。

职业礼仪是在职场人际交往中，以一定约定俗成的程序、方式来表现的律己、敬人的过程，涉及服饰、交往、沟通、情商等内容。学习职业礼仪的意义，就个人而言有：

1. 学习职业礼仪有助于提高心理承受能力，加强个人的职场交际能力

任何一个生活在某一礼仪习俗和规范环境中的人，都自觉或不自觉地受到该礼

仪的约束。自觉接受社会礼仪约束的人，被人们认为是成熟的人，是符合社会要求的人。一个具有良好的心理承受能力的人，在社会服务活动中遇到各种情况时，都能保持沉着稳定的心理状态。反之，一些缺乏良好心理承受能力的人，在参加重大交际活动前，常会出现惊慌恐惧、心神不定等情况。

熟悉职业礼仪，不仅可以满足你走向职场的需求，也可以帮助你更好地步入社会，还可以培养你适应社会生活的能力，提高你的社会心理承受力。

2. 学习职业礼仪可以提高人文素养

职业礼仪融合着中华民族的文化教育和道德教育，无论是在职场，还是身处社会，熟悉职业礼仪，能直接地教会你如何与人相处，如何做文明人。职业礼仪是企业获得市场形象、得到更多资源支持的一种方式。职业礼仪是现代职场中的"国际通用语言"。

职业礼仪反映出一个人的思想修养、文明程度和精神面貌。每个人都应该通过职业礼仪的教育进一步提高个人的礼仪修养，养成良好的礼仪习惯，具备良好的文明素养，让礼仪之花遍地开放。

3. 学习职业礼仪促使良好社会风尚形成

如果人人都讲礼仪，我们的社会将充满和谐与温馨。通过学习职业礼仪，人们可以提高文明意识，养成文明行为习惯，在人与人之间的交往中就会表现出职业人的礼仪修养，使社会达到高度和谐与有序，从而促进整个社会形成良好风尚。

4. 学习职业礼仪有助于提升国家的国际地位和形象

随着社会的不断发展，经济的高速增长，国内外企业的不断接触，国内外各职业人员之间的交流日益加深。良好的职业礼仪，为国内外文化交流以及人文、企业素质体现等都营造了一个良性循环的环境。

伴随着这种良性循环的环境，国民素质会不断提升，国家整体形象也会提升，从而使国家的国际地位得到提升。

三、职业礼仪的特征

著名形象设计师罗伯特·庞德说："这是一个两分钟的世界，你只有一分钟展示给别人你是谁，另一分钟你要让他们喜欢你。"因此要塑造并维护自己的职业礼仪形象，通过与人沟通给他人留下良好的印象。

职业礼仪一般具备以下特征：（一）规范性。职业礼仪既有内在的道德准则，又有外在的行为尺度，对人的言行举止和职业交往具有普遍的规范和约束作用。遵循职业礼仪规范，就容易在职场得到他人的认可；违反职业礼仪规范，就会处处碰壁，

招致反感。

（二）操作性。职业礼仪规范以人为本，重在实践，人人可学，习之易行，行之有效。"礼者，敬人也"。职场中，待人的敬意，应当怎样表现，礼仪都有切实可行的具体操作方法。

（三）差异性。礼仪规范约定俗成，不同国家、不同地区，由于民族特点、文化传统、宗教信仰、生活习惯不同，往往有着不同的礼仪规范。职业礼仪也是如此。"十里不同风，百里不同俗"。这就更需要增强了解，尊重差异。

（四）时代性。礼仪一旦形成，则具有世代相传、共同实践的特点。但礼仪并非一成不变，随着时代的发展变化而吐故纳新，随着内外交往的日益频繁而相互借鉴吸收。职业礼仪同样也要体现时代性，与时俱进。

案例 1.5

厂长的职业形象

据说，国内有一家生产医疗设备的工厂，准备和国外客商签订长期合作合同。在双方洽谈过程中，厂长通晓生产线行情，考虑问题缜密，给外商留下了精明能干的良好印象。于是，双方决定第二天正式签约。签约之前，由于时间充裕，厂长请外商到车间参观。车间秩序井然，外商感到很满意。

正在这个时候，忽然厂长咳嗽一声，他本能地到车间的墙角吐了一口痰，然后用鞋擦去，地上留下一片痕迹。

第二天一早翻译送来了外商写来的一封信，信中写道："尊敬的厂长先生，我十分佩服您的才干和聪明，但是您在车间里吐痰的一幕，使我彻夜未眠。恕我直言，一个厂长的卫生习惯可以反映一个工厂的管理素质。况且，我们今后将共同生产的是用于医疗的辅助用品。贵国有句话说得好，人命关天！请原谅我的不辞而别，否则上帝会惩罚我的……"

思考：

1. 你赞同外商的做法吗？为什么？
2. 请问如果你是这位厂长，你会怎样做？

四、职业礼仪的意义

职业礼仪作为职业人的一种行为准则或规范，是体现个人素质和单位形象的一个方面，是人立身处世的根本，是人际关系的润滑剂，是现代职场竞争的附加值。职业礼仪，对个人和企业都具有极其重要的作用。职业礼仪可以提升企业的竞争力，有助于塑造、维护企业的整体形象，为企业创造更多的经济利益和社会效益。同时，也有助于提高职业人的个人素质和服务质量。

（一）职业礼仪是进入职场的敲门砖

一个人在面试的时候，轻轻地关上办公室的门，端正的坐姿，大方、自然的回答，都会展现他良好的一面，给对方以良好的印象。

如果一个参与面试的人，有工作能力，但不懂得职场礼仪，那么就算他进了公司，他也不一定能坐稳位置。因为，在工作中还有许多情况需要职业礼仪去调节上下级、同事之间的关系；在与客户交流协商时，也要懂得职业礼仪。所以，不懂职业礼仪，将成为工作中的绊脚石。虽然别人的工作能力没有你强，但是他懂得职业礼仪，知道怎样与领导和同事和谐相处，那么他的职业生涯会顺利很多。由此可见，职业礼仪是职业人必须学的重要知识。只有掌握它、应用它，才能更好地开展工作。

（二）职业礼仪体现个人对社会的认知水平

职业礼仪不仅可以有效地展现一个人的教养、风度、气质和魅力，还能体现一个人对社会的认知水平。我们掌握了职场礼仪，就能在复杂的人际关系中保持冷静，按照礼仪的规范来约束自己，通过职场礼仪中的细节，得到领导和同事的信任，使人们之间的感情得以沟通，与同事建立起相互尊重、相互信任、友好合作的关系，从而使自己的事业进一步发展，在职场中如鱼得水。

案例 1.6

公司的新同事

某公司来了一个新同事，他第一天就跟旁边的同事抱怨说，大家互相都不说话，办公室太安静了。接着，他问一个同事关于工作的一个问题，同事放下手中的工作，很耐心地解答了他的这个问题。他得到答案后，头也不回地就走了，连一声"谢谢"都没有。

中午就餐的时候，这位新同事四处打探同事的姓名、情况，刚刚开始还有人跟他谈话，慢慢地，他周围一个人都没有了，而他自己孤独地站在那里，还不知道为什么同事都不愿意跟他亲近。

思考：
1. 案例中的新同事因为什么被周围人孤立？
2. 如果你新到一个工作环境，你准备怎么做？

分析： 作为职场新人，不应该把自己不好的习惯带进来，而应该谦虚谨

慎、有礼貌有涵养，得到别人帮助时应该说"谢谢"，早晚上下班应该跟大家打招呼问好，不急于向别人打探同事的情况。遵守职业礼仪规范，有助于自己在职场上获得成功。

（三）职业礼仪体现企业的管理理念

职业礼仪是一个企业整体形象的体现，企业是否重视员工的职业礼仪，会使企业体现出不一样的素质水平和企业管理理念。在世界交流日益频繁的今天，不仅服务行业重视职场礼仪和企业形象，而且越来越多的企业开始重视职业礼仪的培养。

对于一些工业企业来说，仅仅提高产品质量已不能增强企业的竞争力，所以提升服务水平和形象已经成为现代企业竞争中重要的筹码。如果不懂得职业礼仪的规范，在职业场所，就会导致诸多尴尬情况的出现。

案例 1.7

会场气氛为什么变得尴尬？

一家公司要举办一次重要的会议，请来了总公司经理和董事会的部分董事，并邀请当地政府要员和同行业重要人士出席会议。由于出席的重要人物很多，领导决定用长 U 字形的桌子来布置会场。分公司领导坐在位于长 U 字横头处的座位上。在会议的当天，贵宾们都进入会场，按安排好的座签，找到自己的座位就座。会议正式开始，坐在横头处的分公司领导宣布会议开始，这时他发现会议气氛有些不对劲，有些贵宾相互低语后，借口有事站起来离开了会场，而分公司领导还不知道发生了什么事、出了什么差错，会场顿时变得非常尴尬。

思考：
1. 案例中到底是什么引起了会场的尴尬？
2. 如何避免这种尴尬的出现？

分析： 职业礼仪规范体现企业的管理形象，合理、恰当的位次礼仪更能体现企业员工的整体素养。职场会议座次安排、会场布置也要符合礼仪规范。职业礼仪更是表现企业对客户人性化服务和关爱的重要途径，服务和形象的竞争力是企业走向世界的国际通行证，同时也是企业生存发展的重要条件，企业形象需要人来体现，所以对于企业来说，学习职业礼仪、应用职业礼仪是企业发展的重要内容。

模块一 职业礼仪

"人无礼则不立，事无礼则不成"，这已成为人们的共识。内强个人素质，外塑企业形象，正是对职场礼仪作用恰到好处的评价。我们只有把所学的职业礼仪知识应用到实践中，才能让其在职场中起到非凡的作用。所以，重视职业礼仪规范的学习，将有助于职业人在未来的职场中变得更具竞争力。

课后思考

"看不见"礼节

新加坡著名女作家尤金曾回忆起这样一件让自己惭愧的事情。他的小儿子参加某跨国银行招聘的理财专员的面试。自荐信寄出去后不久，他们接到了来自伦敦总部的电话，确定了时间和日期要进行第一轮的电话会谈。电话会谈定于上午10点进行，当天9点左右，他的儿子开始郑重其事地穿了西装，打了领带，在电话旁边正襟危坐。

尤金见到这种情景，忍不住说道："电话会谈而已，你打扮得那么神气干吗呀？对方都看不见你的。"他儿子很正式地回答道："妈妈，我现在穿着背心和短裤，心情必然也是轻松、随意的，说话也许就不那么慎重了。再说对方是在办事处给我拨电话，他衣冠楚楚，我又怎么能不给予他应有的尊重呢？"听完儿子的这段话，尤金脸红了。

的确，在别人看不见的地方严于律己才是最大的自律。最终，尤金的儿子顺利获得了那份工作，并将工作做得风生水起。

思考：
1. 尤金的儿子这样做的目的是什么？
2. 你如何理解"在别人看不见的地方严于律己才是最大的自律"这句话？

任务1.3 职业礼仪的养成

名人名言

头衔愈大,礼仪愈繁。

——丁尼生

礼貌是人类共处的金钥匙。

——松苏内吉

训练目标

知识目标	1. 了解职业礼仪养成的方法和途径。 2. 掌握正确的养成职业礼仪的方法和途径
能力目标	1. 践行先知而后行,行必有所为。 2. 能分析常见的职业礼仪学习误区。 3. 能积极参与适合工作场景的礼仪演练
情感目标	1. 认同"知行合一"方显职业素养。 2. 愿意主动学习,规范自己。 3. 积极接受职业礼仪的感知训练

重点和难点

1. 重点:掌握职业礼仪养成的方法与途径。
2. 难点:通过对职业礼仪养成的训练,提升职业礼仪素养。

案例 1.8

值钱的礼貌

一位久负盛名的剧院老板找到大仲马,两人一见面,他连帽子都没取下来,就火冒三丈地问大仲马,为什么把最新的剧本卖给了一家小剧院的经理。大仲马承认有这回事。于是,这位经理说:"他出的价格是多少?我可以出一个远远高于他的价格,把剧本买回。"大仲马笑了笑,对着这位老板说:"其实你的那位同行用了一个很简单的方法,就以很低的价格把剧本买走了。"

老板诧异地问道:"他是怎么做到的?"

大仲马说:"因为他以与我交往为荣,并且我们俩一见面,他就脱下了帽子,而你不会。"

思考:

1. 你如何理解"值钱的礼貌"?
2. 职场中与人交往最重要的素养是什么?

职业礼仪对职业人一生职业的发展都会起到举足轻重的作用。作为职业人,养成良好的职业礼仪习惯非常有必要。我们可以通过学习增强职业人的礼仪意识,培养职业人的日常职业礼仪习惯,同时注重实地观察和专业训练,开展形式多样的职业礼仪模拟训练。

职业礼仪是职业人在人际交往当中要遵守的行为规范。职业人除了具备本专业必备的知识和技能外,还要具备职业礼仪修养方面的知识。而这种职业修养有时甚至会影响到职业人一生的职业发展。

一、职业礼仪的认知误区

通过调查,发现不少人对职业礼仪知之甚少,即使有的人有所了解,也不免存在以下误区。

(一)职业礼仪就是讲文明、有礼貌

讲文明、有礼貌,仅仅是职业礼仪要求的一个方面,职业礼仪的基本要求还包括爱岗敬业、尽职尽责、诚实守信、仪容端正,等等。存在这样的误区,主要是因为没有全面了解职业礼仪的内容和要求,或者说根本就不知道什么是职业礼仪。

(二)只要有技能就行,懂不懂职业礼仪都没关系

对于用人单位而言,不仅需要具备专业技能人才,有时还会更看重应聘者的职

业礼仪修养。职业人之所以存在这方面的误区,是因为没有理解职业礼仪对自身职业发展的作用和意义。

(三)现在学职业礼仪为时过早

有部分学习者认为在学校里学习职业礼仪为时过早,待走上工作岗位,用人单位自会进行职业礼仪的培训。殊不知职业礼仪的培养不是一朝一夕的事情,而是一个长期的循序渐进的过程。有这种错误观念的学习者,把职业礼仪的培养看得太简单,这也是思想上不重视职业礼仪的表现。

二、职业人的礼仪修养

职业礼仪中的核心要素是对人尊重,而这种尊重是发自内心的,是可以通过在职场中与人交流时的见面礼、问候语等体现的。所以,不管有多累,请时刻提醒自己,职场不同于个人独处时的生活场景,职场应该有职业礼仪的规范和要求。

案例1.9

礼仪的魅力

玫琳凯·艾施最初是一名推销员,她在一次会议结束后,想和经理握手,但由于和经理寒暄的人太多了,因此她排队等了三个小时。后来,终于轮到她了,可经理握手时却瞧都不瞧她一眼,只是用眼睛去看她后面还有多长的队伍。玫琳凯很伤心,她觉得经理一定很累,可自己也等了三个小时,同样也很累呀!她的自尊心受到了伤害,于是玫琳凯暗下决心:如果有那么一天,有人排着队等着同自己握手,自己一定要将所有的注意力集中在对方身上,不管自己有多累!

后来,玫琳凯果然自己创办了一家公司。公司在她的带领下,做得小有名气。她本人的知名度也节节攀升。之后,她也曾无数次地站在队伍前面,同数百人握手,每次都要持续好几个小时。可是无论多累,她总是牢记当年自己的感受。握手时总设法同对方说话——哪怕只有一句,如"我喜欢你的发型"或"你穿的衣服很称你"。她同每个人握手和交流时,总是全神贯注,不允许任何事情分散自己的注意力。

玫琳凯让所有在职场中与她握手和交流的人,感觉到自己是世界上最重要的。于是,在她的精心打理下,公司更加发展壮大,成为知名企业之一。

思考：
1. 从职业礼仪的角度分析玫琳凯的做法好在哪里？
2. 请问礼仪将如何影响职业人的职业发展呢？

（一）见面礼仪得体

职业人从服饰仪表、表情举止到言谈话语、待人接物，都带给客户美好的感觉，才能得到客户的认同和信赖，自己也会成为职场中的受益者；同时，职业人通过用眼神、体态、手势等表露内心真实想法，得体地与人沟通、交流，也可以顺利开展工作。

在职场中，应恰当地使用握手等见面礼节，向他人表示热情和尊重。注意握手礼的规范和行礼的先后顺序。用得体的礼仪规范，有助于提升职业形象。

（二）表情举止适宜

"眼睛是心灵的窗户"，职业人在职场交往中，想要给他人留下美好的第一印象，往往可以用眼睛流露出的目光、嘴角绽放的微笑、手脚胳膊的摆放所表现出来的良好形象来实现。这些形象往往会在无形中为后续的合作奠定基础。如果职业人表情举止不当，则会破坏交谈氛围，影响后续关系。

案例 1.10

销售神话的缔造者

世界上最伟大的销售员乔·吉拉德，因为销售成绩突出，曾连续12年荣登吉尼斯世界纪录。他在连续12年中，平均每天销售汽车6辆。同时，他也是全球最受欢迎的演讲大师，曾向许多世界500强企业的精英传授自己的宝贵经验。无数人被他的演讲和事迹所感动、激励。他说："一个人的性格可以从他的眼神、笑容、言语、热忱、态度中显示出来。"在他说的这几项要素中，首当其冲的是眼神。他本人很会观察眼神并精通眼神的运用。

据说有一次，一个人来到了他的办公室。乔·吉拉德发现他眼神慌乱，嘴唇紧闭，显得十分紧张和恐惧，害怕得直打哆嗦。于是，乔·吉拉德走过去，用关切、平静、友善的眼神看着他说："先生，我能为您做些什么吗？"这个人听到乔·吉拉德的声音，看着乔·吉拉德的眼睛，他自己眼中的恐惧逐渐消

失。他娓娓道出了心里话……

思考：

1. 故事中乔·吉拉德的哪些行为、做法值得我们学习？
2. 你将如何用表情、手势等塑造自己良好的职业形象？

在职业礼仪中适宜的表情与举止是指保持亲切的微笑、端庄的姿态和自信的步伐。微笑是友好、善良、自信的体现，端庄的姿态和自信的步伐是愉快和干练的表现。这些无一不给他人留下友善、自信的印象。

适宜的表情举止并非一朝一夕能够形成，它需要人们平时多注重个人文化道德修养的培养，多积累礼仪知识，规范礼仪行为，从身边的点点滴滴的小事做起。

（三）时空距离把握恰到好处

时空指的是时间和空间。在职场中，恰到好处地把握时间就是讲究时间效率；恰到好处地把握空间，就是找准距离，保持适当距离。时空距离把握恰到好处可使工作更有效，而且与客户谈话，时间并不是越长越好。

知识链接（一）

多久合适

针对"与同一客户一次面谈时间究竟多久适宜"这一问题，日本曾对500位顶尖销售高手做过调查。结果是平均时间是30分钟左右。调查表明，把握时间、空间距离，有针对性地开展工作，不仅可以提高工作效率，还能使效益最大化。

知识链接（二）

四种空间距离

美国认为文化决定了人们对于时间和空间的理解，而不同的理解会导致人际交流的困难。爱德华·霍尔是美国人类学家。他曾在书中表述过人与人之间的四种空间距离：

1. Public distance 公众距离，可以达到360厘米之远。
2. Social distance 社交距离，120～360厘米。
3. Personal distance 个人距离，45～120厘米（可以伸手碰到对方，虽然认识，却没有特别关系）。
4. Intimate distance 亲密距离，45～0厘米（通常是亲人、很熟的朋友、情侣或夫妻）。

三、职业礼仪的养成方式

礼仪教育的内容涉及社会生活的各个方面。从内容上看有仪容、举止、表情、服饰、谈吐、待人接物等；从对象上看有个人礼仪、公共场所礼仪、待客与拜访礼仪、餐桌礼仪、馈赠礼仪、文明交往等。现代社会应加强礼仪道德实践活动，使人们在"敬人、自律、适度、真诚"的原则上进行人际交往，远离不文明的言行。

礼仪、礼节、礼貌的内容丰富多样，但它自身有规律性，其基本的礼仪原则：一是敬人的原则，即发自内心的对他人的尊敬；二是自律的原则，就是在交往过程中要克己、慎重、积极主动、自觉自愿、礼貌待人、表里如一、自我对照、自我反省、自我要求、自我检点、自我约束，不能妄自尊大、口是心非；三是适度的原则，即要适度得体，掌握分寸；四是真诚的原则，即要诚心诚意、以诚待人，不逢场作戏、言行不一。

（一）个人仪表

仪表是指人的容貌举止，是一个人精神面貌的外在体现。一个人的卫生习惯、服饰装扮与形成和保持端庄、大方的仪表有着密切的关系。清洁卫生是仪容美的关键，是礼仪的基本要求。不管相貌多好，服饰多华贵，若满脸污垢，浑身异味，也必然会破坏美感。因此，每个人都应该养成良好的卫生习惯，保持清洁、干净的个人仪表。

（二）个人言谈

言谈得体是一门艺术，也是个人礼仪的重要组成部分。与人交谈要有礼貌，态度要诚恳、亲切，声音大小要适宜，语调要平和沉稳，要尊重他人。要多使用敬语，如日常用到的"请""谢谢""对不起"以及第二人称中的"您"字等。初次见面用"久仰"；很久不见用"久违"；请人批评用"指教"；麻烦别人用"打扰"；求给方便用"借光"；托人办事用"拜托"，等等。要努力养成使用敬语的习惯。现在，我国提倡的礼貌用语十个字是："您好""请""谢谢""对不起""再见"。

（三）仪态举止

谈话的姿势往往反映出一个人的性格、修养和素质。所以，交谈时，双方要互相正视、认真倾听，不能东张西望、面带倦容、哈欠连天。否则，会给对方留下心不在焉、傲慢无理等不礼貌的印象。站立，是人最基本的姿势，可表现一种静态的美。站立时，身体应与地面垂直，重心放在两个前脚掌上，挺胸、收腹、收颈、抬头、双肩放松，双臂自然下垂或在体前交叉，眼睛平视，面带笑容。站立时不要歪脖、斜腰、曲腿等。在一些正式场合，不宜将手插在裤袋里或交叉在胸前，更不要下意识地做些小动作，那样不但显得拘谨，给人缺乏自信之感，而且也有失仪态的庄重。

坐，也是一种静态姿势。端庄优美的坐，会给人以文雅、稳重、自然大方的美感。正确的坐姿应该腰背挺直，肩放松；女性应两膝并拢，男性膝部可分开一些，但不要过大，一般不超过肩宽；双手自然放在膝盖上或椅子扶手上。在正式场合，入座时要轻柔和缓，起座要端庄稳重，不可猛起猛坐，导致桌椅乱响，造成尴尬气氛。不论何种坐姿，上身都要保持端正，如古人所言的"坐如钟"。若坚持这一点，那么不管怎样变换身体的姿态，都会优美、自然。

行走是人生活中的主要动作之一，走姿表现一种动态的美。正确的走姿是：胸要挺，头要抬，肩放松，两眼平视，面带微笑，自然摆臂，轻而稳。

四、职业礼仪的训练

职业人要经常与人打交道，在一些较严肃或较正式的场合，我们要记得自己代表的不仅仅是自己的形象，还代表着所在单位的形象。这时就要注意自己的言行举止，因为一些不恰当的行为会引起尴尬，严重时还可能导致失去客户。那么作为职业人，应该如何加强职场礼仪训练呢？

（一）尊重对方

礼仪就是要让别人觉得舒服或受到尊重，所以与人交往时，切不可漫不经心或趾高气扬，而应该发自内心地尊重他人。

职业人在与人交流时，要本着尊重对方的原则，诚信以待。与人打交道时，目光很重要。在初次见面、送别对方，还有听对方讲关键事情时要注视着对方，让对方感受到自己的重视。此外，还要做到不斜视、不俯视、不偷视。与人交往时，我们要用语言、目光发自内心地表达尊重。

（二）仪表得体

衣服要会穿。在工作时，衣服是穿给别人看，而不是穿给自己看的。依据对方身份或对客户的重视程度调整自己的衣冠，对方若着西装系领带，那么自己也一定要这样，不然显得不尊重；对方若是穿着随便，自己却穿着太正式，就会给对方太大压力。所以，让自己的仪表符合场合，才不至于让彼此陷入尴尬的境地。

（三）学会微笑

要有能微笑、会微笑的本领。微笑有亲和式的，也有温馨式的，我们在日常生活中可以对着镜子多练习微笑。微笑使我们有吸引力，会让人想知道是什么让你如此开心。愁眉苦脸只会把人推开，而微笑却把人吸引过来。微笑能改变我们的心情，当你情绪低落的时候，你试着去微笑，你的心情就会变好。微笑会传染，当某个人微笑时，其周围人的心情也会随之改变。微笑的人总是把快乐随身携带。微笑多一点，更多的人将向你靠近。微笑可以减压，能让我们避免看上去很疲惫、疲倦和受打击。当你感到压力时，你可以尝试以微笑缓解压力，压力减小了，你的工作就可以做得更好。

（四）恰当使用见面礼

人们日常见面既要态度热情，也要彬彬有礼。与人见面行礼有一定的规矩。比如一般性的打招呼，在传统上是行拱手礼。拱手礼是最普通的见面礼仪，行礼方式是双手合抱（一般是右手握拳在内，左手加于右手之上）举至胸前，立而不俯，表示一般性的客套。如果到人家做客，在进门与落座时，主客相互客气行礼谦让，这时行的是作揖之礼，称为"揖让"。作揖同样是两手抱拳，拱起再按下去，同时低头，上身略向前屈。作揖礼是日常生活中常见的礼仪，除了上述社交场合外，向人致谢、祝贺、道歉及托人办事等也常行作揖礼。

在当今社会，一般正式场合见面，我们习惯用握手礼。握手是一种沟通思想、交流感情、增进友谊的重要方式。与他人握手时，要用目光注视对方，微笑致意，不可心不在焉、左顾右盼，不可戴着帽子和手套与人握手。在正常情况下，握手的时间不宜超过3秒，并且必须站立握手，以示对他人的尊重、礼貌。握手也讲究一定的顺序，一般讲究"尊者决定"，即待女士、长辈、已婚者、职位高者伸出手之后，男士、晚辈、未婚者、职位低者方可伸出手去呼应。若一个人要与许多人握手，那么有礼貌的顺序是先长辈后晚辈，先主人后客人，先上级后下级，先女士后男士。

（五）不断学习

社会千变万化，只有持续关注行业变化，学习岗位本身技能和延伸技能，才不会被轻易替代。知识就是力量，就是财富，是人类文明的积累，学习知识是为了更好地与人交流。

人类要文明，社会要发展，技术要进步，生活要改善，大计是学习。学习是人类自古以来获取知识和生存能力的重要手段，是传授和发扬知识的最有效的途径。人类的进步和社会的文明都需要通过学习来实现。职业人更应该加强学习专业知识、职业礼仪知识，并把所学习的知识运用到实际工作、生活中去。

五、不同行业的职业礼仪

（一）销售行业的职业礼仪要求

1. 仪表准备

"第一印象的好坏90%取决于仪表"，登门拜访想要取得成功，就要选择与个性

相适应的服装,以体现专业形象。想要通过良好的个人形象向顾客展示品牌形象和企业形象,最好穿公司统一服装,让顾客觉得公司很正规、企业文化良好。具体参考是:男士上身穿公司统一上装,戴公司统一领带,下身穿深色西裤,黑色平底皮鞋,避免留长发、染色等问题,不佩戴任何饰品;女士上身穿公司统一上装,戴公司统一领带,下身穿深色西裤或裙子,黑色皮鞋,避免散发、染发等问题,首饰佩戴少而精。

2. 资料准备

"知己知彼百战不殆!"要努力收集顾客资料,尽可能了解顾客的情况,并把所得到的信息加以整理,记在脑中,当作资料。你可以向别人请教,也可以参考有关资料。作为营销人员,你不仅要获得潜在顾客的基本情况,例如对方的性格、教育背景、生活水准、兴趣爱好、社交范围、习惯嗜好等,还要了解对方目前满意或苦恼的事情,如乔迁新居、结婚、喜得贵子、子女考大学,或者工作紧张、经济紧张、充满压力、失眠、身体欠佳等。总之,了解得越多,就越容易确定最佳的方式以与顾客谈话。除此之外,你还要努力掌握活动资料、公司资料、同行业资料。

3. 工具准备

"工欲善其事,必先利其器。"一位优秀的营销人员除了具备锲而不舍的精神外,一套完整的销售工具是绝对不可缺少的战斗武器。台湾企业界流传的一句话是"推销工具犹如侠士之剑",凡是能促进销售的资料,销售人员都要带上。调查表明,销售人员在拜访顾客时,利用销售工具,可以降低50%的劳动成本,提高10%的成功率,提高100%的销售质量!销售工具包括产品说明书、企业宣传资料、名片、计算器、笔记本、钢笔、价格表等。

4. 时间准备

如果与顾客预约好时间,则应准时到达,到得过早会给顾客增加一定的压力,而迟到会让顾客感到不受尊重,同时也会让顾客产生不信任感。所以最好是提前5~7分钟到达,并做好进门前的准备。

(二)酒店服务行业的职业礼仪要求

酒店服务行业的职业礼仪,其实不外乎三个方面:一是仪表仪容,可以称为"形象礼仪";二是言辞得体,措辞相宜,可以称为"语言礼仪";三是行为举止的规范、得体,可以称为"操作礼仪"。

1. 着装规范

上班时按规定着工作制服，男女员工都应做到端庄大方，切忌奇装异服和出格打扮。

2. 语言恰当

用语文明，语调亲切，言辞简洁，根据不同对象恰当地使用语言。对内宾使用普通话，对外宾使用外语，尽量做到使用行业规范用语。

3. 礼貌迎送

客到有请、客问必答、客走道别。在迎送客人或与客人交流时，要面带微笑，真诚礼貌，恰当地使用尊称和各种手势。

4. 主随客便

对需要特殊照顾，特别是有不同的宗教信仰和民族习惯的客人，尽量满足他们的要求。接待客人预订事项时应主动热情、有条不紊，在办理入住、用餐等手续时，要准确填写、认真核实，以符合客人要求。提供整理房间等服务时先敲门，得到客人同意后才能进入，如遇客房门口显示"请勿打扰"的提醒，则不得随意进入。

5. 尊重私密

不能对外泄露客人的任何信息；不能乱动、乱翻客人的物品；不私自使用专供客人使用的电话、电梯、洗手间等设施。

面对客人的投诉，应态度诚恳，按规章热心帮客人解决问题，切忌急躁、争辩、怠慢、推卸责任。因故不能完成服务时，要耐心向客人解释并道歉。当发生火警、电梯事故、客人突发疾病或受伤、恐怖爆炸等紧急事件时，应沉着冷静，按照应急预案及时、得当地进行处理。拾到客人的遗忘物品应及时还给客人或上缴，不能私自存留，也不能使用客人的遗弃物品。

（三）会展服务行业的职业礼仪要求

会展设计是一种实用的、以视觉艺术为主的空间设计。其需要设计师投入大量精力，深入细致地了解参展公司和展品以及相关信息，并精心策划、安排场地布局，标新立异地设计展台，以赋予创造性的艺术表现手法来满足参展商和展品陈列的要求以及观众的观赏欲望。会展服务包括对展品信息的了解，展位形式、布置的设计，现场指导安装人员以及展览礼仪的企划等。其职场礼仪要求表现在会展活动过程中一系列的礼仪服务中，包括展前、展中、展后三个部分。比如，展会开始时，开幕式的举行、参展商的接待、记者媒体的接待等都需要会展人员的礼仪服务。

案例 1.11

公司的失误

某城市有一家大型集团公司，在参加招商会议期间迎来了一批参观访问者。这些参观访问者是一批海外华人，他们此行是来了解情况，做投资准备的。为此，公司做好了一切准备，提前派出人员从本市各地挑选了一批漂亮、年轻的女性接待人员，并为她们量身定做了整齐划一的职业装；提前对接待人员进行了仪态训练，以显示公司的实力。可是他们忽略了对他们的会展人员进行服务礼仪的培训，这些会展人员各自与来访人员交谈，完全忽略会展与接待的礼仪流程。结果无一位来访人员与之合作。

思考：

1. 案例中公司对会展人员忽略了哪些培训？
2. 会展服务中该如何体现对来宾的尊重？

案例 1.12

礼仪佳话

在一家涉外宾馆的中餐厅，正是中午用餐时间，服务员非常繁忙。有一桌客人，其中一位外宾吃完最后一道菜，顺手把制作精美的景泰蓝食筷放入了自己的口袋。

这时，在一旁的服务员看在了眼里，但她没有当场给以难堪，而是不露声色地迎上前去，双手捧着一只装有景泰蓝食筷的绸面小匣说："先生，您好！我们发现您在用餐时，对我国的传统工艺产品——景泰蓝食筷颇有喜爱之意。非常感谢您对这种精细工艺品的赏识。为了表达我们的感谢之情，经餐厅经理同意，我们将这双图案最精美的、您用过了的景泰蓝食筷赠送给您，这是与之配套的锦盒，请笑纳。"

那位外宾自然明白这些话的弦外音。在表示谢意之后，他借口因喝了两杯酒，误将食筷插入衣袋。感激之余，他表示希望能出钱购买这双景泰蓝食筷，作为此行的纪念。餐厅经理也顺水推舟，按最优惠价格，计入了他的账单。

思考：
1. 你赞同案例中服务员的做法吗？
2. 如果你遇到这种情况，你会如何处理？

课后思考

做职场有心人

小蒋刚入职一家公司，还在熟悉工作流程的时候，忽然接到上级的一个工作任务，上级要求小蒋与他第二天参加一个非常重要的展销会。

接到这个任务后，小蒋有些束手无策，他不太清楚参加展会的礼仪要求，之前他也没有类似的工作经历。于是，小蒋请教了前辈，前辈给他的建议是立即学习参加展销会的礼仪知识并了解相关工作流程。听了前辈的建议，小蒋决定先学习，然后遇到不清楚的问题再请教。他制订了大致准备计划。首先，准备参会的服装，然后拟订参会的流程，进而对各个流程的礼仪细则进行学习和演练。想好之后，小蒋马上开始行动。第二天展会正式开始之前，小蒋又细查了自己的西装，演练了一次话术。其最终结果相当令人满意。

思考：
1. 如果你是小蒋，你会这样做吗？
2. 职业礼仪的养成途径有哪些？

综合训练一

名人名言

人有礼则安，无礼则危。

——《礼记》

知识使人变得文雅，而交际使人变得完善。

——乔·富勒

训练目标

知识目标	通过情景模拟贯穿训练，巩固认知，增强职业意识，进一步熟知提升职业礼仪素养的方法
能力目标	开展职场礼仪训练"上班第一天"，感知情景模拟"我理想的上班第一天"活动
情感目标	掌握更多、更全面的职业礼仪知识，做好开启职业生涯的准备

重点和难点

1. 重点：通过情景模拟"上班第一天"训练，巩固认知。
2. 难点：通过感知"我理想的上班第一天"活动，提升职业礼仪素养。

案例 1.13

小细节　大智慧

王小姐在宾馆的工作是迎宾，为客人开电梯。她发现有位中年男子乘电梯时，经常会抱着一大堆书报，有时在电梯里难免会掉几份，王小姐每次总不厌其烦地为中年男子捡起书报。有趣的是，她从没问及中年男子从事何种职业。彼此每次顶多是"谢谢你"和"不客气"的交流。

一次，中年男子说完"谢谢你"时，王小姐说："您不必每次客气，举手之劳而已。"中年男子依然表明自己的观点："你的工作是只要开好电梯就行了，你却每次不声不响地为我做你工作之外的事情，我说'谢谢'才合乎情理。"日复一日，王小姐一如既往地为中年男子捡起掉落在电梯里的书报，依旧没问中年男子的身份。

一天，那位中年男子突然对王小姐说："我还不知道你的名字呢。"王小姐笑道："叫我小王就可以了。"中年男子又说："你怎么一直不问我是做什么的？"王小姐若有所思地说："反正你在这楼上办公吗。"

这天早上，中年男子发现王小姐不在电梯里了。大厅的工作人员告诉中年男子："宾馆效益下滑，上层研究后决定将电梯小姐辞退。"中年男子通过宾馆人事部找到了王小姐的联系电话，主动打电话给王小姐说："王小姐，我们商务公司要招聘两名接待员，就是接电话或者给客人倒开水的工作，你的为人告诉我你能胜任这份工作。"这时，王小姐才知道中年男子是一家商务公司的副总。

正是小王每天一个小小的动作，体现了她的职场礼仪，也正是这细小的职场礼仪为她赢得了这家商务公司副总的青睐，也给自己赢得了工作的机会。

有的时候，注重礼仪细节会让你的职业道路更广阔。

思考：
1. 王小姐是如何为自己赢得再就业机会的？
2. 结合王小姐的经历，谈谈你的感受？

一、任务介绍

王东是我市某职业技术学院国际商务专业的大三学生，由于即将面临毕业，在老师的指导下，王东开始做具体而详细的职业规划。这次，老师给王东布置的任务是：明天你即将到一家跨境电商企业去做外贸员的工作，在第一天上班前，你要做哪些职业礼仪方面的准备？

二、任务成果展示

以小组合作的形式来一起设计，开展情景模拟并进行演示和陈述。

三、任务结果测评

任务结果测评如表1-1所示。

表1-1 任务结果测评

评价依据	得分区间	得分
情景设计符合职业场景，准备工作到位，仪表、仪态、仪容等礼仪点操作规范，言谈举止得体，模拟训练完成得好	90分以上	
情景设计符合职业场景，准备工作到位，仪表、仪态、仪容等礼仪点操作较为规范，言谈举止较为得体，模拟训练完成得较好	75~90分	
情景设计符合职业场景，准备工作比较到位，仪表、仪态、仪容等礼仪点操作比较规范，言谈举止较为得体，模拟训练完成一般	60~75分	
情景设计不符合职业场景，准备工作不够到位，仪表、仪态、仪容等礼仪点操作不够规范，言谈举止不够得体，模拟训练完成得很不好	60分以下	

四、训练提示

（1）本模块围绕礼仪的内涵、职业礼仪的特点、职业礼仪的养成等，探索礼仪的渊源和职业礼仪的相关内容，引导学习者增强职业礼仪意识，培养学习者在学习、生活乃至以后工作中规范使用职业礼仪的习惯，提升学习者职业礼仪素养，增强学习者职业礼仪的能力。

（2）通过本模块的学习与训练，让学习者意识到礼仪学习和职业礼仪学习，是准职业人职业素养培养和职业能力养成的重要途径。这能激发学习者的职业自豪感，使他们为开启职业生涯做好准备。

思考与讨论

案例一　多花了3分钟去感谢

某公司的市场部招聘一位职员，许多人参加了角逐。公司的面试和笔试都十分烦琐，一轮轮淘汰下来，最后只剩下5个人。这5个人都很优秀，都有较好的外表条件和学识，都毕业于名牌大学。于是公司通知这5个人，聘用哪个人还得由经理层会议讨论后才能决定。于是这5个人安心地回家，等待公司最后的决定。

几天后，其中一位应聘者的电子邮箱里收到一封信，信是公司人事部发来的，内容是："经过公司研究决定，你落聘了，但是我们欣赏你的学识、气质，因为名额有限，实在是割爱之举。公司以后若有招聘名额，必会优先通知你。你所提交的资料录入计算机存档后，不日将邮寄返还于你。另外，为感谢你对本公司的信任，随寄去本公司产品的优惠券一份。祝你开心！

她在收到电子邮件的一刻，知道自己落聘了，十分伤心，但又为公司的诚意所感动。两天后，她收到了寄来的材料和一份优惠券。她十分感动，顺手花了3分钟时间用电子邮件给那家公司发了一封简短的感谢信。

两个星期后，她收到那家公司的电话，说经过经理层会议讨论，她已被正式录用为该公司职员。后来，她才明白，这是公司最后的一道考题。

公司给其他4个人也发了同样的电子邮件，也送了优惠券，但是回信感谢的只有她一个。她能胜出，只不过因为多花了3分钟时间去感谢。

思考：

1. 案例中最后获得职位的应聘者的做法给了你什么启示？
2. 作为一名准职业人，你应该怎么做步入职场的礼仪准备？

案例二　王亮的成功

王亮是一家计算机公司的业务主管，这家公司的生意现在相当红火，员工的工作热情也非常高，但是，在以前并非如此。

不久之前，公司里的很多员工都厌倦了自己的工作，他们中的许多人都已经做好了辞职的准备，但是王亮的到来改变了这一切。王亮每天第一个到达公司，并微笑着与每位同事打招呼。他工作时容光焕发，热情洋溢，把所有的激情都投入在工作过程中。在职场中他充分调动自己身上的潜力，开发新的工作方法，及时与同事们进行沟通和交流。王亮对工作充满了激情，这种精神状态点燃了其他员工心中的热情火焰。在他的影响下，公司的员工也纷纷调整好情绪，早来晚走、斗志昂扬。纵然有时候腹中饥饿，他们也舍不得离开自己的工作岗位。

很快，王亮被提拔到了主管的位置上，在他的带领下员工们也一个个充满活力，共同为公司创造了巨大的利润。

思考：

1. 你认为王亮成功的主要原因是什么？
2. 对你来说，如何保证自己对学习和工作充满激情？

模块二　职业形象

❀ 模块导读

通过对职业形象这一模块的学习，学习者能做到：一是掌握职业妆容打造的方法和步骤；掌握正确的站姿、坐姿、行姿的具体要求；掌握商务场合的着装礼仪。二是能打造适合自己身份特点和职业特性的妆容；能熟练使用站姿、坐姿、行姿展现职业人良好的精神风貌；能根据不同的职业场景进行职业形象设计。三是认同良好的职业形象在职场中的作用，树立"懂美""爱美""创造美"的信心，为进行商务工作奠定良好的基础。为达到以上目标，本模块设计了三个学习任务。第一个任务——仪容礼仪的认知，主要涉及内容：仪容仪表概述、皮肤的类型和保养、美发礼仪、职业妆容打造。第二个任务——仪态礼仪的认知，主要涉及内容：仪态礼仪、表情礼仪、手势礼仪。第三个任务——职业形象的塑造，主要涉及内容：职业形象打造的内涵、商务场合的着装礼仪。

任务 2.1　仪容礼仪的认知

名人名言

人的一切都应该是美的，美的仪表、美的服饰、美的心灵……

——契科夫

凡人之所以为人者，礼义也。礼义之始，在于正容体、齐颜色、顺辞令。容体正、颜色齐、辞令顺，而后礼义备。

——《礼记·冠义》

训练目标

知识目标	1. 了解仪容修饰的基本要求； 2. 掌握皮肤的类型和日常护理要点； 3. 掌握美发礼仪的要点； 4. 掌握职业妆容的打造步骤
能力目标	1. 能准确判断自己的皮肤类型，并能进行正确的护理； 2. 能根据自己的脸型和身材选择适合的发型； 3. 能运用化妆方法和技巧，打造适合自己身份特点和职业特性的妆容
情感目标	1. 认同良好的仪容礼仪在职场中的重要性； 2. 培养职业人"懂美""爱美""创造美"的信心； 3. 获得职业妆容打造的能力，为日后进行商务工作奠定良好的基础

重点和难点

1. 重点：根据自身特点选择适合自己的发型和妆容。
2. 难点：根据自己的脸型、身材、皮肤，打造适合自己的妆容。

案例 2.1

小何怎么了？

某外贸公司接待国外客户时,派出一名外贸新人进行商务接待。这位外贸新人的接待工作做得非常到位,但是她面无血色,显得无精打采。客户看到她就心情欠佳,仔细观察后才发现这位接待员没化职业妆,在商务接待室的灯光照射下显得病态十足。客户对把自己的订单交给这样一位业务人员,深感犹豫:外贸工作强度那么大,她能承受得了吗?

思考: 你认为这位外贸新人应该怎样做才能打消客户的顾虑?

分析: 在职场,化职业妆是非常重要的。化一个精致、淡雅的妆容不仅可以提升自己的自信,也会给别人留下良好的印象,更为你的工作加分。

职业人的个人形象对于展现自身良好的工作态度、增添自尊自爱、获取他人尊重、塑造良好企业形象都有着至关重要的作用。当一名职业人在与客户面谈或参加展会时,除了商品外,其实职业人自己也在被审视、被展览。一举手、一投足、衣着打扮、仪容仪态都会在短短三至五秒钟之内给客户留下第一印象。其实,在一定程度上说,外在形象是会说话的。学会有效地管理自己的形象,能够为自己带来意想不到的效果,有助于成功。

一、仪容礼仪概述

(一) 仪容的内涵和基本要素

仪容,通常指人的外观、外貌。在商务交往中,每个人的仪容都会引起别人的关注,并被纳入别人对自己的整体评价中。

1. 仪容的内涵

打造仪容的最终目标是实现"美"的特质。仪容美主要包括以下三个方面的内容。

一是自然美。它是指仪容的先天条件好,天生丽质。尽管以貌取人不可取,但先天美好的仪容相貌,无疑会令人赏心悦目、感觉愉快。

二是修饰美。它是指依照规范与个人条件,对仪容施以必要的修饰,扬其长,避其短,设计、塑造出美好的个人形象,在人际交往中尽量令自己显得端庄大方、自尊自爱。

三是内在美。它是指通过努力学习，不断提高个人的文化、艺术素养和思想、道德水准，培养出自己高雅的气质与美好的心灵，使自己秀外慧中、表里如一。

真正意义上的仪容美，应当是上述三方面的高度统一。忽略其中任何一个方面，都会使仪容美有失偏颇。在这三者之间，仪容的内在美是最高的境界，仪容的自然美是人们的心愿，而仪容的修饰美则是仪容礼仪关注的重点，也是我们要学习的重要内容。

2. 仪容美的基本要素

仪容美的基本要素是貌美、发美、肌肤美。

（1）貌美。貌美主要有两个方面的指向：一是指我们的五官比例协调、轮廓线条和谐，此即"天生丽质"的貌美。面部结构的黄金比例是三庭五眼，人的五官在这个范围内，会给人一种视觉上的平衡感。二是指我们根据自己的面部特征和脸型，选择适合自己的妆容进行修饰，此即"后天打造"的貌美。

（2）发美。发美是仪容礼仪中不可缺少的部分，只求妆容美而不注意发型样式与妆容的结合，是不能恰到好处地体现出整体和谐之美的。发式发型要与头发类型相配、与脸型协调、与身材相配、与服装相得益彰。

（3）肌肤美。肌肤有光泽、颜色红润、富有弹性，给人以健康自然、活力充沛、富有个性的印象。这与我们日常的皮肤护理、生活饮食习惯是密不可分的。

（二）仪容修饰的基本要求

1. 整洁

整洁是对商务人员仪容的最基本要求，要做到仪容整洁，就需要长年累月、坚持不懈地进行以下仪容细节的修饰工作。

（1）坚持洗脸、洗澡。若脸上常有灰尘、污垢或汤渍，就会给人懒和脏的感觉。所以除了早上起床后、晚上睡觉前洗脸之外，在商务场合，要适时关注自己脸上是否干净。若有污渍，影响了面部的干净，就要及时进行清理。洗澡可以除去身上的尘土、油垢和汗味，并且使人精神焕发。有条件的话要常洗澡，春夏每天洗，秋冬每周至少洗两次。

（2）保持头发干净。首先要清洗头发。经常清洗头发，不仅可以使头发保持干净，而且有助于头发的正常生长。其次要定期修剪头发。特别对于男士来讲，在正常情况之下，通常应当每半个月左右修剪一次，使头发保持整洁。

（3）保持手部卫生。在每个人的身上，手是与外界直接接触最多的一个部位，容易沾染脏东西，所以要勤洗手。此外，还要常剪指甲，不要留长指甲，因为它不符合一般商务人员的身份，还会藏污纳垢，给人不讲卫生的印象。

（4）注意口腔卫生。口腔是表现清洁感的另一个重点。首先，让食物残渣留在牙齿上或是牙缝里，开口说话让人看见，是非常影响职业形象的。其次，还应当特别注意口中的异味。与人交谈的时候如果口中散发出难闻的气味，会使对方很不愉快，自己也很难堪。要避免这种情况，我们就要养成早晚刷牙、餐后漱口的习惯。

（5）保持衣服整洁。衣服要整洁、干净，若有褶皱、污渍等，会让人觉得邋遢、不修边幅，影响整体的形象。此外，要勤换内衣，定期清洗外衣，保持衣服由内到外的干净整洁。

2. 美观

漂亮、美丽、端庄的仪容是形成优美的社交形象的基本要素之一。要使仪容达到美观的效果，首先必须了解自己的脸型及脸的各部位特点；其次要清楚怎样化妆、美发才能扬长避短；最后要在把握脸部个性特征和正确审美观的指导下进行修饰。

3. 自然

自然是美化仪容的最高境界，它使人看起来真实而生动。有位化妆师说过："最高明的化妆，是经过非常考究地化妆，让人家看起来好像没有化过妆一样，并且这化出来的妆与本人的身份相匹配，能自然地表现出自己的个性与气质。次级的化妆是把人突显出来，让人醒目，引起众人的注意。拙劣的化妆是一站出来别人就会发现她化了很浓的妆，而这层妆是为了掩盖自己的缺点或年龄的。最坏的一种化妆，是化妆后扭曲了自己的个性，失去了五官的谐调，如小眼睛的人化了浓眉，大脸蛋的人化了白脸，阔嘴的人化了红唇……"可见化妆的最高境界是无妆，是自然。

4. 协调

美化仪容的协调包括以下几个方面。

第一，妆面协调：指化妆部位色彩搭配、浓淡协调，所化的妆针对脸部个性特点，整体设计协调。

第二，全身协调：指脸部化妆、发型与服饰协调，力求取得完美的整体效果。

第三，角色协调：指针对自己在社交中扮演的不同角色，采用不同的化妆手法和化妆品。例如，作为职业人员，应注意化妆后体现端庄、稳重的气质；作为专门从事公关、礼仪、接待、服务的人员，要表现出一定的人际吸引魅力，就做到浓淡相宜，青春妩媚，与人们共同的爱美之心相合。

一、知识链接

首因效应

首因是指当人们第一次认知客体时，在大脑当中留下的第一印象。首因效应是个体在社会认知过程中，通过第一印象最先输入的信息，对客体以后的认知产生影响的作用。

在商务交往当中，我们主要通过容貌、表情、姿态、身材、服装等外部信息获得对方的第一印象，这些首次获得的信息往往成为以后认知与评价对方的重要依据。

美国心理学家洛钦斯于1957年首次采用实验方法对首因效应进行了研究。他用文字来描述一个名字叫吉姆的人。第一段他把吉姆描述成一个开朗、外向、喜欢交际的人。第二段他把吉姆描述成一个害羞、内向、不喜欢交际的人。然后，他将描述交给四个小组的人阅读。第一组按第一段到第二段的顺序阅读，第二组按第二段到第一段的顺序阅读，第三组只读第一段，第四组只读第二段。结果，洛钦斯发现各小组的人对吉姆的评价都是基于先读的那一段描述：第一组有78%的人认为吉姆比较开朗，第二组只有18%的人这么认为，第三组95%的人也持同样的观点，第四组则仅有3%的人对此观点没有异议。这个实验表明，产生首因效应的关键原因是信息输入的先后顺序——先入为主。

在人们的日常社会交往中，如果第一次接触留下了好印象，那么在彼此分开后的很长一段时间里，此印象仍然会保留在脑中；当双方第二次再相遇交往时，则会不由自主地按第一次形成的好的评价的视角来认知评价对方。

二、皮肤的类型与保养

（一）皮肤的分类

皮肤主要分为五个性质类型：油性皮肤、干性皮肤、混合性皮肤、中性皮肤、敏感性皮肤。五种皮肤的特征也是不一样的。

1. 油性皮肤

表现特征：容易满脸油光，毛孔较大，肤质看上去有些粗糙。通常洗完脸不会感觉紧绷，而且过2~3小时就有油腻感，容易有黑头、粉刺和痘痘的困扰。但是油性皮肤因为出油多，皮肤有这层天然保湿屏障，不容易有干纹、细纹的出现，所以油性皮肤比其他肤质更饱满，不显老。

保养要点：保持水油平衡。

2. 干性皮肤

表现特征：毛孔细小，皮肤表面不泛油光，容易形成细碎的干纹，尤其以眼部和唇部四周最为明显。干性皮肤容易产生紧绷感，角质层比较薄，所以容易受到刺激，易敏感和产生色斑。干性皮肤的优点是由于毛孔细小，所以肤质细腻。出油少，也不易吸附污垢，比较少出现毛孔堵塞、黑头、粉刺的现象。

保养要点：补充油脂、保湿。

3. 混合性皮肤

表现特征：混合性皮肤是最常见的肤质。整个皮肤看起来都很健康且光滑，唯在T字区，也就是额头、鼻子至下巴的区域会有些油腻，但两颊偏干甚至紧绷。混合性肤质又有两类，通常会随着季节而转换。例如，在夏季会混合偏油，在冬季又会混合偏干。

保养要点：控制T字区的油脂分泌，消除两颊的干燥现象，保湿。

4. 中性皮肤

表现特征：毛孔细小，皮肤有通透感的光泽，很健康并且质地光滑，有均衡的油分和水分，很少有黑头及痘痘，皮肤通常不油也不紧绷。中性皮肤是最理想的肤质，通常青春期以前的孩子拥有这种理想肤质，青春期之后的成人则很少能保留这样的中性肤质。

保养要点：中性皮肤保养较为简单，给予皮肤基础的日常保养，注重补水保湿。

5. 敏感性皮肤

表现特征：皮肤看上去较薄，容易受环境因素、季节变化及面部护肤品刺激而出现泛红、发热、瘙痒、刺痛等，甚至严重时会出现红肿和皮疹。

保养要点：适度清洁、不过度去角质、不频繁更换护肤品、不使用含有致敏成分的化妆品。

（二）如何确定皮肤的类型

可通过下面三个简单方法，初步了解自己的皮肤类型。

1. 纸巾测试法

在晚上临睡前把脸洗净，用毛巾将脸上的水吸干，不要涂抹任何护肤品。次日醒来后，即对着镜子仔细查看额头、面颊、鼻子及下巴，或用质地细腻的纸分别在上述部位来回擦拭。如果发现这些部位油光发亮而纸被油浸得透明，有油渍，则表明是油性皮肤。如果擦过的纸很干净，面部又有紧绷感，则为干性皮肤。若擦过的纸上无特别油渍，脸上擦拭前后变化不大，则为中性皮肤。如果T字区擦拭有油渍，两颊有紧绷感，则为混合性皮肤。

2. 感觉法

洗脸后不涂任何护肤品，计算皮肤紧绷的感觉消失需要多长时间，根据这一时间即可知皮肤类型。在20分钟以内，属油性皮肤。在20~30分钟之内，为中性皮肤。在30分钟以上，为干性皮肤。额头、鼻子部分不再有紧绷感，而面颊部仍未改善，就是混合性皮肤。

3. 触摸法

在早晨刚起床时，用指触摸面部皮肤。感觉粗糙的为干性皮肤；感觉滑溜溜的为中性皮肤；感觉油腻的为油性皮肤。

（三）皮肤的日常保养与护理

皮肤类型确认之后，就可以有针对性地选择护肤品进行日常保养和护理了。一般来说，日常护肤程序包括洁肤、爽肤、养肤三个步骤，每天早、晚各进行一次。

在脸上涂抹护肤品时的基本手法是：先用中指或无名指的指腹将护肤品（洁肤品）涂抹在额头、两颊、鼻头、下巴五处（五点法，如图2-1所示），然后按照图2-1所示方向，用双手中指和无名指指腹将护肤品在脸部和脖子上边轻轻按摩并涂抹均匀。不要漏掉耳后的皮肤。手指的力量一定要轻柔，不要挤压出皱纹。

1. 洁肤

洁肤，就是要保持脸部、颈部皮肤的干净。脸部和颈部皮肤是暴露在外部的，每天早、晚应该各清洁一次。

正确的洗脸方法是：按图2-1所示将洗面乳点在脸上，轻轻均匀涂抹于整个面部。如果使用固体洗面皂，应当先用清水将洗面皂蘸湿，用手轻轻搓出泡沫之后，将泡沫涂抹在脸上。涂抹均匀后，用40℃左右温水将洗面乳冲洗干净，再用干净的毛巾将脸轻轻擦干。

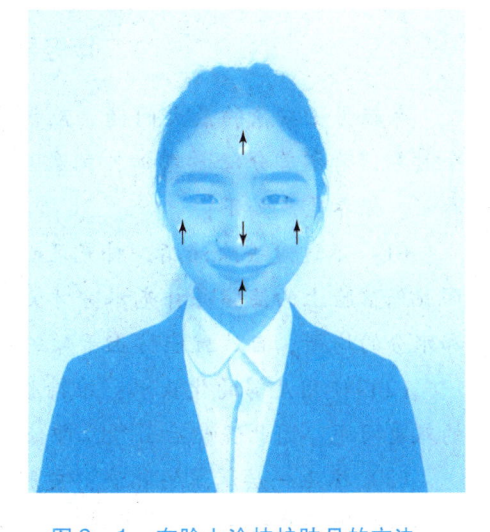

图2-1 在脸上涂抹护肤品的方法

2. 爽肤

洗过脸之后，皮肤常常并没有真正地被洗干净。因此，我们需要用化妆棉蘸上爽肤水（又叫作"化妆水"，有些含有天然保湿因子等美容成分的爽肤水又叫作"保湿水"），按照图 2-1 所示方向轻轻反复擦拭脸部，这样可以彻底地清除残留的有害物质和细菌。爽肤水是一种液态的护肤品，其成分中 60% 以上是水分。除了有再次清洁皮肤的作用之外，还能补充皮肤角质层中的水分，起到滋润皮肤的作用。另外，还能使之后所使用的保养品易于吸收。

3. 养肤

人体的主要成分是水，水分补充不足，会直接影响人的肤质。干性皮肤需要适当补充油分并强力补充水分。中性皮肤重点是保湿。油性皮肤尽管皮脂腺分泌旺盛，但也常常处于干燥缺水的状态，因此在适当控制油脂分泌的同时还要保湿。我们应当针对自己皮肤的属性选择适合自己皮肤的乳液或面霜来滋润和保养皮肤，使皮肤的油分和水分都达到"均衡"的理想状态。

乳液与面霜的涂抹方法是：按图 2-1 所示将乳液或面霜点在脸上，再轻轻均匀涂抹于整个面部。

除了基本的面部皮肤护理之外，还需要对眼部进行特殊的护理。方法：将眼霜直接挤在双手中指上，在眼睛四周涂抹均匀，并轻轻点按，让眼霜充分吸收。按摩能够促进血液循环，延缓皱纹的产生，也可以预防眼袋和黑眼圈的产生。

知识链接

年轻男士面部保养方法

年轻男士皮肤的最大问题，应该是因皮脂分泌过盛所引起的出油及青春痘，这个时期，荷尔蒙分泌量增加，刺激皮脂腺，导致黑头、白头粉刺出现，进而形成青春痘。保养重点如下：

（1）不过度去除油脂，补充足够的水分：过度去除油脂是导致皮肤干燥的主因，因此保留脸上的油脂并补充水分才是正确的方法。因为年轻的皮肤只要能保持油分和水分的均衡，自然就能防止干燥的产生。

（2）使用足够的化妆水：维持脸上油分及水分的平衡就能彻底解决出油及干燥的双重问题，因此洗脸后必须立即使用适合个人肤质的化妆水。

（3）抹上一层薄薄的乳液：皮脂是保护皮肤的天然保护膜，因此年轻的皮肤不需要多余的油分。若觉得皮肤干燥，不妨抹上一层薄薄的乳液。

需要注意的是，油分补充过量，反而易造成毛孔堵塞等问题。此外，错误的洗脸方式是造成皮肤干燥的罪魁祸首；选择碱性过强的香皂，或洗脸时水温过高，都是造成皮肤干燥的原因。

三、美发礼仪

美观的发型能给人一种整洁、庄重、洒脱、文雅的感觉。发型的选择要与性别、发质、服装、身材、脸型等相匹配，还要与自己的气质、职业、身份相吻合。只有这样才能扬长避短，和谐统一，显现出真正的美。

1. 发型与性别

正式场合对头发的长度是有限定的。对于男士来讲，一般不允许男士在工作时长发披肩，或者梳起辫子。在修饰头发时要做到：前发不覆额，侧发不掩耳。男士头发长度的下限是不允许剃光头。对于女士来讲，在工作岗位上头发的长度上限是：不宜长于肩部，不宜挡住眼睛。长发过肩的女子在正式场合可以将超长的头发盘起来、束起来，不可以披头散发。女士头发长度的下限也是不允许剃光头。

2. 发型与服装

在现代美容中，一个人的发型与服装有着十分密切的关系。什么样的服装应当与什么样的发型相配，这样才显得谐调大方。假如一个高贵典雅的发髻配上一套牛仔服就显得不伦不类。因此，发型与服装只有和谐统一才能体现美。

3. 发型与身材

身材高大威壮的人，应选择款式大方、健康洒脱的发型，以避免给人大而粗、呆板生硬的印象。身材高大的女士，一般留简单的短发为好。烫发时，不应烫小卷，以免造成与高大身材的不协调。

身材高瘦的人，适合留长发型，并且适当增加发型的装饰性。卷曲的波浪式发型，会对高瘦身材有一定的协调作用。但高瘦身材者不宜盘高发髻，或将头发削剪得太短，以免给人一种更加瘦长的感觉。

身材矮小的人，适宜留短发或盘发，因露出脖子可以使身材显得高些；还可以根据自己的喜爱，将发型做得精巧、别致些，追求优美、秀丽。

身材胖的人，适宜梳淡雅舒展、轻盈俏丽的发型，尤其是应注意将整体发型向上，将两侧束紧，使脖子亮出，这样会感觉瘦些。

总之，必须根据自己的体型，选择一个与之相称的发型。

4. 发型与脸型

（1）椭圆形。椭圆形脸型是女性最完美的脸型，任何发型都与它相配。中分头

路、左右均衡、顶部略蓬松的发型,会更贴切脸型,更能显示脸型之美。

(2) 圆脸形。圆脸形接近于孩童脸,双颊较宽,因此应选择头前部或顶部半隆的发型,两侧则要略向后梳,将两颊及两耳稍微露出,这样,既可以在视觉上冲淡脸圆的感觉,又显得端庄大方。圆脸形的人梳纵向线条的垂直向下的发型会显得挺拔而秀气。

(3) 长脸形。顶发不宜太丰隆,前额部的头发可适当下倾,两颊部位的头发适当蓬松些。长脸形人可以留长发,也可以留齐耳短发,发尾要松散流畅。这些都是以发型的宽度来缩短脸的视觉长度。若将头发做成自然成型的柔曲状,会更理想。

(4) 方脸形。方脸形的人前额较宽,两腮突出,显得脸形短阔。这类人适宜选择自然的大波纹状发型,使头发柔和地将面孔包起来,让两颊头发略显蓬松以遮住脸的宽部,用线条的圆润冲淡脸部方正直线条的视觉感。

(5) "由"字形(三角形)。"由"字形脸型的人应选择宜表现额角宽度的发型,且中长发型较好。顶部的头发可以梳得蓬松些,两颊的头发宜向外蓬出以遮住腮,在视觉上减弱腮部的宽阔感。

(6) "甲"字形(倒三角)。"甲"字形脸型的人宜选择能遮盖宽前额的发型,一般两颊及后侧头发应蓬松而饱满,额部稍垂"刘海",顶部头发不宜丰隆。此脸型的人适宜将长发烫成波浪形。

(7) "申"字形(菱形)。"申"字形脸型的人一般可将额头上部的头发拉宽,将额头下部的头发逐渐收紧,在靠近颧骨处可设计大弯形的卷曲或波浪式的发束,以遮盖突出的颧骨。

四、化妆礼仪

(一)职业妆容打造步骤

在商务场合,职业人的妆容是要符合职业特性,并与工作环境相协调的。同时,良好、得体的职业妆容有助于提升职业形象,不仅能赢得别人的好感,还可以帮助我们得到"专业""干练"的职业认可。职业女性的妆容原则上要淡雅、含蓄、端庄,根据工作或活动场合的需要也可适当亮丽,但是不宜浓妆艳抹,要表现职业女性理智与成熟的风韵,妆型与妆色要协调一致,符合工作环境与特点。职业妆容的打造主要有以下步骤。

1. 打粉底

打粉底就是打造底妆,底妆对于化妆来说非常重要。选择与肤色较接近的粉底,用海绵按照皮肤的纹理由上到下或者从大面积到细部,采用均匀推开或轻拍的方式,少量多次地上妆,才能把粉底打得薄而透。

2. 描绘眉形

职业妆画眉的原则是自然。眉色要比发色稍浅，这样看起来最自然。如果眉毛颜色偏重，可以画一点浅色眉粉将眉色减淡一些。如果眉毛偏少、颜色偏浅，可用削尖的眉笔在稀疏处一根根描画，补齐短缺部分。最后用眉刷顺着从眉头至眉尾的方向轻轻刷拭几遍。

3. 涂抹眼影

不要使用颜色过分明亮的眼影，首选棕色和灰色的眼影。常见的涂眼影方法是利用两色眼影，深色重点描绘眼睑，浅色打在眼窝做搭配，可将眼睛打造出立体有型的效果。如果想要让眼部轮廓更分明，可以在眉骨与眼头刷上一点珠光色眼影。

4. 画眼线

眼线要贴着睫毛根部画，浓妆时可稍宽一些，淡妆时可稍细一些。一般选择黑色眼线笔，从眼头开始描画并在眼尾结束时微微拉长、向上挑一点，这样显得眼角上翘，比较美观。

5. 涂睫毛

先用睫毛夹使睫毛卷翘，从根部分段将睫毛夹成弧形，不能呈直角上扬形。睫毛膏通常选黑色，黑色既能突出眼影的色泽，又庄重大方。上下睫毛都要刷拭，睫毛如果稍显稀疏，可在第一遍干后刷第二遍，两遍间隔的时间可用来做下面的步骤。

6. 刷腮红

腮红既能调整气色，也可修补脸型缺陷。用腮红刷上腮红时要由颧骨到太阳穴均匀刷拭，霜状腮红可用指腹涂上轻薄的一层。

7. 定妆

定妆能延长妆容持续的时间。用粉扑或刷具蘸上干粉，均匀地扑在妆面上，只需要薄薄的一层，就能使妆面柔和。上完定妆粉后，再用余粉刷把多余的散粉扫掉，这样妆容才能持续得更久。蜜粉和粉饼的颜色不要与颈部肤色差别太大，用 1/2 面积粉饼涂抹，顺着同一方向涂抹才不会导致妆容混浊。

8. 唇妆

先用唇线笔画好唇廓，再用唇膏涂抹在唇廓内。如果来不及勾勒唇线，可直接用棒式唇膏涂抹口红，纵向顺着唇纹涂，容易将口红推匀。唇部较容易脱妆，要及时补妆。为了使口红色彩持久，可以用纸巾轻抿一下口红，然后扑上透明粉饼，再涂抹一次唇膏。

二、知识链接

SPF PA，防晒霜上这几个字母代表什么意思？

SPF值，也就是我们平常说的防晒系数，是 Sun Protection Factor 的英文缩写。SPF后面的系数，指紫外线照射不致伤害肌肤的一个时间范围，是根据最低红斑剂量来计算的。一般说来，防晒霜SPF值越高，所给予肌肤的保护时间越长，这是一个防晒保护的时间概念。肌肤对日晒其实有一个产生反应的时间。我们黄种人的肌肤反应时间为15~20分钟，这说明我们的肌肤至少可以抵挡紫外线照射15分钟而不被晒伤。选择防晒霜的SPF值时，需要在15分钟的基础上进行乘法计算。例如，计算SPF 20防晒霜的防护时间时，用15（分钟）×20＝300（分钟）。300分钟就是这款防晒霜的防护时间。如果外出仅在5个小时以内，一款SPF 20的防晒霜完全够用。

PA值表示能阻挡阳光中UVA长波的指数，在防晒霜中代表的是防晒霜延缓肌肤晒黑的等级。如果既不想晒伤，又不想晒黑，就可以挑选同时含有SPF与PA两种系数的防晒产品。市面上的防晒霜一般存在PA＋、PA＋＋和PA＋＋＋三个等级。PA＋表示低效防护，PA＋＋表示中效防护，PA＋＋＋表示高效防护。一般情况下，每个"＋"，代表防晒霜可以延缓肌肤被晒黑的时间为2~4倍。如果只在上下班时间接触阳光的话，那么选择SPF 15、PA＋的防晒霜就够了，比如办公室工作人员。如果想去户外运动，就选择SPF 20、PA＋＋的防晒霜，比如需要外出的业务员等。如果想去海边度假的话，就选择SPF 30以上、PA＋＋＋的防晒霜。

（二）补妆与卸妆

1. 补妆

补妆是指在脸部妆容已质变的部位补涂化妆品。脸部的妆一般只能保持一定的时间，时间长了，颜色就会发生质变。因此，适时补妆对保持妆面的完整和干净是非常必要的。补妆要注意以下几个方面：

（1）清除汗渍：用面巾纸轻轻擦掉汗渍。不要太用力，不然会破坏底妆。

（2）吸去油脂：用吸油纸轻轻按压，吸去面部油脂，尤其是T字区。同样要轻柔，用力拉扯会让毛孔变得更粗大。

（3）刷去残渣：用一把干净的小刷子刷掉脱落的睫毛膏残渣。这些小点看似无妨，但与眼周的油脂一混合，就有可能造成"熊猫眼"。此外，用棉签蘸取化妆水或乳液也能很好地擦掉晕开的眼部彩妆。

（4）蜜粉定妆：用蜜粉轻拍整个脸颊，尤其不要忽略眼部周围。要根据肤色和肤质选择蜜粉。如果粉扑难以使妆效轻薄，最后一定要用大的粉刷扫去多余的粉末，这样才能实现妆容的轻薄透明感。

（5）完美补色：最后用睫毛膏重新刷一遍睫毛，补上腮红和唇膏，使整个人看起来气色好，又精神饱满。

2. 卸妆

面部卸妆是最基本的清洁环节，也是最重要的护肤步骤。在卸妆时，一般有以下几个步骤。

（1）取适量的卸妆乳，用化妆棉或指尖均匀地涂于脸部、颈部，以打圈的方式轻柔按摩。

（2）以螺旋状由外而内轻抚鼻子区域，卸除脖子的粉底时要由下而上清洁。

（3）用面巾纸或化妆棉拭净污垢，直到面巾纸或化妆棉上没有粉底颜色为止。

（4）卸妆后，应用性质温和的洗面奶洗脸，然后用爽肤水对皮肤做最后的清洁，以及平衡皮肤的 pH 值。

此外，敏感皮肤在使用卸妆产品时应小心谨慎，最好选择不含酒精、香料、色素等化学成分，且性质温和的卸妆产品，而且卸妆时间不宜过长。

（三）化妆的禁忌

1. 切忌在公共场合化妆

在众目睽睽之下化妆是非常失礼的，这样做有碍于别人，也不尊重自己。应该等到适当的空闲时间到化妆室或者是洗手间去补妆。

2. 不要借用别人的化妆品

每个人的化妆包，都具有隐私性。我们所用的化妆品都是各自的喜好和习惯，随便用他人化妆品是不礼貌的。此外，化妆品和化妆用具都是直接接触皮肤的，容易带上个人细菌，出于健康的考虑，也不能随便用别人的化妆品。

3. 保持化妆工具的干净整洁

要使用清洁的化妆工具。所携带的化妆用品应该有条理地放在化妆包内，以便从容地取出使用。如果化妆包里乱七八糟，粉刷、粉饼、唇刷、眉刷等化妆工具都是脏兮兮的，一则有碍健康，二则透露出化妆包的主人生活品质不高，缺少化妆常识。

4. 不要非议他人的妆容

由于个人欣赏水平、文化修养、皮肤、脸型的差异,每个人对化妆的要求及审美是不一样的。不要非议别人的妆容,也不要自视甚高,认为只有自己的妆容才是最好的。

课后思考

各色眼影的作用

1. 棕色:易与肤色协调,大方自然,不够精彩,但不易出错,中性色调眼影。

2. 淡红色:柔和、妩媚,强调眼睛明净可爱,属明亮色调眼影,不过,不适合眼睛稍肿的女性。

3. 紫色:具神秘感,可增加眼部媚态、高贵、冷傲感,适于皮肤较白的女性,肤色黄、黑色慎用,属对比色深色调眼影。

4. 蓝色:可做装饰色彩,只作点缀,不作大面积使用,属对比色跳跃色眼影。

5. 黄色:可做装饰色彩,较易适用,属柔和色明亮色调眼影。

6. 绿色:表现年轻、朝气清新感,适于小面积点涂,属跳跃色中性色眼影。

思考:
怎样的妆容更符合职业场所的要求?

任务2.2 仪态礼仪的认知

名人名言

举止是映照每个人自身形象的镜子。

——歌德

游毋倨，立毋跛，坐毋箕，寝毋伏。

——《礼记·曲礼》

训练目标

知识目标	1. 熟练掌握标准站姿、坐姿、行姿的具体要求和训练方式； 2. 掌握表情和手势的礼仪要点和礼仪禁忌
能力目标	1. 在商务场合，能熟练使用站姿、坐姿、行姿展现职业人良好的精神风貌； 2. 能根据不同场合、不同对象，正确使用表情礼仪和手势礼仪，展现职业人的职业素养
情感目标	愿意主动学习，积极参与站姿、坐姿、行姿、表情和手势的练习，塑造良好的仪态礼仪

重点和难点

1. 重点：熟练掌握标准站姿、坐姿、行姿的具体要求和训练方式。

2. 难点：根据不同场合和情况，展现正确、端庄的站姿、坐姿、行姿，并正确使用表情礼仪和手势礼仪，打造职业人良好的仪态礼仪。

案例 2.2

姿态会说话

吴老先生是一个心理学家，喜欢研究他人的肢体语言，跟他接触多了也会受他的影响。有一次，吴老先生应一位企业朋友的邀请去参加一个派对，出席的都是行业内人士。吴老又犯了职业病，附耳跟我说道："小王，你仔细地观察下这里的人，根据他们的站姿，我大致可以猜出来他们的身份、地位、年龄、性格。""愿闻其详！"好奇心使然，我也加入了这个游戏中。他指着一位大腹便便的中年男子说："你看那位两手背腰、挺胸仰头、两腿叉开站立的男士，他十有八九是小企业的老板，手中有点钱，但是眼光较为短浅。旁边不断点头哈腰、站都站不直的那位估计是他的手下，做事比较缺乏自己的主见，但是执行力较强。看到站在墙角边上的那位女士了吗？你看她两腿交叉而立就表示她对面前的男士所谈的话题没有兴趣但又不好拒绝……"后来，经证实，吴老先生猜测的准确率真是高得令人称奇。

思考：

1. 你认为吴老先生的分析对吗？为什么？
2. 你认为在公务场合怎样的站姿才能给别人留下好的印象？

分析：不同的站姿能显示出不同的性格特征，也能折射出个人的内在气质。标准的站姿应腰背挺直、抬头挺胸、双目平视。弯腰驼背很容易表现出精神萎靡、意志消沉的一面；两手叉腰或双手背腰则会让人感觉自持清高、过于自负。在商务场合中弯腰驼背会使你的合作伙伴对你公司的资信情况产生怀疑，也会怀疑你的专业能力；而两手叉腰或双手背腰会让人感觉高高在上，虽有充分的信心和精力，但也会让人误会是对合作对手的不尊重。

良好的仪态能给人以端庄、挺拔、优雅的职业印象，仪态是一种无声的语言，并具有传情达意的功能。人们可以通过自己的仪态、举止向他人传递个人的学识与修养，一个人外在的举止能直接表明他的态度。在商务场合中用优雅、得体的举止表情达意，往往比用语言更让人感到真实、生动。

早年天津南开中学教学楼的镜子上印着《镜铭》："面必净、发必理、衣必整、钮必结，头容正、胸容宽、肩容平、背容直。气象：勿傲、勿暴、勿怠。颜色：宜和、宜静、宜庄。"可见，仪态美观、举止规范是一项基本礼仪。

一、仪态礼仪

仪态，又称体态，是指人在行为中的身体姿态和风度。姿态是身体所表现的样子，风度则是内在气质的外在表现。

（一）站姿礼仪

站姿是静态的造型动作，是其他人体动态造型的起点和基础。古人主张"站如松"，这说明良好的站立姿势应给人一种挺、直、高的感觉。

1. 站姿的基本要求

（1）挺：即身体直立，双目平视，双肩打开，自然下沉，抬头挺胸，下颌微收，腰背挺立，收腹提臀，整个身体庄重挺拔。

（2）直：即腰直、腿直，后脑勺、背、臀、脚后跟成一条直线。

（3）高：即重心上拔，看起来显得高。

2. 常用站姿

（1）基本站姿——侧放式站姿。基本站姿是男士、女士都适用的站姿，具体操作方法：身体立直，挺胸抬头，下颌微收，双目平视，两膝并严，脚跟靠紧，男士脚尖分开45°~60°（图2-2）。女士脚尖并拢，提髋立腰，收腹提臀，双手置于身体两侧，自然下垂（图2-3）。

图2-2　男士侧放式站姿　　　图2-3　女士侧放式站姿

(2)腹手站姿——前搭手站姿。腹手站姿是男士、女士通用的站姿,但具体操作方法不一样。

男士腹手站姿:左手握空拳,右手握住左手手腕,贴放在腹部。两脚分开,距离不超过肩宽,呈"V"字形(图2-4)。

女士腹手站姿:右手搭在左手手背上,贴在腹部。两脚尖展开,左脚脚跟靠近右脚中部,重心平均置于两脚上(图2-5)。

图2-4 男士腹手站姿

图2-5 女士腹手站姿

(3)背手站姿——后搭手站姿。背手站姿略带威严和距离感,为男性常用的站立姿势之一,女士一般不用。具体操作方法:双手在身后交叉,左手握空拳,右手握住左手手腕,贴放在两臀中间。两脚分开,不超过肩宽,脚尖展开,挺胸立腰,收颌收腹,双目平视(图2-6)。

在实际站立时,既要遵守规范,又要避免僵硬。所以站立时要注意肌肉张弛的协调性。强调挺胸立腰,但两肩和手臂的肌肉不能太紧张。要适当放松,气下沉,呼吸要自然。另外,要以基本站姿为基础,善于适宜地变换姿态,追求动感美。

3. 站姿的禁忌

(1)忌站立时弯腰驼背。弯腰驼背的站立伴有

图2-6 男士背手站姿

胸部凹陷、腹部挺出、臀部撅起等不雅体态。不雅的体态会让他人觉得我们健康欠佳，委靡不振。

（2）不要依靠在墙上或者椅子上。特别是在职场，要确保自己"站有站相"。该站就站，该坐就坐，不要为了方便或是安逸而依靠外物支撑身体的重量。当一个人半坐半立时，既不像站，也不像坐，会让别人觉得过于随便且缺乏素养。

（3）注意腿位和脚位。不要双腿叉开太大，女士在站立时双腿分开的幅度，在一般情况下越小越好。此外，不要双腿交叉站立、弯腿站立。脚位忌"内八字"和"外八字"。

（4）注意手的位置。在商务场合，一是不要将手插在衣服的口袋内，这样会给人很随便的感觉；二是不要将双手抱在胸前，这样会令人产生距离感；三是不要将双手随意地摆放，比如将两手抱在脑后或是托住下巴等，这样给人感觉太过随意、缺乏素养。

（5）不要摆弄物件。站立时，不要下意识地做些小动作，如摆弄打火机、香烟盒，玩弄衣带、发辫，咬手指甲等，这些动作不但显得拘谨，而且给人以缺乏自信和教养的感觉，也有失仪表的庄重。

4. 站姿训练

（1）顶书训练。把书本放在头顶中心，头、躯体自然会保持平稳，否则书本将滑落下来。这种训练方法可以纠正低头、仰脸、晃头及左顾右盼的毛病。

（2）背靠背训练或靠墙训练。两人一组，背靠背站立，两人的头部、肩部、臀部、小腿、脚跟紧靠，并在两人的肩部、小腿部相靠处各放一张卡片，不能让其滑动或掉下。靠墙训练是指受训者的后脑勺、双肩、臀部、小腿及脚后跟都紧贴墙壁，站立练习。这两种训练方法可使受训者的后脑、肩部、臀部、小腿、脚跟保持在一个水平面上，使之有一个完美的后身。

（3）对镜训练。面对镜面，检查自己的站姿及整体形象，看是否歪头、斜肩、含胸、驼背、弯腿等，发现问题及时调整。

（二）坐姿礼仪

坐姿的基本要求是端庄，大方，自然，舒适。端庄优美的坐姿，不仅给人以沉着、稳重、冷静的感觉，而且也是展现自己气质和风度的重要形式。

1. 坐姿的基本要求

（1）入座时要轻要稳，走到座位前，动作协调从容，从座位左侧轻稳坐下，一般是从左侧进左侧出。

（2）就座时，应坐椅子三分之二的位置，留三分之一的位置。女士入座时，如果穿裙装，应该用手将裙子下摆稍微收拢一下，不要坐下后再起来整理衣服。

（3）坐下后，面带笑容，双目平视，嘴唇微闭，微收下颌。双肩平正放松，两臂自然弯曲，两手放在膝上，掌心向下。双膝自然收拢，双腿正放或侧放，双脚并拢或交叠（男士可略分开双腿、双脚）。

（4）起立时，右脚向后收半步，而后轻稳起身，不可太急太快，这样会给人以慌乱、不稳重的感觉。

2. 常用坐姿

（1）女士坐姿。女士的坐姿应温文尔雅，端庄大方，要求腰背挺直，手臂放松，双腿并拢，目视于人。将右手放在左手背上，双手相交，放在腿上，这种坐姿显得比较优雅。女士以侧坐为美。坐在客人面前，谈吐之间不要手脚乱动，更忌手舞足蹈。腿和脚的姿势有以下几种：

①双腿垂直式。双腿垂直于地面，双脚靠拢，使大腿、双膝和小腿基本并拢。身体呈现三个垂直90°：一是上半身和大腿呈90°；二是大腿和小腿呈90°；三是小腿和地面呈90°。这是正式场合最基本的坐姿，可以给人诚恳、认真的感觉（图2-7）。

②双腿斜放式。双腿并拢，双脚同时向左侧或向右侧斜放，脚掌着地，使双腿与地面呈45°。这种坐姿适合在较低的座椅上使用（图2-8）。

③双腿叠放式。双腿自上而下叠放在一起，脚尖不要翘起对人，应该向下朝向地面。双膝、小腿并拢。双脚可以垂放，也可以左右放，与地面呈45°斜放，但双手不能抱膝（图2-9）。

图2-7　女士双腿垂直式坐姿　　　　图2-8　女士双腿斜放式坐姿

④双腿交叉式。两小腿向后侧屈回,并交叉,双脚尖落地,大腿双膝并拢。这种坐姿比较轻松自然(图2-10)。

(2)男士坐姿。男士坐姿的基本要领与女士基本相同,但坐定后的腿位与脚位与女士有所不同,通常是双腿垂直,脚跟、双膝和双腿保持适当距离,或双腿叠放,但脚尖不能朝人,也不能晃动,不能把手放在两腿之间或双手抱膝等。

男士坐姿具体要求:上体挺直,下颌微收,双目平视,两腿分开,不超肩宽,两脚平行,小腿与地面呈垂直状,两手分别放在双膝上(图2-11)。

图2-9　女士双腿叠放式坐姿　　　　图2-10　女士双腿交叉式坐姿

3. 坐姿的禁忌

(1)就座时前倾后仰、歪歪扭扭或半躺半坐。

(2)把椅子坐满或只坐在边沿上。

(3)坐下后随意挪动椅子。

(4)双腿过于叉开或长长地伸出去。

(5)大腿并拢、小腿分开。

(6)双手放在臀下。

(7)腿、脚不停地抖动。

(8)将小腿架在另一条大腿上,呈"4字腿"。

（9）把脚架在椅子或沙发扶手上，或架在茶几上。

（10）与人交谈时，上身前倾或以手支撑着下巴。

4. 坐姿训练

（1）落座后，最影响坐姿的是人们坐下后的腿位和脚位，这是坐姿训练的主要内容。

（2）训练时要求上身挺直，腿姿优美。同时，还应进行落座、起身训练。

（3）坐姿训练，最好是在形体训练房进行，坐在镜子前，对着镜子检查自己的坐姿。

图 2-11　男士坐姿

（三）行姿礼仪

俗话说："行如风"，就是用风行于水上的那种轻快自然来形容轻松自如的优美行姿。行姿是最能体现一个人精神风貌的动态姿态。

1. 行姿的基本要求

标准的行姿，要以端正的站姿为基础。

（1）上身挺直，双肩平稳，目光平视，下颌微收，面带微笑。

（2）手臂伸直放松，手指自然弯曲。

（3）双臂以身体为中心，前后自然摆动，前摆幅约35°，后摆幅约为15°，手掌朝向身体。

（4）脚步不要拖沓，步幅要适当，一般应该是前脚脚跟与后脚脚尖相距为一脚长。步幅大小因性别和身高不同会有一定差异。行走速度为一般男士每分钟108～110步，女士每分钟118～120步。

（5）男士行走时，步履要稳重大方。女士行走时，两脚要踏在一条直线上，步履均匀、轻盈（图2-12）。

2. 行姿禁忌

（1）不要两脚尖向内或者向外，即"内八字"和"外八字"。

（2）不要弯腰驼背、歪肩晃膀。

（3）甩手幅度不要太大，否则不仅不端庄，有时还会打到别人。

（4）不要扭腰摆臀，左顾右盼。

（5）步子不要太大或太小，如果没有特殊情况，行走时不要时快时慢。

（6）不要连蹦带跳、脚蹭地面、双手插裤兜等。

3. 行姿训练

（1）双肩双臂摆动训练。身体直立，以身体为柱，双臂前后自然摆动。注意摆幅，纠正双肩过于僵硬、双臂左右摆动的毛病。

（2）步位、步幅训练。在地上画一条直线，行走时检查自己的步位和步幅是否正确，纠正外八字、内八字及步幅过大、过小的毛病。

图 2-12　行姿

（3）顶书训练。将书本置于头顶，行走时保持头正、颈直、目不斜视，纠正走路摇头晃脑、东张西望的毛病。

（4）步态综合训练。训练行走时各种动作要协调，最好配上节奏感较强的音乐，注意掌握好走路时的速度、节拍。保持身体平衡，双臂摆动对称，动作协调。

案例 2.3

不雅举止误生意

风景秀丽的某海滨城市的朝阳大街上高耸着一座宏伟的楼房，楼顶上"远东贸易公司"几个大字格外醒目。某照明器材厂的业务员钱先生按原计划，手拿企业新设计的照明器样品，兴冲冲地跑到六楼，脸上的汗珠未来得及擦一下，便直接走进了业务部张经理的办公室。正在处理业务的张经理被吓了一跳。"对不起，这是我们企业设计的新产品，请您过目。"钱先生说。张经理停下手中的工作，接过钱先生递过的照明器，随口赞道"好漂亮啊！"并请钱先生坐下，倒上一杯茶递给他，然后拿起照明器仔细研究起来。钱先生看到张经理对新产品如此感兴趣，如释重负，便往沙发上一靠，跷起二郎腿，一边吸烟一边悠闲地环视着张经理的办公室。当张经理问他电源开关为什么装在这个位置时，钱先生习惯性地用手搔了搔头皮。好多年了，别人一问他问题，他就会不自觉地用手去搔头皮。虽然钱先生作了较详尽的解释，张经理还是半信半疑。谈到价格时，张经理强调："这个价格比我们预算高出较多，能否再降低一些？"钱先生回答："我们经理说了，这是最低价格，一分也不能再降了。"张经理沉默了半天没有开口。钱先生却有点沉不住气，不由自主地拉松领带，眼睛盯着张经理。张经理皱了皱眉，"这种照明器的性能先进在什么地方？"钱先生又搔了搔头皮，反反复复地说："造型新、寿命长、节电。"张经理托辞离开了办公室，只剩下钱先生一个人。钱先生等了一会儿，感到无聊，便非常随便地抄起办公桌上的电话，与一个朋友闲谈起来。这时，门被推开，进来的却不是张经理，而是办公室秘书。最后的结果可想而知了……

思考：
1. 你认为这个结果会是怎样的？
2. 钱先生有哪些地方做得不合礼仪，他应该怎么做？

二、表情礼仪

（一）眼神

俗话说"眼睛是心灵的窗户"，它是人体传递信息最有效的器官，而且能表达最细微、最精妙的情感，发出人类最明显、最准确的交际信号。据研究，在人的视觉、听觉、味觉、嗅觉和触觉感受中，视觉感受最为敏感，人由视觉感受的信息占总感受信息的83%。人的七情六欲都能从眼睛这个神秘的器官内显现出来。

人们在交谈时，可以从视线接触对方脸部的时间的长短来判断谈话者对交谈的态度。一般来讲，视线接触对方脸部的时间约占全部谈话时间的30%～60%，超过这一平均值，可认为对谈话者本人比谈话内容更感兴趣；低于平均值，则表示对谈话内容和谈话者本人都不怎么感兴趣。不难想象，如果谈话时心不在焉、东张西望，或只是由于紧张、羞怯不敢正视对方，目光注视的时间不到谈话时间的1/3，这样的谈话，必然难以被人接受和信任。

因此，眼神与谈话之间有一种同步效应，它忠实地显示着说话的真正含义。与人交谈，要敢于和善于同别人进行目光接触，这既是一种礼貌，又能帮助维持一种联系，使谈话在频频的目光交接中持续不断。同时，在交谈中，要及时用目光配合着交谈话题和内容变换，随着交谈内容相应流露出理解、同意、关注、喜悦、期待、同情等意思。

1. 眼神注视的范围

（1）公务注视。

公务视线的位置是以双眼为下底线，到前额中部，构成一个等边三角形。这种视线的特点是公事公办、严肃郑重，不含任何个人感情色彩，能影响对方情绪，使对方立即进入角色。而主动使用这种视线行为的一方，则掌握了交谈的主动权。这种视线通常在外交谈判、商务谈判、洽谈业务和磋商问题时使用。因此，商务人员和外交人员经常使用这种视线。

（2）社交注视。

社交视线的位置是以双眼为上底线，到唇部中央，构成一个倒等边三角形。这种视线的特点是亲切温和，能营造一种融洽和谐的气氛，让对方感到平等舒服。这种视线通常在上下级友好交谈、同事交往以及各种联谊会、茶话会、座谈会等中使用。这是人们在社交场所使用的一种视线。

（3）亲密注视。

亲密视线的位置是以双眼为上底线，延长至胸部。这种视线的特点是热烈柔和，能将炽热的感情很快传达给对方，使对方体会到一种关切或热爱之情，所以非亲密关系的人不应使用这种视线，以免引起误解。这种视线通常在亲人之间、好朋友或恋人之间使用。

2. 眼神的运用

（1）在商务场合，不论是见到熟悉的人，或是初次见面的人，不论是偶然见面，或是约定见面，都要用目光正视对方片刻，面带微笑，显示出喜悦、热情的心情。对初次见面的人，还应头部微微一点，行注目礼，表示出尊敬和礼貌。

（2）在集体场合，开始发言或讲话时，要用目光扫视全场，表示"我要开始讲了，请予注意"。

（3）交谈和会见结束时，目光要抬起，表示谈话的结束。送客人走时，要用目光一直送客人走远，这叫"目送"，以示尊敬、友好。

（4）在交谈中不能总盯着对方，长时间的凝视有种蔑视和威慑功能，有经验的警察、法官常常利用这种手段来迫使罪犯坦白。

（5）在演讲、报告、发布新闻、产品宣传等场合，讲话者与听众的空间距离大，必须持续不断地将目光投向听众，才能与听众建立持续不断的联系，以收到更好的效果。

（二）微笑

微笑，是一种特殊的语言——"情绪语言"。它可以和有声语言及行动相配合，

起"互补"作用。微笑可以沟通人们的心灵，架起友谊的桥梁，给人以美好的享受。人们在工作、生活、交往中都离不开微笑。

知识链接

"笑"的培训

近年来，日本许多公司员工都在业余时间参加"笑"的培训，他们认为这样可以增强企业内部凝聚力，改善对外服务，提高企业效益。根据日本传统，无论男人和女人，遇到高兴、悲伤或愤怒的情况时，都必须控制情绪，以保持集体和睦。因为日本人认为藏而不露是一种美德。但自从日本经济进入衰退期后，生意越来越难做，商家竞争日趋激烈。于是，为招揽顾客，日本商家，特别是零售业和服务业，新招迭出。其中之一就是让员工笑脸迎客。在今天的日本，数以百计的"微笑学校"应运而生。日本一些公司的员工一般会在下班后去"微笑学校"接受培训，时长为90分钟，需连续受训一个星期。据称，经过微笑培训，日本不少公司的销售额直线上升。日本许多公司招工时，都把会不会"自然地微笑"作为一个重要条件。

（1）微笑的要求。微笑应是发自肺腑、发自内心的笑，应该笑得真诚、适度、适宜。

①微笑真诚。发自内心的微笑既是一个人自信、真诚、友善、愉快的心态表露，同时又能营造明朗而富有人情味的氛围。发自内心的真诚微笑应是笑到、口到、眼到、心到、意到、神到、情到，这样的微笑才最能打动人。微笑最忌媚态，女性更要注意这个问题，以免对方误会，适得其反。

②微笑适度。微笑虽然是人们交往中最有吸引力、最有价值的面部表情，但也不能随心所欲、不加节制。微笑的基本特征是齿不露、声不出，既不要故意掩盖笑意，压抑喜悦，也不要咧着嘴哈哈大笑。笑得得体、笑得适度，才能充分表达友善、诚信、和蔼、融洽等美好的情感。

③微笑适宜。微笑是全世界通用的语言，但也要看具体的场合和时机，要因时而异、因事而异。在特别庄重、严肃的场合，不宜笑；当别人做错了事、说错了话时，不宜笑；当别人遭受重大打击、心情悲痛时，不宜笑。

（2）微笑的训练方法。

①对镜练习法。以轻松愉快的心情，调整呼吸至自然顺畅，静心3秒钟开始微笑，双唇轻闭，使嘴角微微翘起，面部肌肉舒展开来，同时注意眼神的配合，呈现出眉目舒展的微笑面容。

②情绪诱导法。情绪诱导法就是设法寻求外界物的诱导、刺激，以求引起情绪的愉悦和兴奋，从而唤起微笑的方法。比如，打开你喜欢的书页，翻看使你高兴的

照片、画册，回想过去幸福生活的片段等，使微笑发自内心、有感而发。

③口型对照法。通过一些相似性的发音口型，找到适合自己的最美微笑状态。如"一""茄子""田七""钱"等。

案例2.4

十二次微笑

飞机起飞前，一位乘客请空姐给他倒一杯水用来服药，空姐很有礼貌地说："先生，为了您的安全，请稍等片刻，等飞机进入平稳飞行状态后，我会立刻把水给您送过来，好吗？"

15分钟后，飞机早已进入平稳飞行状态。突然，乘客服务铃急促地响了起来，空姐猛然意识到：糟了，由于太忙，她忘记给那位乘客倒水了。当空姐来到客舱，看见按响服务铃的果然是刚才那位乘客，她小心翼翼地把水送到那位乘客眼前，微笑着说："先生，实在对不起，由于我的疏忽，延误了您吃药的时间，我感到非常抱歉。"这位乘客抬起左手，指着手表说道："怎么回事，有你这样服务的吗？你看看，都过了多久了？"空姐手里端着水，心里感到很委屈，但是，无论她怎么解释，这位挑剔的乘客都不肯原谅她的疏忽。

接下来的飞行中，为了弥补自己的过失，在每次去客舱给乘客服务时，空姐都会特意走到那位乘客面前，面带微笑地询问他是否需要水，或者别的什么帮助。然而，那位乘客余怒未消，摆出不合作的样子，并不理会空姐。

临到目的地，那位乘客要求空姐把留言本给他送过去，很显然，他要投诉这名空姐。此时空姐心里很委屈，但是仍然非常有礼貌，而且面带微笑地说道："先生，请允许我再次向您表示真诚的歉意，无论您提出什么意见，我都会欣然接受！"那位乘客脸色一变，准备说什么，但没有开口，他接过留言本，开始在本子上写了起来。

空姐本以为这下完了，没想到，等到飞机安全降落，所有的乘客陆续离开后，她打开留言本后，却惊奇地发现，那位乘客在本子上写下的并不是投诉信，相反，却是一封热情洋溢的表扬信。是什么使得这位挑剔的乘客最终放弃了投诉呢？在信中，空姐读到这样一句话：在整个过程中，你表现出的真诚的歉意，特别是你的十二次微笑深深打动了我，使我最终决定将投诉信写成表扬信！你的服务质量很高，下次如果有机会，我还会乘坐你们的这趟航班。

> 思考：
> 1. 这位空姐是怎么做的，最终让乘客不再生气，并留言对她进行表扬？
> 2. 你认为微笑重要吗？为什么？

三、手势礼仪

（一）手势的作用

手势是用手和手指的动作来传递信息、表达意图和情感的一种无声语言。手是人体中富有灵性的器官。如果说眼睛是心灵的窗口，那么手就是心灵的触角，是人的第二双眼睛。聋哑人失去了语言的功能，首先选择的就是用手势来代替语言。当来自不同国家的人们，因语言障碍无法交流时，人们也首选手势语进行沟通和交流。

手势的语义很丰富，能表达多种微妙的意思，如招手致意、挥手告别、握手友好、摆手回绝、合手祈祷、拍手称快、拱手答谢、指手示怒等。由此可见，丰富的手势在人们的交往中的确是不可缺少的。

（二）常用的指引手势

（1）请进。以右手为例，"曲臂式"指引：五指伸直并拢，掌心向斜上方，腕关节伸直，手与前臂形成直线。以肘关节为轴，前臂与后臂呈大约135°的夹角。同时，脚跟靠拢，脚尖略张开。另一只手下垂，目视客人，面带微笑。

"曲臂式反向"指引：以肘部为轴，小臂自下向身体内侧抬起，抬至与胸部同高。小臂距身体约一拳距离，并与大臂呈60°～90°，手心向上，五指并拢，指向所指方向。

（2）请往前走。以右手为例，"直臂式"指引：五指伸直并拢，屈肘由腹前抬起，手臂的高度与肩同高，肘关节伸直，伸出前臂指向要行进的方向。同时，身体要侧向客人，眼睛要兼顾所指方向和客人。直到向客人表示清楚了，再把手臂放下，施礼并说"请您走好"等礼貌用语。切忌用一个手指指指点点。

（3）诸位请。"双臂横摆式"指引：面对较多来宾时，可采用"双臂横摆式"手势，即两手从腹前抬起，手心向上，摆至身体的侧前方，上身稍前倾，微笑施礼向大家致意。

"双臂向一侧横摆式"指引：如果是站在客人的侧面，可采用"双臂向一侧横摆式"，即两手从腹前抬起，手心朝上，同时向一侧摆动，两手臂之间保持一定的距离。

课后思考

面试怎么没开始就结束了呢?

一次,有位老师带着三位毕业生同时去应聘一家酒店总台接待职位。面试前,老师怕学生面试时紧张,同人事部经理商量让三位同学一起面试。三位同学进入人事部经理的办公室时,经理上前请三位同学入座。当经理回到办公桌前,抬头一看欲言又止,只见两位同学坐在沙发上,一个架起二郎腿而且两腿不停地抖动,另一个身子松懈地斜靠在沙发一角,两手紧握,手指咯咯作响,只有一位同学端坐在椅子上等候面试,人事部经理起身非常客气地对两位坐在沙发上的同学说:"对不起,你们的面试已经结束了,请退出。"两位同学四目相对,不知何故,面试怎么还没开始,就结束了呢?

思考:
1. 面试怎么没开始就结束了呢?试分析其中原因。
2. 本案例对你有什么启示?

任务2.3　职业形象的塑造

名人名言

照天性来说，人都是艺术家，他无论在什么地方，总是把美带到他的生活中。

——歌德

研究证明，穿着得体虽然不是保证一个女人成功的唯一因素，但是，穿着不当却能导致一个女人事业的失败！

——乔恩·莫利

训练目标

知识目标	1. 理解职业形象打造的内涵； 2. 熟练掌握商务场合的着装礼仪
能力目标	1. 能根据不同职业场景进行职业形象设计； 2. 能熟练运用商务场合的着装礼仪
情感目标	1. 认同职业形象打造的重要意义； 2. 愿意将职业形象打造的方法有意识地运用于校园重要场合或准职业场合（见习、实习、应聘等）

重点和难点

1. 重点：熟练掌握并运用商务场合的着装礼仪。
2. 难点：根据不同职业场景进行职业形象设计与打造。

案例 2.5

能等到录取通知书吗?

一次某公司招聘文秘人员,由于待遇优厚,应聘者很多。中文系毕业的小张同学前往面试,她的个人材料是最棒的:大学四年在各类刊物上发表了三万字的作品,内容有小说、诗歌、散文、评论、政论等,还为六家公司策划过周年庆典,英语表达也极为流利,书法作品也堪称佳作。小张五官端正,身材高挑、匀称。面试时,招聘者拿着她的材料等她进来。小张穿着迷你裙,露出藕段似的大腿,上身穿露脐装,嘴唇涂着鲜红的唇膏,轻盈地走到一位考官面前,不请自坐,随后跷起了二郎腿,笑眯眯地等着问话。孰料,三位招聘者互相交换了一下眼神,主考官说:"张小姐,请回去等通知吧。"小张喜形于色地道"好!"后便挎起小包飞跑出门。

思考:
1. 你认为小张能等到录取通知书吗?为什么?
2. 如果你是小张,你打算怎样准备这次面试?

分析:

案例中,小张最后肯定是等不到通知书的。她各方面的条件不错,可以说在从事秘书这一职位上,她所具备的专业能力是没有问题的。但是在面试时,她穿迷你裙、露脐装,涂鲜艳口红,不请自坐,跷二郎腿,这些不当的仪表和仪态,将她的专业性和职业性狠狠地打了折扣,不禁让人怀疑她是否认真对待这次面试,甚至怀疑她将来是否能认真从事这份职业。所以,一个人的职业形象的好坏,直接影响别人对他的判断,甚至影响他的事业和前途。

个人的职业形象是商务活动的第一张名片,良好的职业形象能够直接促进商务交往的顺利进行。在商务场合,端庄得体的仪表和优雅大方的言谈举止体现了个人较高的礼仪素养,反映出个人良好的内在气质,也在一定程度上显示出其所在公司的企业文化。保持良好的职业形象是一种竞争资本,是专业性、权威性的外在表现,是尊重他人的无声语言,在商务交往中容易获得别人的信任和尊重,有助于商务活动的成功。现在几乎所有大公司和企业都非常重视公司员工的形象塑造,力图把员工形象变成一种动态的竞争力,为企业树立正面的社会形象,并借以改善沟通效果,改善团队人际关系。

一、职业形象打造的内涵

(一) 体型

体型是职业形象打造中的要素之一。良好的体型会给形象打造留下广阔的设计空间。胖瘦合适、身材比例均匀的体型在形象打造上，有很大的优势。完美的体型固然要靠先天的遗传，但后天的塑造也是相当重要的。长期的健体护身，合理饮食，性情宽容豁达，都有利于长久地保持良好的体型。体型是很重要的因素，但不是唯一的因素，只有在其他诸要素都达到统一和谐的情况下，才能有完美的形象。

(二) 服装

服装是职业形象打造中最重要的部分，是商务交往中不可替代的一个重要符号，它在影响商务活动成败因素中30%~40%。

服饰覆盖了接近90%的身体面积，在给人第一印象时起着决定性作用。服饰是人的品位、感情、心态、个性等特征集中的物化。服饰也是一种艺术，运用得好就越富有个性和创造性，越有独特的韵味和气质；反之，则不仅空洞而且缺乏灵魂和魅力，甚至是庸俗和令人生厌。

当理解了着装和外表对人会有多大影响时，我们就会更加仔细地挑选自己每天要穿着什么衣服。要塑造优秀的职业形象，就应具有挑选衣服的能力，使衣服与我们的身体特征相得益彰。服装是专业之外的一个关键因素，丢失了这种可以当作强有力视觉工具的能力，就不能塑造出良好的职业形象。

(三) 饰品、配件

饰品、配件的种类有很多，颈饰、头饰、胸饰、帽子、鞋子、包袋等都是人们在穿着服装时常用的。这些饰品与配件能恰到好处地点缀服饰和人物的整体造型，它们能使灰暗变得亮丽，使平淡增添韵味。一套寻常款式的服装，若点缀适量造型别致、色彩和谐的饰品或配件，会令人耳目一新。选择佩戴何种饰品或配件，能充分体现人的穿着品位和艺术修养。选择饰品或配件时要注意整体协调，以求打扮自然得体。

(四) 个性

在进行职业形象设计时，要考虑一个重要的因素，即个性要素。回眸一瞥、开口一笑、站与坐、行与跑都会流露出人的个性特点。忽略人的气质、性情等个性条件，一味地追求穿着的时髦、佩戴的华贵，会被人笑为"臭美"。只有当"形"与"神"达到和谐时，才能给人以自然得体的形象。

（五）文化修养

人与社会、人与环境、人与人之间是有相互联系的。在商务交往中，谈吐、举止与外在形象同等重要。良好的职业形象是建立在良好的自身文化修养基础之上的，而人的个性及心理素质则要靠丰富的文化修养来调节。只有具备了一定的文化修养，才能使自身的形象更加丰满、完善。

在职业形象设计中，如果将体形要素、服饰要素比作硬件的话，那么文化修养就是软件。硬件可以借助形象设计师来塑造和改变，而软件则需靠自身的不断学习和修炼。"硬件"和"软件"和谐统一时，才能达到形象设计的最佳效果。

二、商务场合的着装礼仪

（一）着装的要求

1. 着装要和年龄相协调

年龄往往决定服装的风格和款式。年轻人可选择活泼多变的服装款式，来体现青春和朝气，如牛仔装、T恤等；中年人可选择较正式的西服、套装、质地上乘的休闲装、裙摆线在膝盖上下的各式裙装等；而老年人的服装款式力求整体美观、简洁大方，以 H 型最为适宜，即肩、腰、下摆三围松紧适当，不过分束腰紧身。

2. 着装要和体型相协调

有关专家综合我国人口的体型情况，针对两性提出不同的体型标准。女性的标准体型是：骨骼匀称、适度。具体表现为：站立时头颈、躯干和脚的纵轴在同一垂直线上。以肚脐为界，上下身的比例符合"黄金分割"的 1∶1.618，也可用近乎 5∶8 来表示。若身高 160 厘米，则其较为理想的体重是 50～55 千克，肩宽是 36～38 厘米，胸围是 84～86 厘米，腰围是 60～62 厘米，臀围是 86～88 厘米。男性的标准体型应基本遵循两臂侧平举等于身高的原则，若身高 167～170 厘米，则其较为理想的体重是 68～70 千克，胸围是 95～98 厘米，腰围是 75～78 厘米。然而，在现实生活中，并非每个人的体型都十分理想，人们或多或少地存在着形体上的不完美或欠缺，或高或矮，或胖或瘦。若能根据自己的体型挑选合适的服装，扬长避短，则能实现服装美和人体美的和谐、统一。

对肥胖者而言，宜穿 V 字领或纵方向开领、有细长感、线条简洁的衣服，不宜穿款式复杂、装饰繁多的衣服；在色彩上选择有收缩感的深色、暗色。衣服尺寸太宽松或太紧身都不合适，合体最好。身材较瘦的人在着装上最好是多用花边和折纹，比如泡泡袖、荷叶边衣领或下摆、腰部打褶、用松紧带等；在颜色的选择上以色泽

亮、能产生扩张感的颜色为佳。另外，大图案也有不错的效果。

3. 着装要和职业协调

穿着除了要和身材、体型协调之外，还要与你的职业相谐调，不同的职业有不同的穿着要求。例如，教师、公务员一般要穿着庄重一些，不要打扮得过于妖冶，衣着款式也不要过于怪异；医生穿着要力求显得稳重和富有经验，不宜穿着过于时髦，给人以轻浮的感觉，这样不利于对病人进行治疗；而演员、艺术家则可以根据自己的职业特点，体现个人风格，穿着得时尚一些，甚至标新立异也不为过。

（二）男士着装礼仪

1. 西装的分类

西装是一种国际性服装，是世界公认的男士正装。西装主要有以下几种分类：
（1）按西装的件数可以分为套装西装、单件西装。
（2）按西装的纽扣可以分为单排扣西装、双排扣西装。
（3）按适用场合不同可以分为正装西装、休闲西装。

2. 男士西装穿着的"三个三"原则

男士在正式场合穿西装，有三个原则需要遵守，因为每个原则里都有个"三"字，所以叫作"三个三"原则。

（1）三色原则。穿西装最重要的原则就是三色原则。在正规场合穿西装套装时全身颜色（色系）不能多于三种。一般西装是深色的，皮鞋和袜子是黑色的，衬衫是白色的，领带的颜色和西装同色最佳。包括上衣、裤子、衬衫、领带、鞋子、袜子在内，全身服饰颜色应该在三种之内。注意三种颜色指的是三大色系。三色原则是男士穿西装的最高水准要求。

（2）三一定律。重要场合穿西装套装外出的时候，鞋子、腰带、公文包应该是同一个颜色，而且首选黑色。

（3）三大禁忌。穿西装时有三个不能犯的错误。第一个错误：袖子上的商标没有拆；第二个错误：在非常重要的场合，尤其在国际交往中，穿夹克和短袖衬衫并系上领带。只有在穿制服短袖衬衫时才系领带。第三个错误，袜子搭配错误。在重要场合，白色的袜子和尼龙丝袜是不和西装搭配的。除非是白色西服搭配白鞋，而且袜子的长度要注意，以坐下跷起腿不露出皮肤为宜。

3. 男士西装的穿着细则

一套完整的西装套装一般包括七件，俗称"西装七件套"，分别是：西装外套、衬衫、领带、皮带、西裤、皮鞋和袜子。

（1）西装外套。

①西装扣子的数量。西装根据扣子的多少，可以分为双排扣西装和单排扣西装。双排扣西装，一般更具有时装性质，表现男人的典雅和别致，往往适于社交场合。而单排扣西装更适合作为公务套装，英语有个词叫商务套装（suit），指的就是单排扣套装。单排扣西装又有两粒扣、三粒扣，甚至四粒扣的区别。其中，两粒扣最正式，三粒扣比较古典一些。但是四粒扣、五粒扣或者一粒扣，甚至没有扣的，则具有时装和休闲装的性质。

②扣子的系法。单排扣西装扣子的系法，最基本的讲究就是下面那粒扣子永远不系。两粒扣只扣第一粒；三粒扣只扣前两粒或者中间一粒。当坐下时，所有的扣子可以都不系。

③西装口袋里放的东西越少越好。西装外套的下面两侧口袋里面原则上是不放物品的，物品只放在内侧口袋里。西装内侧口袋可以放钢笔、名片。其他物品可以放到公文包里，包括手机、钥匙等。

案例2.6

扣子风波

由于2012年奥运会将在伦敦举办，因此作为伦敦市市长的约翰逊在北京奥运会闭幕式上从北京市长郭金龙手中接过了奥林匹克会旗。不过，不少观众和网民都注意到了，约翰逊在登上交接仪式台时西装扣子没有扣上，三步并作两步地跃上了台阶。在仪式举行期间，他还不时地把手插在口袋内。

这场"扣子风波"成为闭幕式后不少网民的谈资。伦敦市长约翰逊特别在英国《旁观者》杂志上撰文进行了解释。约翰逊写道，在参加交接仪式前，曾有中国官员要求他把西装扣子扣上。他说："我注意到一个人眉飞色舞地用手指着他的肚子中间，然后，另外一个人又指着我，把他的手指朝着我的腹部指着。难道我太胖了吗？难道我穿得不符合奥林匹克标准？"他接着写道："这时，有人说，'扣子'。"约翰逊这时才注意到，周围的官员个个西装笔挺，西装扣子无一例外都是扣上的。他说："我本能地摸了摸我的西装中扣，然后想，算了吧。"约翰逊在文中半开玩笑地表示，他当时想表达的是一种"开放、透明和个人自由的理念"。

约翰逊也提到了中国网民对此事的议论，他说："看到一些中国博客写手攻击我在交接仪式中的表现'缺乏尊重'，这让我有点难过，因为这当中根本就不牵涉尊重与不尊重的问题。"不仅如此，约翰逊还说，在离开北京时，他

已成为一个确实的"亲华派"。

英国在北京奥运会闭幕式上 8 分钟的表演和约翰逊在会旗交接仪式上的表现引起了中国和英国网民的关注。有中国网民称伦敦市长的表现"粗鲁傲慢""目中无人",因为他在如此盛大场合连西装扣子都不扣,太散漫自在。很多英国网民也表达了同样的看法。约翰逊曾是英国保守党议员,在 2009 年 5 月再次当选为伦敦市长。他的个人风格较为随意,讲话常因口无遮拦而引发争议。由于发表争议性言论,他曾向利物浦市和巴布亚新几内亚做出公开道歉。

思考:

1. 对于约翰逊说"不扣纽扣是想表达一种开放、透明和个人自由的理念",你怎么看?

2. 从这一案例,你得到什么启发?

(2)衬衫。在正式场合应穿纯白色衬衫。格子的、条纹的衬衫尽量少穿,彩色的一般不要穿。特别要注意的是,长袖衬衫是正装,是搭配西装的唯一选择。短袖衬衫是休闲装,不能用来搭配西装。

二、知识链接

深蓝色西装和白衬衫的搭配

值得注意的是,无论是对男士还是女士来讲,似乎"深蓝色西装+白衬衫"的服装搭配是放之四海而皆准、走遍全世界不出错的商业标准装,这是为什么呢?这里面有个小故事。在 20 世纪 60 年代,专门负责替法院挑选陪审团的美国专家米尔斯·福斯特曾做一个调查,他发现陪审团成员倾向于相信那些着装得体,看上去像有教养、有权威的,可以取得人们信任的人。即使是恶魔般的被告人,如果能精心展示给陪审团成员一个可信、可敬的形象,他甚至会被认为是轻罪或无罪的。当然这只是一种假说。因而律师们不但自己努力利用穿着以赢得法官和陪审团的信任,也劝被告辩护人的律师和证人以可信的形象出庭。福斯特的调查发现,深蓝色西装配以白衬衣,被认为是最可信的搭配。时至今日,蓝色、白色依然是企业和公司制服的首选颜色。

(3)领带。领带是西装的灵魂,是男人每日最有效地变换服装效果的工具。男士西装可以选择的款式和色彩比较少,样式不外乎一粒扣、两粒扣、三粒扣这几种,颜色大多是黑色的、灰色的、蓝色的,这使男士穿西装缺少"新鲜感"。但是有领带的点缀就不一样了,人们可以通过更换领带的颜色和花纹,给人耳目一新的感觉。

穿西装套装一定是要系领带的，而且要注意领带颜色。正式场合最好选单一颜色的领带，可以选择和西装同色的领带，比如蓝色的西装配蓝色的领带，灰色的西装配灰色的领带。此外，还可以选紫红色的领带，紫红色比较庄重而热情；也可以选择有图案的领带，但是图案要简洁，格子、条纹、点图案最佳。

领带的长度以自然下垂，最下端（即大箭头）及皮带扣处为宜。

（4）皮带。材质最好是牛皮，颜色首选黑色，皮带扣样子要简单、大方。

（5）西裤。西裤讲究线条美，必须有中轴线。西裤长度以前面能盖住脚背，后边能遮住1cm以上的鞋帮为宜。不能随意将西裤裤管挽起来。

（6）鞋子。穿整套西装一定要穿皮鞋。在正式场合穿西装，一般穿黑色或咖啡色皮鞋。

（7）袜子。穿整套西装一定要穿与西裤、皮鞋颜色相同或颜色较深的袜子，一般为黑色、深蓝色或藏青色。一般不穿白色袜子，只有穿白色西装套装和白皮鞋时，才配白袜子。

袜子的长度，以坐下后跷起腿不露出皮肤为宜。

4. 男士的配饰

在公众场合，人们不仅要注重服装的搭配，还要注重服装与配饰的搭配。人们常将金笔、手表、打火机看作男士三大配饰，并将其当作男士身份的象征。职业男士应携带至少一支钢笔，可放在公文包里，也可放在西装上衣内侧的口袋里，但绝对不能插在西装上衣外侧的口袋里。有身份的男士在交际中最好带一支高档、气派的钢笔。

手表的佩戴因人而异，在涉外交往中最好要戴机械表，不要戴潜水表、太空表或卡通表。打火机可以当作装饰品，也可作为礼品。

无论是房间钥匙，还是汽车钥匙，都应放在钥匙包里，或西装上衣内侧的口袋或公文包里。绝不要把钥匙别在腰带上，否则走起路来哗哗作响，有失庄重。

知识链接

中山装的造型含义

中山装是根据孙中山先生的理念而设计制作的，并由其率先穿着而得名。由于孙中山先生的倡导和穿着，也由于它的简便、实用，中山装自辛亥革命起便与西装一起开始流行，并被赋予了新的含义。

中山装的造型为：立翻领，对襟，前襟五粒扣，四个贴袋，袖口三粒扣，后片不破缝。这些形式其实是有讲究的，我们根据《易经》周代礼仪等内容寓以意义：前身四个口袋表示国之四维（礼、义、廉、耻），袋盖为倒笔架，寓意为以文治国；

门襟五粒纽扣区别于西方的三权分立，而是五权分立（行政、立法、司法、考试、监察）；袖口三粒纽扣表示三民主义（民族、民权、民生）；后背不破缝，表示国家和平统一之大义；衣领定为翻领封闭式，显示严谨治国的理念。

面料高档、色彩稳重的中山装，特别适合中年男士作为中式礼服，能显示男士沉稳老练、稳健大方、高贵儒雅的气质。

着中山装要保持整洁，熨烫要平整，衣领内可稍许露出一道白衬衫领。衣兜不要装得鼓鼓囊囊，内衣不要穿得太厚，以免显得臃肿。无论什么社交场合，都要扣好扣子和领钩。切忌为一时的舒适而敞开领扣，这样会显得不伦不类，有失风雅和严肃。

(三) 女士着装礼仪

女性在商务场合要亮丽端庄，常规的要求是：穿套裙，高跟或者半高跟的船形皮鞋，高筒肉色丝袜，盘发或束发。

国际交往中，女性的裙装是正装，而裤装是便装或者工作服。穿着套裙，可以马上让一位职业女性显得与众不同，并且能够恰如其分地展示她认真的工作态度和温婉的女性美。

1. 女性穿裙装的四大禁忌

（1）不穿黑色皮裙。黑色皮裙在国际社会，尤其在某些西方国家，被视为一种特殊行业的服装。

（2）不穿无袖、领口较低或太紧身的裙装。

（3）正式高级场合不光腿。要穿贴近肉色的丝袜，不穿黑色或镂花的丝袜；袜子不可以有破损，应带备用丝袜。

（4）避免出现三截腿。三截腿就是穿半截裙子时穿半截丝袜，丝袜和裙子中间露出一截腿。正装要穿高筒袜或者连裤袜。

2. 女士裙装的穿着细则

（1）选择合适的套裙。

①面料。最好是质地柔软、质量上乘的面料。上衣、裙子等应选用同一种面料。在外观上，套裙所用的面料，讲究的是匀称、平整、滑润、光洁、不起皱、不起毛、不起球。

②色彩。应当以冷色调为主，借以体现出着装者的典雅、端庄与稳重。

③图案。按照常规，女士在正式场合穿着的套裙不宜添加过多的点缀。

④尺寸。上衣不宜过长，下裙不宜过短。裙子下摆到膝盖下3cm的位置为宜。

⑤造型。

"H"型上衣较为宽松，裙子多为筒式；

"X"型上衣多为紧身式，裙子大多为喇叭式；

"A"型上衣为紧身式，裙子则为宽松式；

"Y"型上衣为松身式，裙子多为紧身式。

（2）套裙的搭配。

①衬衫。面料应轻薄柔软，颜色应雅致端庄，可有简单图案，款式大方。

②内衣、衬裙。不外露、不外透、颜色一致。

③鞋袜。穿套裙时要穿黑色的高跟、半高跟的船形皮鞋。黑色牛皮为首选，或与套裙颜色一致。袜子应为单色，肉色为首选。

3. 女士的配饰

（1）以少为佳。就首饰而论，一般不多于三种，每种不多于两件。

（2）同质同色。色彩和款式要协调。如果要戴一个黄金的胸针，那么戒指和项链也要戴黄金的。现在流行戴白金戒指，那么戴项链也要戴白金项链。戴两件或两种以上的首饰，都要做到"同质同色"。不能出现远看像圣诞树，近看像杂货铺的情况。

（3）符合习俗。如北方人戴翡翠讲究"男戴观音女戴佛"。戒指要戴在左手上，食指戴戒指表示想结婚、求爱；中指戴戒指表示已有爱人，正在热恋；无名指戴戒指表示已经结婚了；小指戴戒指表示自己是独身。

（4）搭配原则。跟身份搭配，跟服饰搭配。饰品的佩戴应讲求整体的效果，要和服装相协调。饰品的佩戴还应考虑所处的季节、场合、环境等因素。

课后思考

女士穿着凉拖鞋影响工作和健康

女士脚上各式各样的凉拖鞋本是夏日海滩一道亮丽的风景，如今这道风景渗透到了办公室，越来越多的女性开始穿凉拖鞋上班。不过，路透社的报道却援引美国时尚界人士的话说：这种以前主要出现在海滩的休闲鞋可能会影响穿着者的职场前途和脚部健康。

凉拖鞋的历史可追溯到至少70年前。凉拖鞋是由新西兰木底或传统日本技法编织底的便鞋发展而来。凉拖鞋的英文名称flip-flop源自行走时凉拖鞋拍打穿着者脚跟和地面所发出的声音。平跟、Y形鞋带穿过脚趾和脚两边——这种基本样式的凉拖鞋在世界各地和各个阶层都被广泛穿着。

一项网上调查显示，在美国纽约，大学和高中学生最喜欢在夏天打工时穿戴的各类装束中，凉拖鞋名列榜首。超过31%的参与调查的女性表示，凉拖鞋是夏季上班时的必备用品。不过许多公司对这一潮流不以为然。"办公室着装要求正式庄重，而凉拖鞋被认为是休闲装束。"法国巴黎银行一位发言人评论说。

　　穿凉拖鞋损害的不仅是女性的事业，甚至还可能是她们的健康。青少年中脚踵患病者数量增加与穿凉拖鞋有关，有些凉拖鞋的跟很细，没有弓形支撑，这样会在足部运动中加剧不正常的生物力学运动，从而导致脚部疼痛和发炎。

　　美国时尚界人士警告说，凉拖鞋可能危害穿着者的职场前途。鞋可以传达女性的情绪。穿凉拖鞋表达的是放松的心情和度假的状态，而这在办公室中并不合适。

思考：

1. 你认为上班期间穿凉拖鞋合适吗？为什么？
2. 请从商务场合着装礼仪的角度谈一谈鞋的穿搭。

综合训练二

名人名言

生命是短促的，然而尽管如此，人们还是有时间讲究礼仪。

——爱默生

善气迎人，亲如弟兄；恶气迎人，害于戈兵。

——管仲

训练目标

知识目标	通过开展"入职第一天形象礼仪"活动巩固对仪容礼仪、仪态礼仪和服饰礼仪的认知，加深对职场形象塑造的认识
能力目标	开展"入职第一天形象礼仪"活动，感知并实施具体情景中的形象打造
情感目标	进一步提升职场形象礼仪素养，增强人际交往能力

重点和难点

1. 重点：通过情景模拟"入职第一天形象礼仪"训练，巩固认知。

2. 难点：通过感知和实践"入职第一天形象礼仪"训练，培养职场形象塑造礼仪。

案例 2.7

"时尚"需要正确解读

说起穿衣礼仪，有一段让张敏至今无法忘记的尴尬经历，从某种程度上来讲甚至是一种屈辱。那是张敏刚进杂志社不久，领导安排她去采访某民营企业的老总，老总是一位女性。听说这是一个既能干又极有魅力的女性，对工作一丝不苟，对生活也是极其享受。最关键的是，即使再忙，她也不会忽视身边美好的东西，尤其对时尚非常敏感，对自己的衣着品位要求极高。这样的女性，会让很多人产生兴趣。仅仅是看过介绍，张敏已经开始崇拜她了，所以非常高兴去做这个专访。事先张敏做了大量的准备工作，修改了多次采访提纲。那几天，张敏内心被莫名的激动驱使着始终处于兴奋状态。到了采访当天，穿什么衣服却让张敏犯愁。面对这样一位重量级的人物，尤其是位时尚女性，当然不能太落伍了。

  张敏从来就不是个会打扮的女孩，因为工作和性格关系，平时穿衣都是怎么舒服、方便怎么穿。时尚杂志倒也看，但也只是凑热闹而已。现在，还真不知道应该穿什么衣服才能显得更时尚些。她在杂志上看到女孩穿吊带装，那清纯可爱的形象打动了她，于是迫不及待地开始模仿起来。那天采访，张敏穿了一件紧身可爱的吊带衫和一条热裤，兴冲冲地直奔采访目的地。当张敏站在该公司前台说明自己的身份和来意时，她明显看到了前台小姐那不屑的眼神。张敏再三说明身份，并拿出工作证来，前台小姐才勉强地带她进了老总的办公室。

  眼前的这位女性，高挑的身材、优雅的举止、得体的穿着，让张敏怎么看怎么舒服。这样的场合，面对这样的对象，张敏突然感觉自己的穿着就像个小丑，来时的兴奋和自信全没了。还好，因为采访提纲准备还算充分，整个采访过程比较顺利。结束前，张敏问："日常生活中，您是如何理解和诠释时尚、品位和魅力的？"这位时尚的女老总说，"女人的品位和魅力来自内心，没有内涵的女人，是散发不出个人魅力，也无法凸显品位的。时尚不等同于名牌、昂贵和时髦，那是一种适合与得体。"说完这话，她微笑地看着张敏。此时张敏感觉自己无法正视她，采访一结束，逃似的奔离了老总的办公室。

思考：

1. 为何案例中张敏会自尊心受挫？
2. 职场人士应该在穿着方面注意哪些事项？

一、任务介绍

  "入职第一天形象礼仪"活动。你是一名即将步入贸易工作岗位的职业人，请你完成以下两个任务：

  （1）对你上班的职业形象进行设计、打造并展示。

  （2）模拟在晨会中，走到台前，站在公司同人面前进行简单的自我介绍。

二、任务成果展示

个人分别或集体展示自己的形象设计效果以及晨会中的仪态,并说明是如何根据自身特点进行修饰的,其他学习者点评并给出建议,最后由小组和教师共同进行评分。

三、任务结果测评

任务结果测评可以参照表 2-1。

表 2-1　任务结果测评

测评依据	得分区间	得分
服装选择符合职业身份,穿着规范;发型规范、妆容大方,配饰得体,整体仪容仪表端庄整洁;走姿轻盈、稳健,站姿挺拔、优雅,展现了积极向上的精神风貌	90 分以上	
服装选择符合职业身份,穿着规范;发型、妆容、配饰基本规范;走姿、站姿正确,但还有进步空间	75~90 分	
服装选择符合职业身份,穿着基本规范;发型、妆容、配饰存在一定不相适宜的问题;走姿、站姿基本正确	60~75 分	
服装选择不符合职业身份,仪容、仪态礼仪做得不好	60 分以下	

四、训练提示

(1) 本模块以仪容礼仪、仪态礼仪、职业形象打造礼仪为立足点,探索职业人在仪容、着装、举止、表情等方面的基本礼仪规范,引导学习者认识到职业形象的重要性,增强塑造良好职业形象的意识,愿意主动学习并实践,提升个人礼仪素养和形象气质。

(2) 通过本模块的学习与训练,让学习者学会有效管理自己的形象,从而展现自身良好的工作态度,自尊自爱,获取他人尊重。

思考与讨论

案例一　改换发型　焕然一新

德祥集团公司的张董事长有一次要接受电视台的采访。为了郑重起见,事前张董事长向公司特聘的个人形象顾问咨询有无特别需要注意的事项。形象顾问专程赶来,仅仅向张董事长提了一项建议:换一个较为儒雅而精神的发型,并且一定要剃去鬓角。他的理由是：发型对一个人的上镜效果至关重要。果不其然，改换了发型之后的张董事长在电视上亮相时，形象焕然一新。他的发型使他显得精明强干，他的谈吐使他显得深沉稳健。两者相辅相成，令电视观众们纷纷称赞。由此可见，发型对商界人士的形象发挥着重要的作用。

思考：

1. 发型对商界人士的形象打造究竟有何作用？
2. 发型设计有哪些原则？
3. 本案例对你有哪些启示？

案例二　用微笑沟通心灵

今年28岁的孟昆玉是北京宣武区（今为西城区）和平门岗的一位普通交警，凡是从这个十字路口经过的人，第一感觉都是他的微笑。他的微笑不仅是他的一张"名片"，而且是他工作中与司机有效沟通的"秘密武器"。孟昆玉参加工作8年来，每天都把笑容挂在脸上，用微笑化解矛盾，赢得理解，建立了非常和谐的警民关系，工作8年没有收到一起投诉。他不仅获得了"微笑北京交警之星""百姓心中好交警""首都'五一'劳动奖章"等荣誉称号，而且还被广大群众称赞为"京城最帅交警"。

警察在人们心目当中，一般都是很严肃的，而孟昆玉，一个年轻的"80后"交警，何以有这样好的心态，能保持8年如一日的微笑呢？孟昆玉说："从参加工作以来，我的口头禅就是'您好'。无论是在路面上还是在单位见到同志时，我觉得一个微笑，一句'您好'，就能够拉近人和人之间的距离。如果给司机一个微笑，一个敬礼，一句'您好'，就有了沟通的基础。"

是啊，微笑是人类最美的表情，是人们心灵沟通的钥匙。当一个人对你微笑的时候，你能感觉到他心中的暖意，感受到他对你的善意和友好。反之，一个人若总是紧绷着脸，冷若冰霜，就会让人退避三舍，不愿接近。让我们都像孟昆玉一样，用微笑去沟通心灵，让文明成为一种行动，让我们居住的这座城市因你我而更加绚烂！

思考：

1. 结合自身感受谈谈微笑的作用。
2. 本案例对你有哪些启示？

第二部分

职业礼仪训练

模块三　职业交往礼仪

模块导读

　　职业交往礼仪模块涉及项目有：职场拜访礼仪的认知、职场电子通信礼仪的认知、职场交往位次礼仪的认知，通过三个项目的学习能做到以下几点：一是掌握职职场拜访礼仪，减少职场拜访活动中的失礼行为。二是熟练应用电话、电子邮件、传真、网络通信等电子通信礼仪，培养规范使用电子通信礼仪的习惯。三是掌握不同场景下的职场交往位次礼仪，培养礼貌服务意识。

　　为达到以上目标，本模块设计了三个学习任务：第一个任务通过导入案例《见不到的客户》的学习，帮助学习者认知职场拜访礼仪的重要性，让学习者主动学习并熟练运用职场拜访礼仪。第二个任务运用《没有及时回复的短信》《代接电话惹谣言》《对方能看到你通话时的表情》《不清楚的电话留言》《开车打电话很危险》《泄密的传真》《收不到的电子邮件》《你的定位出卖了你》等案例，让学习者通过探究学习，能以礼貌语言接打电话、回复电子邮件等，提高语言应答能力，增强礼仪意识，培养规范使用电子通信礼仪的习惯。第三个任务通过《尴尬的女士》《酒店员工乘坐电梯引发投诉》《不满的黄总》《小张成长记》等案例的对比学习，让学习者掌握不同情景下的职场交往位次礼仪，提高礼貌服务意识，努力践行得体的待客之道。

模块三 职业交往礼仪

任务 3.1　职场拜访礼仪的认知

名人名言

礼貌是一种回收有礼貌的尊重的愿望。

——拉罗什福科

人无礼不立，事无礼不成，国无礼不宁。

——荀子

训练目标

知识目标	1. 了解和掌握职场拜访礼仪的准备工作； 2. 认知称呼、自我介绍及介绍他人、握手、鞠躬、递交和接收名片等职场拜访中应遵循的礼仪规范
能力目标	1. 能快速、准确地做好职场拜访前的准备工作； 2. 在职场拜访中能得体地称呼对方、规范地进行自我介绍和介绍他人； 3. 熟练运用标准的握手、鞠躬、递交和接收名片等见面礼仪规范
情感目标	本项目通过引导职业人，以正确的言谈举止拜访客户，顺利开展职场拜访活动，提升职业人在职场中的人际交往信心和能力

重点和难点

1. 重点：掌握职场拜访活动前的准备工作和职场拜访活动中相关的礼仪规范，尤其是称呼礼仪、名片礼仪和介绍礼仪。

2. 难点：针对不同的拜访类型，以正确的言谈举止开展拜访活动。

案例 3.1

见不到的客户

小雨是某化妆品公司的一名业务员,某天,小雨一大早直接去了合作公司,准备找对方公司的销售部经理王新洽谈业务。小雨到达对方公司后询问前台王新经理的办公室在哪里,结果被告知王新经理正在参加一个重要会议,且会议结束时间不能确定。经过一番思考,小雨决定在对方公司等待,等王新经理会议结束后再行拜访。

三个小时过去了,会议终于结束了,小雨再次请前台通报想要拜见王新经理,结果被告知王新经理需要立马赶往机场,飞往成都分公司处理紧急事务。空等一上午的小雨懊恼不已,打定主意:"以后还是先找对方预约时间再来拜访吧!"

思考:
1. 分析小雨此次拜访失败的原因。
2. 请你为小雨的下次拜访出谋划策。

拜访是指去某地拜见、访问某人或者某单位的活动。拜访是职场交往中的重要环节,一次好的拜访往往可以促使合作双方深入了解、开展和加深合作。拜访的类别:

(1)私人拜访,是指个人因私事以私人名义去拜见或访问某人或者某单位,不论拜访人是何种身份,只要不是因为公事拜访,则都属于私人拜访。

(2)礼节性拜访,是指个人或单位出于礼节性的原因去拜见、访问某人或者某单位。例如:学校在教师节对退休老教师的拜访;政府在建军节或者国庆节对老红军的拜访;公司在节日期间对合作单位的拜访等。

(3)事务性拜访,是指个人或单位因公事拜见、访问某人或者某单位。

职场拜访一般包含事务性拜访和礼节性拜访,职场拜访是建立合作、洽谈生意的手段,掌握职场中拜访的礼仪,有利于合作双方沟通情感、促进交流、加强联系、深入合作。

案例 3.2

成功的拜访

小李是甲公司一名推销员,他准备去拜访乙公司销售部经理胡强,通过电话预约,把拜访时间定在本周三下午四点。事先小李准备好了有关的资料、名片,并对乙公司及胡强经理进行了了解。拜访前小李对自己的仪容、仪表进行了精心、得体的修饰。到了周三,小李提前五分钟到达乙公司。在与胡强经理的交谈过程中,小李简明扼要地表达了拜访的来意,交谈中能始终紧扣主题,给胡强经理留下了很好的印象,最终促成了甲、乙两家公司的合作。

思考:

小李在拜访胡强经理时,哪些地方做得比较成功?

一、职场拜访之准备工作

职业人时常会单独或者和同事一起去拜访客户,在拜访前一定要做好充分的准备工作。

(一)拜访前要预约

预约是职场拜访的重要礼节。不做不速之客,事先预约可以使拜访对象有所准备,不至于措手不及,也可以提高拜访的成功率,避免空跑或久等。预约体现了职业人的礼仪修养,也体现了对客户的尊重。

(1)预约方式。一般采取电话预约的方式,先自报家门,再行预约。

(2)约定时间。要注意约定双方,特别是对方觉得合适的时间。要约定开始的时间和大概持续的时间,以便安排其他的工作。

约定时间要注意避开工作繁忙的时间,一般不要约在每月的月初和月末,每周的周一上午和周五下午。

约定时间尽量选择适宜的时间段,一般来说,上午九十点、下午三四点、晚上七八点是比较合适的,要注意避开吃饭和休息时间段。

(3)约定地点。拜访的地点也应该提前约定,一般来说,职场拜访以拜访对象的工作地点为宜。

(4)约定人数。在预约时,双方都应该向对方通报届时参加的具体人数及各自职务。如果拜访时间较长,包含用餐和住宿,那么用餐要注意通报少数民族及其用餐禁忌,住宿要注意通报人员性别等信息。

一般来说,双方参与拜访的人数和人员一经确定,便不宜更改,客方需特别注意,切忌不告知主方便随意更改参与人员名单,因为这样容易打乱主方已有的安排和计划,给主方留下不好的印象。

（二）了解拜访对象

拜访前，应通过各种渠道了解拜访对象及其单位，做到知己知彼，心中有数，不做仓促之客。

（三）准备相关资料

拜访前，应就约定的内容准备好相关资料，做到言之有物、言之有序、言之有礼，避免空谈。

二、职场拜访之登门礼仪

职业人在登门拜访时，要遵循以下礼仪规范。

（一）形象准备

拜访之前，应仔细检查自己的形象。

服装是否适合拜访场合。一般来说，职场拜访宜选择整洁、大方、庄重的服装，不宜太过随意。

妆容、装饰是否符合自己的身份，头发、指甲等是否整洁、卫生，纽扣、拉链等是否处理妥当。

（二）准时拜访

登门拜访要准时，不宜过早，过早容易让对方措手不及，提前五分钟到场为宜；切忌迟到，如有特殊情况，确需推迟或者取消拜访，一定要及时告知对方，同时要表达诚挚的歉意。下次会面时，应再次就失约事件表达歉意，同时说明具体原因。

（三）提前通报

职业人到达拜访对象办公室或者住所时，不宜冒失直接闯入，如门是打开的，应先向主人示意，得到允许后方可进入；如门是关上的，应提前敲门或者按铃通报，敲门时轻叩两三下即可，按门铃时铃响两三声足矣；如门内没有反应，过一会儿可以再重复一次。

（四）把握时间

职业人拜访时应按照约定的时间结束拜访，如未约定，应把握在一小时之内，初次拜访不宜超过半小时。

二、知识链接

职场拜访注意事项总结

事先预约，不做不速之客
做好准备，不做仓促之客
如期而至，不做失约之客
衣冠整洁，不做邋遢之客
举止文明，谈吐得体，不做粗俗之客
惜时如金，适时告辞，不做难辞之客

案例 3.3

小米的第一次接机

小米（男）今年大学刚刚毕业，在上海 A 公司担任总经理秘书职务。一天，公司韩总经理让小米去机场接一位来自北京 B 公司的销售部仇（qiú）红丽经理（女）。小米准时到达机场，在出口处拿着字牌等待。仇（qiú）经理走到出口，看见小米拿的字牌，便来到小米面前。她还未讲话，小米就说："您好，您是仇（chóu）经理吧？我是小米，是韩总让我来接您的，我是某大学行政管理专业毕业的研究生，现在是韩总的秘书。"他一边说一边准备与仇（qiú）经理握手。

思考：

1. 面对小米这样的称呼、这样的自我介绍、这样的握手方式，仇（qiú）经理会是什么感觉呢？
2. 请分析小米有哪些行为表现需要改进？

三、职场拜访之见面礼仪

见面礼仪是人与人之间交往最基本、最常用的礼节，职业人掌握最基本的见面礼仪，能迅速适应各种社交场合的礼仪要求，赢得交往对象的好感，塑造良好的职场社交形象。

（一）称呼礼仪

称呼是指人们在日常和职场交往场合中所使用的彼此之间的称谓语。得体的称呼是职场交往的"敲门砖",交往双方见面时,一个得体的称呼会令交往双方如沐春风,为以后的交往打下良好的基础;反之,错误或者不恰当的称呼,会让对方心生不悦,影响交往的效果。

1. 称呼的基本要求

(1) 准确性。称呼应根据不同的身份、年龄、场合来进行选择。

(2) 简洁性。称呼应简洁明了,一般是两三个音节。这样既方便称呼又容易引起对方的注意。

(3) 礼貌性。称呼要得体,语言要准确、恰当、文明,体现对对方的尊重和礼貌。

(4) 习惯性。称呼要入乡随俗,要照顾被称呼者的个人和地域习惯。

2. 称呼的类别

(1) 职务性称呼。职场交往场合中,使用职务性称呼是最常见的称呼方法,具体有三种方式。

方式一:仅称呼职务,如:"经理""主任""处长"等。

方式二:姓氏+职务,如"王经理""李主任""马处长"等。

方式三:姓名+职务,用于极其正式的场合,如:"何敏主席""黄英县长"等。

(2) 职称性称呼。职场交往场合中,对于具有专业技术职称的人,可以称呼其职称,尤其是具有高级、中级职称的人。以职称相称,同样具有三种方式。

方式一:仅称呼职称,如:"教授""工程师"等。

方式二:姓氏+职称,如"李教授""吴工程师"等。

方式三:姓名+职称,用于极其正式的场合,如:"韩军教授""李伟工程师"等。

(3) 职业性称呼。在职场中,有时可用行业名称相称,特别是从事某些特定行业的人,如:"老师""医生""律师"等,也可以在职业前加上姓氏,如"胡老师""张医生""宋律师"等。

(4) 性别性称呼。在职场中,还可以根据性别不同,称呼"先生""小姐""女士",其中"小姐"是对未婚女性的称呼,"女士"是对已婚女性的称呼。

(5) 姓名性称呼。在职场中,特别是同事、熟人之间可以直接以姓名相称,具体有三种方式。

方式一:直呼其名,一般为年龄相仿的同事之间相称。如:"秦敏""何兴宇"等。

方式二:只称其姓,但是在其姓前加"老、大、小"等前缀,如"老李""大张""小何"等。

方式三：只呼其名，一般用于长辈称呼晚辈、上司称呼下属，如："琪琪""敏敏"等。

二、知识链接

称呼的禁忌

1. 错误的称呼

（1）误读，即念错姓名。如：仇（qiú）读成（chóu）；查（zhā）读成（chá）；解（xiè）读成（jiě）。为了避免发生这种情况，对于不认识的字，事先要有所准备；如果是临时遇到，就要谦虚请教。

（2）误会，主要是对被称呼人的年纪、辈分、婚否以及与其他人的关系作出了错误判断，如将未婚女子称为"夫人"，就属于误会。相对年轻的女性，都可以称为"小姐"，这样对方会比较乐意接受。

2. 使用不通行的称呼

有些称呼具有一定的地域性，如山东人喜欢称呼"伙计"，但南方人听着"伙计"像是"打工仔"。中国人把配偶经常称为"爱人"，而在外国人的意识里，"爱人"是"第三者"的意思。

3. 使用不当的称呼

工人可以称呼为"师傅"，道士、和尚、尼姑可以称为"出家人"。但如果用这些来称呼界外人士，就显得很不恰当，没准儿还会让对方产生自己被贬低的感觉。

4. 使用庸俗的称呼

有些称呼在正式场合不适合使用，如"兄弟""哥们儿"等一类的称呼，虽然听起来亲切，但显得档次不高。

5. 称呼外号

对于关系一般的，切忌自作主张给对方起外号，更不能随意用道听途说来的外号去称呼对方，也不能随便拿别人的姓名或生理缺陷乱开玩笑。像"矮子""秃子""瘸子""胖妞"等带有侮辱性质的称呼，更应避免，一旦说出来，在侮辱了别人的同时，也降低了自身的素质。

（二）问候礼仪

问候，即问好、打招呼，是在和别人相见时，以语言向对方致意的一种方式。在职场交往中，问候是人际关系发生的起点，可以打破陌生人之间的界限，缩短人与人之间的情感距离，导出交谈的话题。

职业人在问候的过程中要注意问候的次序、态度、内容三个方面的礼仪规范。

（1）问候的次序。一对一问候，要遵循"低位者先问候"的原则，即晚辈先问候长辈、下属先问候上司、男士先问候女士。

一对多问候，既可以笼统地加以问候，比如说"大家好"，也可以逐个加以问候。当一个人逐一问候多个人时，既可以由"尊"到"卑"、由长到幼地挨个进行，也可以由近到远依次而行。

（2）问候的态度。问候是尊重的表现，态度上要主动、热情、自然、专注。

（3）问候的内容。问候在内容上可分为两种方式。

①直接式，即直截了当地以问好作为问候的主要内容。它适用于正式的公务交往，尤其是宾主双方初次相见。

②间接式，即以某些约定俗成的问候语或者在当时条件下可以引起的话题来进行问候，主要适用于非正式、熟人之间的交往。比如："忙什么呢""您去哪里"等可用来替代直接式问候。

知识链接

盘点世界各国问候方式

1. 日本、韩国——鞠躬

在日本和韩国，人们见面时通常要鞠躬，以示对别人的尊敬。日本人与比较熟悉的人见面，互相鞠躬以二三秒钟为宜；如果遇见好友，弯腰的时间要稍微长些；在遇到长辈的时候要等长辈抬头以后才可抬头，有时甚至要鞠躬很多次。

2. 俄罗斯、巴西等国——拥抱

在俄罗斯、巴西等国，好朋友见面时经常拥抱对方。

3. 美国、加拿大、墨西哥、埃及、马来西亚、澳大利亚等国——握手

在美国和加拿大，人们见面时要非常有力地握对方的手，但时间很短。而在墨西哥、埃及，人们虽然也以握手的形式来问候对方，但时间要略长一些，温柔一些。

在马来西亚，两人见面时会双手交握（右手掌放入对方双手掌中）一下，双手微触额头一下，双手微触胸前一下。

在澳大利亚，握手是一种相互打招呼的方式，拥抱亲吻的情况罕见。

4. 泰国、印度尼西亚——把手放胸前

泰国人对彼此及长辈打招呼时，会以双手合十，男性将双手放置于脸部前方，女性则置于胸前。印度尼西亚人碰到朋友或熟人的传统礼节是用右手按住胸口互相问好，对一般人则以握手问好。

5. 印度、澳洲——碰鼻子

印度人的问候方式是见面时以鼻额相碰，彼此紧紧拥抱。此外，澳洲毛利人喜欢碰鼻子行礼。

6. 非洲某些部落——吐唾沫

非洲通行的打招呼方式是举起右手，手掌向着对方，目的是表示"我的手并没有握石头"。它是在表示"没有武器"，是友好的象征。

但有的部落有个礼节，即表示珍爱一个人或一件物品时，要吐唾沫。当部落的战士第一次遇到小孩时，要朝他吐口唾沫。在触摸一件新武器时，要先在自己手上吐唾沫。这可能是一种古老的遗俗，因为一些原始人认为，口水可以避除邪恶。

7. 非洲、阿拉伯等地——有趣的语言问候

在非洲，有的民族见面后互问"你出汗的情况怎样"，以表示关心与问候。因为这个地区流行热病，得了热病的人，皮肤就会变得干燥，而健康人的皮肤一般是湿润的，因此在这里，皮肤出汗与否是衡量人们是否健康的标准。

阿拉伯人常用"在你面前的是你的亲人，在你面前摆着的是平坦的道路"来表示问候。

8. 尼泊尔——伸舌头

尼泊尔宾主相见时，双手合十，口中道声"纳马斯得"（中文音译）。而在山区，主宾相见时，主人会伸出舌头表示对客人的欢迎。因为舌头和心都是鲜红的，红舌头代表赤诚的心。

9. 意大利、法国、德国、西班牙等国——亲吻面颊

在意大利、西班牙和欧洲大部分国家，打招呼的方式是走上前快速地亲吻彼此的脸颊：先是右侧，然后左侧。如果彼此不太了解对方，也可以通过握手以示友好。这种打招呼方式在大多数欧洲国家是一种惯例。

法国的亲吻礼仪比较复杂：先亲吻对方的右侧脸颊，亲吻的次数会因为不同的地区而有所差异，有些地区只吻一下，而在法国北部的大部分地区见面需要亲吻五下。

亲吻面颊在德国很常见，不过通常只是在脸颊左侧亲吻一下。一些德国斯多葛派人士和其他部分德国人最近呼吁废除这一见面习俗，他们认为亲吻面颊是异族文化入侵德国文化的一种表现。

英国民间见面亲吻的习俗很奇特，灵感可能源于他们周围的欧洲国家。你也可以坚持只和他握手。

荷兰的亲吻面颊礼仪是要按照脸颊右侧-左侧-右侧的顺序亲吻三下。关系一般的人之间以及两个男人之间是不会亲吻面颊的。

在希腊，熟人间以握手示友好，而亲近的人则是通过拥抱和亲吻。他们除了亲吻彼此脸颊两下以外，还伴着"拍手"一次，这样的方式使得他们的亲吻看起来更像是精心设计的一记"耳光"。

巴西女性之间亲吻面颊比男性要频繁得多，如在里约热内卢，两个人打招呼要吻彼此脸颊两下，但官方统计的数据显示，在巴西不同的地区，亲吻脸颊的次数从一次到三次不等。单身女性一般要亲吻三次，不过在某些地区，亲吻两次更常见。

职业礼仪

南美人通常很敏感，新朋友之间亦是如此。一般见面就很随性地拥抱一下（但并不完全拥抱），然后在对方右侧脸颊亲吻一下。

资料来源：http://cq.cqnews.net/shxw/2015-11/21/content_35814160.htm?spm=0.0.0.0.4knGJw

（三）握手礼仪

握手起源于"刀耕火种"的原始社会，原始社会的先辈们用石头和棍棒狩猎，当人们在路上遇见陌生人时，如果双方都无恶意，则放下手中东西，伸出双手让对方抚摸手掌心，以示友善，这种习惯逐渐演变为今天的握手。

现在握手是一种常规礼节，在各种交际场合中，职业人常常需要通过握手来表达对对方的礼遇与敬意，在握手时需要遵循一些握手礼仪规范。

（1）应当握手的场合。一般来说，职业人在职场交往活动中，有三大场合需行握手礼，分别是：与人见面或告别；表示祝贺或慰问；表示尊重。

（2）握手的姿态。正确的握手姿态是：握手时，距离对方约70厘米，上身微微前倾，双足立正，伸出右手，四指并拢，虎口相交，拇指张开下滑，与对方相握，并上下抖动几下。握手时，应目视对方且面带微笑（图3-1）。

正常情况下，握手的时间不宜超过3秒。

（3）握手的顺序。握手的顺序讲究"位尊者先伸手"，长辈和晚辈之间，长辈先伸手；上司和下属之间，上司先伸手；男士和女士之间，女士先伸手。宾主之间握手，宾客到达时，主人先伸手，以示欢迎之意；宾客辞别时，客人先伸手，以示主人可就此留步。

图3-1 握手

知识链接

握手的禁忌

1. 用左手与人握手
2. 戴着手套、墨镜等饰物与人握手
3. 交叉握手
4. 一脚门里、一脚门外与人握手

5. 一只手放在口袋里与人握手

6. 一手拿着东西与人握手

7. 用手指尖与人握手

8. 握手时面无表情，不置一词

9. 握手时长篇大论

10. 握手时，手毫无反应（"死鱼似的握手"）

11. 握手时，摇来晃去

12. 握手后擦拭手掌

（四）鞠躬礼仪

鞠躬，即弯身行礼，是表达对他人恭敬的一种比较郑重的礼仪。在一些职场交际场合，职业人也需行鞠躬礼，故职业人需掌握一些鞠躬礼仪规范。

1. 正确的鞠躬礼仪

正确的鞠躬礼仪姿态：

（1）立正、脱帽，双目注视受礼者，目光也随鞠躬自然下垂，表示一种谦恭的态度。

（2）面带微笑，以示尊重之意，女性一般双手放在身前，右手搭在左手上方。

（3）鞠躬时，身体以腰部为轴，整个腰及肩部向前倾斜。

2. 15°鞠躬礼

常用于与人打招呼；与长辈或上级擦肩而过；向对方表示感谢（图3-2）。

3. 30°鞠躬礼

职场中常用的鞠躬礼，常用于进出会议室、会客室和向客人打招呼等，以示敬意（图3-3）。

4. 45°鞠躬礼

表示向对方深度敬礼和道歉，常用于中国传统的婚礼、追悼会等正式仪式，商务场合中很少使用（图3-4）。

图3-2 15°鞠躬礼

图 3-3　30°鞠躬礼　　　　　　　　　图 3-4　45°鞠躬礼

（五）名片礼仪

名片是职业人展示自我的交际工具，在职场交往中，熟悉和掌握名片礼仪规范是十分重要的。

1. 名片的要素

名片具有介绍自身、显示个人、拜会他人、维持联系的作用，职业人在制作名片时应包含以下要素：

正面：姓名、地址、邮编、电话、单位、职务/职称。

背面：单位业务范围、经营项目等。

2. 名片的递交

名片持有者应提前将名片置于身上方便取出的地方，取出名片后先郑重地放在手里，再找合适的时机得体地交于对方。递交名片时，表情应亲切、谦恭，态度要自然、大方。

递交名片的正确姿态：将名片放置在手掌中，双手均用拇指夹住名片，其余四指托住名片背面，名片文字正向对方，以便对方观看。

3. 名片的接收

接收名片的正确姿态：以双手承接，并道感谢，以示尊重，接着应轻轻点头示意后从头到尾把名片默读一遍，然后可以看着对方的脸说："请您多多关照！"随后将名片放置在上衣口袋或者名片夹中（图3-5）。

知识链接

看名片的技巧

1. 是否经过涂改

名片宁可不给别人也不涂改。名片如同脸面，不能随便涂改。

图3-5 接收名片

2. 是否印有住宅电话

人在社交场合会有自我保护意识，一般不会透露私宅电话，甚至是手机号码。西方人讲公私有别，并且特别在乎这一点。如果与他初次见面进行商务洽谈，你把你家的电话号码给他，他会理解为你让他到你家的意思，觉得你有受贿索贿之嫌。

3. 是否头衔林立

名片上往往只印有一个头衔，最多两个。如果你身兼数职，或者办了好多子公司，那么你应该印多种名片，面对不同交往对象，使用不同的名片。

4. 座机号是否有国家和地区代码

如你要进行国际贸易，座机号码前面应有86这一我国的国际长途区号，如果没有，那么说明你没有国际客户关系，如果没有地区代码，说明你只在本区域内活动。

资料摘自《金正昆讲礼仪》

（六）介绍礼仪

介绍，就是在必要的职场交际场合，把自己或第三方展现给其他人，以使对方认识并加深了解。恰当的介绍，不但能增进他人的了解，而且还能创造出意料之外的商机。所以，职业人必须掌握介绍礼仪规范。

1. 介绍自己

职业人时常会在不同的场合遇见不认识但自己又有意与之结识的人，这时，往往需要自我介绍。

（1）介绍的方式。

①应酬式：简洁明了，只需介绍姓名，如："您好，我叫张宇。"

②工作式：包含本人姓名、供职的单位、担任的职务或者从事的具体工作，如："您好，我叫黄鑫，是某化妆品公司的销售部经理。"

③社交式：社交式自我介绍又名交流式自我介绍，是一种刻意寻求与交往对象有进一步交流的自我介绍，希望对方认识、了解自己。介绍内容包括本人姓名、工作情况、籍贯、学历、兴趣爱好、与交往对象的某些熟人之间的联系等。

（2）介绍的注意事项。进行自我介绍时，要注意以下事项：

①把握时机：选择在对方空闲且情绪较好的时机进行自我介绍，这样更容易引起对方的关注。

②语气态度：自我介绍发音要准确、语气要自然、态度要亲切随和。

③简洁明了：自我介绍内容要简洁明了，可随自我介绍一起递送名片。

④实事求是：自我介绍不可夸大其词，要实事求是。

2. 介绍他人

职业人在职场交往过程中，时常会充当介绍者。我们在充当介绍者时要熟知不同场合的介绍方式，掌握正确的介绍次序。

（1）介绍方式。

①简单式：只介绍双方姓名或是只提姓氏，适用于一般的社交场合，如："我来为大家介绍一下，这位是任总，这位是李董，希望大家合作愉快！"

②引见式：介绍者将被介绍双方引导在一起即可，适用于普通场合，如"两位可以认识一下，大家都是年轻人，相信你们一定有共同语言的。接下来，就请自己聊吧。"

③一般式：也称标准式，以介绍双方的姓名、单位、职务等为主，适用于正式场合，如："请允许我为两位引见一下，这位是 A 公司总经理何晓女士，这位是 B 公司销售部经理李华先生。"

④附加式：又称强调式，用于强调其中一位被介绍者与介绍者之间的关系，如："大家好！这位是 C 公司总经理赵辛先生，这是舍弟曾科，请各位多多关照。"

⑤推invoke式：介绍者经过精心准备后，将某人引荐给另一人。介绍者通常会着重强调前者的优点，如："这位是郑晓女士，这位是 D 公司总经理吴宇先生。郑晓是归国博士，在经济学方面有很深的研究，吴总一定有兴趣和郑女士聊一聊吧。"

⑥礼仪式：语气、表达、称呼都要规范而谦恭，是最为正式的一种介绍方式，适用于正式场合，如："何小姐，您好！请允许我把 E 公司销售部经理钱宇介绍给您。钱先生，这位就是 F 公司研发部经理何雨小姐。"

（2）介绍次序。为他人介绍时，要注意次序，一般来说是将位低者介绍给位高者、将年轻者介绍给年长者、将男士介绍给女士、将客人介绍给主人。

课后思考

拜访客户的七大黄金定律

（一）开门见山，直述来意

初次和客户见面时，在对方没有接待其他拜访者的情况下，我们可用简短的话语直接将此次拜访的目的向对方说明。

（二）突出自我，赢得注目

首先，不要吝啬名片。每次去客户那里时，除了要和直接接触的关键人物联络之外，同样应该给采购经理、财务工作人员、销售经理、卖场营业人员甚至是仓库收发等相关人员，都发放一张名片，以加深对方对自己的印象。

其次，在发放产品目录或其他宣传资料时，有必要在显而易见的地方标明自己的姓名、联系电话等主要联络信息，并以不同色彩的笔迹加以突出；同时对客户强调说："只要您拨打这个电话，我们随时都可以为您服务。"

最后，以已操作成功的、销量较大的经营品种的名牌效应引起客户的关注。

（三）察言观色，投其所好

我们拜访客户时一定要学会察言观色，投其所好。例如：

业务员小李依约来拜访某公司韩总，可能是由于双方身份的悬殊，或者是因为韩总觉得小李有求于他，所以韩总显得非常冷淡。

小李说："听口音韩总不是北方人？""噢，四川成都人！""成都？成都是个好地方！我之前看《三国演义》的时候最崇拜的就是诸葛亮了，武侯祠就是在成都，成都名胜古迹好多啊，好吃的也多！""是吗？我们成都确实有很多好玩的、好吃的。"韩总无不骄傲地说。"是啊。我前年去了一趟成都，还玩儿了一趟呢。"

听了这话，韩总马上来了兴趣，两个人从成都的旅游胜地聊到特色小吃，那亲热劲儿，不知底细的人恐怕要以为他们是老乡呢。

（四）明辨身份，找准对象

如果我们多次拜访了同一位客户，却收效甚微，我们就要反思：是否找对人了，即是否找到了对我们实现拜访目的有帮助的关键人物？

这就要求我们在拜访时必须处理好"握手"与"拥抱"的关系：与一般人员"握握手"不让对方感觉对他轻视就可以了；与关键、核心人物紧紧地"拥抱"，建立起亲密关系。所以，对方的"真实"身份我们一定要搞清楚，在不同的拜访目的的情况下对号入座地去拜访不同职位（职务）的人。比如，要客户购进新品种，必须拜访采购人员；要客户支付货款，必须采购和财务人员一起找；而要加大产品的推介力度，最好是找一线的销售和营业人员。

（五）宣传优势，诱之以利

我们必须有较强的介绍技巧，能将公司品种齐全、价格适中、服务周到、质量可靠、经营规范等能给客户带来暂时或长远利益的优势，对客户如数家珍；让他及他所在的公司感觉到与我们做生意，既放心，又有钱赚。

（六）以点带面，各个击破

如果我们想了解一下同类产品的相关信息，而客户在介绍有关产品价格、销量、返利政策、促销力度等情况时往往闪烁其词，甚至是避而不谈，就会导致我们根本无法调查到有关竞品的真实信息。这时我们要想击破这一道"统一战线"往往比较困难。所以，我们必须找到一个重点突破对象。

（七）端正心态，永不言败

拜访客户的工作是一场概率战，很少能一次成功，也不可能一蹴而就、一劳永逸。只要能锻炼出对客户的拒绝"不害怕、不回避、不抱怨、不气馁"的"四不心态"，我们就会离成功拜访客户又近了一大步。

资料来源：https://www.cnblogs.com/sosoli/archive/2005/12/13/295900.html

思考：

1. 请谈谈你认为拜访客户七大定律中最重要的一条是哪一条？为什么？
2. 请你总结拜访礼仪的注意事项。

分析： 职场拜访是职业人日常工作的重要部分，成功的拜访能提升职业人乃至企业的形象，可以建立良好的商业关系，在工作中取得事半功倍的效果。成功的拜访首先要做好拜访前的准备工作，在拜访中要找准切入点，用对方法，熟练运用职场拜访礼仪。

任务 3.2　职场电子通信礼仪的认知

名人名言

礼节及礼貌是一封通向四方的推荐信。

——伊丽莎白

礼仪是在他的一切别种美德之上加上一层藻饰，使它们对他具有效用，去为他获得一切和他接近的人的尊重与好感。

——洛克

训练目标

知识目标	1. 掌握电子通信的概念与方式； 2. 认知电子通信工具的操作技巧与要点； 3. 掌握职场中常用的电子通信礼仪规范
能力目标	1. 熟练掌握电话、电子邮件、传真等电子通信工具的使用技巧； 2. 熟练应用电话、电子邮件、传真、网络通信等电子通信礼仪规范
情感目标	本项目通过引导职业人熟练掌握电话、电子邮件、传真、网络通信等电子通信工具的使用技巧，以礼貌语言接打电话、回复电子邮件等，提高语言应答能力，增强礼仪意识，培养规范使用电子通信礼仪的习惯

重点和难点

1. 重点：掌握电子通信工具的使用技巧和礼仪规范，特别是电话、电子邮件、传真、网络通信礼仪规范。

2. 难点：提高使用电子通信工具时的语言应答能力，增强礼仪意识，培养规范使用电子通信礼仪的习惯。

案例 3.4

没有及时回复的短信

为庆祝即将到来的国庆长假,国庆节前两天,某公司办公室秘书小周与朋友约好一起把酒言欢。在大家推杯换盏、觥筹交错间,小周收到一条总经理李华的信息:"小周,临时接到通知,我明天下午要参加一个会议,要辛苦你拟一份发言稿给我。"

小周看到短信后,本以为能好好放松几天的好心情,顿时像冬日里被浇了一盆凉水,透心凉了,真是半点也不想理会。正在兴头上的朋友们更是对李总破坏庆祝气氛的短信愤愤不平,对小周的遭遇表示同情,纷纷给小周出主意,建议小周先不回信息,等明早再说。小周虽然心情很不好,但也没有受到大家蛊惑,可也一直无法说服自己马上行动。因此,既不愿意第二天回复,也不想马上回复,小周纠结着。

1小时后,小周冷静了下来,拿起手机回复李总"收到!"。

5分钟、10分钟、30分钟过去了,小周没有收到领导的具体指示,小周想想没有回复就不管了,也没有继续再问询李总,想着明天下午的会,明天上午上班再做也是来得及的。

第2天,小周向李总询问此事时,李总表情冷漠,答道:"没事了,我已经交给小刘做了。"小周看到李总的神情,意识到没有及时回复信息可能造成了比较严重的后果。

思考:

如果你是小周,下班接到这样的短信,你会怎样做?

随着时代的不断发展,电子信息技术已经融入人们生活和工作的方方面面,通信工具和通信手段更是越来越方便、准确、及时,电话、电子邮件、传真、网络软件等成为职场交往活动中主要的通信工具。电子通信礼仪是指人们利用电子通信工具和手段进行职场交往的过程中应当遵循的礼仪规范。主要的电子通信工具有电话、电子邮件、传真、网络软件等。

(1)电话。电话是职业人开展职场交往活动时必不可缺的通信工具,也是人们现代生活和工作中最主要的通信工具。

(2)电子邮件。在职场中,电子邮件也是使用率非常高的一种通信工具,人们可以通过发送邮件轻松传递文件、图片,比电话沟通更能避免由语言习惯不同造成的失误。书写邮件的过程也是思考、措辞的过程,有利于准确地表达发件人的意图。

（3）传真。传真是职场中相对严谨、准确的书面通信方式。传真信息全面、格式规范、设有保密级别，因此在使用时，措辞要更加严谨。

（4）网络软件。随着电子科技的发展，各种社交软件层出不穷，职业人也喜欢在各社交软件上"互相关注""互加好友"。这种非正式的交往方式，让双方的交往更显"随意"，更容易拉近彼此的距离。但是职业人在社交平台上发表的"心情""朋友圈"，以及"过分熟络"的语言有时也会给职场交往造成不好的影响。

一、电话礼仪

在职场中，职业人每天都要通过电话开展工作、进行职场交往。职业人接打电话的声音和习惯会通过电话传递给对方，给对方留下一定的印象。因此想要通过电话形成有效沟通，就必须掌握使用电话的礼仪和技巧。

案例 3.5

代接电话惹谣言

张先生和李小姐是某公司研发部的同事。一天，张先生因有事离开办公室不久，办公桌上的座机响了。李小姐听到后，没有多想就直接拿起电话接听了，电话那边传来声音："张先生您好，我这里是某体检中心。您上周在我们体检中心做的体检，结果出来了，其中有一项结果显示有点异常，建议您到正规医院再复查一下！""不好意思，张先生现在不在，你晚点再打来吧。"说完，李小姐直接挂断了电话。由于听到了不该听的内容，李小姐不确定该不该把代接电话的事情告知张先生。不知如何处理的李小姐情急之下把这件事告诉了平日里和自己要好的销售部的何小姐，想听听何小姐的建议。何小姐认为，反正也没有听到张先生的体检报告具体哪里出了问题，应该没事，不用特意告知张先生。李小姐认为有道理，就采纳了何小姐的建议，同时也嘱咐何小姐千万不要把这件事说出去，何小姐满口答应了。没过几天，关于张先生身体有问题的谣言就在公司上下传开了。

思考：
李小姐的哪些行为是不恰当的？

（一）打电话礼仪

1. 选择恰当的时间

当需要打电话时，首先要考虑对方是否方便接听电话。

早上8点之前，假日早上9点之前，晚上22点之后，都不适合打电话，因为会影响对方休息。

工作电话应尽量在上班后10分钟、下班前10分钟拨打，避开对方吃饭、休息时间，且有关工作的电话，尽量不要打到对方家里去，除非是紧急情况。

如果是打国际电话，还应该考虑时差和对方的生活习惯。

2. 整清通话内容

在打电话之前，可以将通话内容要点写在纸上，最好也写上对方的姓名、电话号码等。这样可以形成高效沟通，同时可以避免因遗忘通话内容而重新打给对方。

3. 使用礼貌的语言

通话时要使用礼貌的语言，如"你好，我是××""麻烦你了""打扰你了""再见"等。

4. 先自报家门，注意控制语速、语调、音量

打电话先自报家门是对对方的尊重。自报家门还包含着另一层礼仪内涵，那就是直接将你的身份告知对方，这样对方就有是否与你通话的选择权，或者说有拒绝的自由。

通话时，应语调温和、语速适中、音量适中，要确保对方能清晰地听到通话内容，不要大吼大叫或声细如蚊。

案例 3.6

对方能看到你通话时的表情

某公司人事部经理退休了，公司计划在人事部两个平时工作能力较强、各方面表现都较好的员工中直接提拔一人继任人事部经理一职。这两人分别是小王和小李。公司设置了几轮考核，以确定提拔人选。经过重重考核，两人在业务能力方面的表现不相上下，其中小王因来公司更早、资历更久，被提拔的可能性更大。小王以为，这次升职是十拿九稳的事了。

周五公司管理层会议决定，再出最后一个考题对小王和小李进行考核。

周六早上九点，公司分管人事工作的赵总分别给小王和小李打了电话，告知他们周一将公布考核结果，无论有没有竞选成功，以后都要认真工作，总还是有机会的。

周一上午十点，小王和小李分别收到了竞选结果的邮件，小王落选了。小王百思不得其解，不明白自己哪里比小李差了，论经验、能力，自己都不在小李之下，为什么最后是小李当上了人事部经理？憋了一天，小王在下班时找到了赵总咨询落选原因，想着无论如何得弄个清楚。一进赵总办公室，小王就开门见山地说："赵总，我想知道我哪里表现得比小李差了？"赵总反问到："周六我给你打电话的时候，你是不是躺在床上接听的电话？"原来，周六早上接到电话的时候，小王还没有起床，想着反正赵总也看不见，就躺在床上跟赵总通话了，殊不知躺着接电话的状态与站着接电话的状态是完全不一样的。最后，小王灰溜溜地走出了赵总的办公室。

思考：
本案例对你有什么启发？

5. 注意通话时的仪态

接电话的姿势、面部表情，均会通过声音传递给对方，不要以为对方看不见就随意敷衍。我们应该微笑接听电话，不要把电话夹在脖子上；也不要趴着、仰着、坐在桌角上；更不要把双腿高架在桌子上；不要以笔代手去拨号；话筒与嘴的距离保持在3厘米左右，不要贴在话筒上；挂电话时应轻放话筒。

6. 通话信息要简洁

通话时要注意言简意赅，将自己要讲的事情用简洁明了的语言表达出来，尽量避免长时间占用别人上班时间及电话线路，一般一个电话不超过三分钟。

7. 接通电话后，对方不在时的应对方式

若事情不紧急，且有其他联系方式，可以礼貌地挂断电话；若没有其他联系方式，可询问再拨的时间或其他联系方式。

也可请接听人转述，转述内容应简明扼要，且应询问并记录转述人的职位和姓名。

案例 3.7

不清楚的电话留言

周一下午六点，王总开完公司例会回到办公室，准备梳理一下会议议定的重要事项再下班。刚坐到办公椅上，抬头便看见计算机右下角贴了一张便利贴，上面写着"王总，刚刚一位谢先生来电，让您晚上八点在天府广场等他"，此外并无任何信息。

王总看着这张便利贴，不知道到底是哪个谢先生找他，也不清楚是今晚八点还是明晚八点，这位谢先生是在天府广场的哪里等他呢？脑中全是疑问。

拉开门，看着空无一人的秘书室，王总一阵无奈，只好拿出手机给李秘书打电话："小李，我电脑右下角的便利贴是不是你贴的？""是的。"小李回答道。"是哪位谢先生找我呢？是晚上八点还是明晚八点？在天府广场哪个地方等我？找我什么事？"王总问出心中的一连串疑问。"嗯，对方说他姓谢，找您有点事，约您今晚八点在天府广场见一面，其余的并未多说。""那你有对方的电话号码吗？打过去问问，有什么事情？是哪个单位的？""他打的是座机，我这边查不到，需要翻看办公室座机的来电记录。""那你就回来翻！"王总生气道。

小李只好马上赶回办公室，查找到对方的电话号码，此时已是晚上七点半，来不及赶赴天府广场了。王总只好无奈地给对方致电道歉并约好明晚八点在天府广场的某咖啡厅见面。

思考：
1. 小李在代接电话的过程中有哪些不妥当的地方？
2. 请分析代接电话应遵循的礼仪规范。

（二）接电话礼仪

（1）及时接听。争取在电话响铃三声前接听，以免对方等待时间过长。

（2）礼貌确认。拿起话筒后，应先问好，随后确认对方身份。通常情况下，对方会自报家门。如果没有，就要及时确认对方身份。之后要认真聆听对方讲话，及时作出反馈。通话结束时，礼貌道"再见"。

（3）认真记录。职业人应该养成记录通话内容的习惯。为方便接听和记录电话，应该把电话放在左手边。重要的、代接的、无法当即回复的电话都应用电话记录卡做好电话记录（表 3-1）。

表 3-1　电话记录卡（范本）

来电单位			来电时间	
来电人		联系电话		接电人
电话内容				
办理情况				

（4）主次分明。职业人接听电话时，若有另一个电话打进来，应向正在通话的一方说明原因，请其稍候片刻；立即接通另一个电话，先请对方稍候，或晚点再打进来；随后再继续刚才正在接听的电话。

（5）规范代接。职业人代接电话时，要注意礼貌应对、及时传达、尊重隐私等。

代接电话流程：先告知来电者他要找的人不在，然后才问他是何人，所为何事；询问过程中做好书面记录，包括来电时间、来电人姓名及单位、通话内容、是否需要回电以及回电时间等。记录好后可向来电者复述一遍进行确认。

（6）适时挂断。通话内容沟通完毕后应适时礼貌地挂断电话。一般地位高者先挂，平辈平级采用先打先挂原则。

案例 3.8

开车打电话很危险

案 例 一

2017 年 11 月 1 日下午，在 S227 省道常熟合泰村路口发生了一起交通事故。一辆汽车撞上了一辆电动三轮车，事故造成三轮车上的两人不同程度受伤，两车也不同程度受损。

事后，警方调出事故车辆的行车记录仪，发现事发前车上的人正在说话。而据警方调查，发生事故时汽车上仅司机一人，应该是司机正在使用手机与他人语音通话。当汽车行驶至事发路口时，司机依然在语音通话中，由于分心驾驶，并没有发现前方的一辆电动三轮车，最终撞"飞"电动三轮车，致车上两人甩出，三轮车向前至少滑行了 150 米。

107

案 例 二

　　2017年3月22日上午，云南的林某驾驶小型面包车从瑞丽往腾冲方向行驶。当车行至保瑞线K23+500米处，林某看到右前方有6个人在外侧道路上行走，误以为6个人要横穿马路，将方向盘往右边打了一把后以为已经避让了6个人，就从副驾驶座位上拿起了手机，查看有没有信息。当他抬头看路的时候，才发现6个人正行走在车子正前方，再采取措施已经晚了。车子与6个人碰撞，事故造成4个人死亡、2个人轻伤。交警部门认定，林某驾驶机动车时有妨碍安全行车的行为，且该路段限速60千米/时，其肇事时瞬时速度为69.26千米/时，故判定林某负此次事故的全部责任。

　　数据告诉你，开车时看手机有多危险：研究表明，开车时接打电话发生交通事故的风险比正常状态下高出4倍，追尾概率增加1倍，大脑的反应速度比酒驾还慢30%，注意力下降37%，刹车反应慢19%，变更车道的能力下降20%。年轻人看手机驾驶车辆相当于70岁的老人在驾驶车辆。

资料来源：https://www.sohu.com/a/204241000_349653

思考：
开车时应该遵循哪些安全常识？

（三）移动电话礼仪

手机又称移动电话，是现代职场中必不可少的通信工具。职业人在职场中使用手机要遵循一些移动电话礼仪。

1. 安全使用手机。

职业人使用手机的第一条准则是"安全至上"，否则不但害人，还会害己。手机安全使用准则如下：

（1）不在驾驶汽车时使用手机接打电话或是查看信息，防止发生车祸。

（2）不在病房、加油站等场所使用手机，以免手机发出的信号妨碍治疗或引发火灾、爆炸。

（3）不在飞机上使用手机，否则极有可能使飞机"迷失方向"，造成严重后果。

2. 适时使用手机

职业人给对方打手机电话时，要选择合适的时间，避开对方吃饭、休息或忙碌的时间。拨通后可先询问一句"现在方便通话吗"，以防打断对方的正常工作。

3. 规范使用手机

职业人使用手机要遵守公共秩序。手机规范使用公约如下：

（1）会议中或洽谈时，将手机调至静音状态。

（2）不在课堂、实验室、图书馆、医院、礼堂、法庭、电影院、剧场等公共场所接打电话。

（3）在楼梯、电梯、路口、人行道等公共场合接打电话时，尽可能地压低自己的声音，同时不要妨碍他人通行。

（4）不在开车时、飞机飞行时接打电话，在公交车上、餐厅内、电梯里不宜大声地接打电话。

4. 合理放置手机

在公共场合，手机在不使用时，要放在合理的位置。不要把手机当饰物挂在胸前，不要把手机一直拿在手里，也不要放在桌子上，特别是不要对着正在交谈的客户。放置手机的正确方式有：

（1）放置在随身携带的公文包里。

（2）男士可以放在上衣的内袋里。

（3）女士可以放在不明显的地方或手袋里。

案 例 3.9

泄密的传真

周一早上刚到办公室，楚总就让秘书小林给某项目合作公司的杨经理发送一份传真，并郑重嘱咐他，传真内容涉及公司机密，一定要做好保密工作。

小林第一时间着手处理此事，小林非常认真地核对文件格式、标题等传真内容，因想到传真内容涉及公司机密，还特别标明了文件密级，确认无误后才发送了过去。发送完成后还短信告知楚总"楚总，我已将传真核对无误，并发送给对方"，楚总回复了"好"。随后小林便去忙其他事情了。

没过多久，楚总给小林打来电话："你马上到我办公室来！"小林一进楚总办公室，楚总便生气道"你是怎么做保密工作的？你知不知道此次泄密会给公司造成多大的损失，会有多严重的后果?!"，小林委屈道"我保证我在发送传真的过程中没有泄密"。原来对方的传真机安装在公共办公区，小林发送传真前未与杨经理提前联系，导致文件被其他人收到了。

> 思考：
>
> 请问应该如何正确发送传真？

二、传真礼仪

在职场中，职业人时常需要把重要资料原原本本地送达到异地，传统的邮寄通信方式用时太长。传真凭借操作简便、用时短，而且可以将包括一切复杂图案在内的真迹传送出去的优点，被广泛地应用于商务通信中。

（1）拟写传真时篇幅不宜过长。页数较多的文件不宜使用传真发送。

（2）发送传真前先联系对方收件。发送传真前都应先通过其他方式联系对方，确定发送时间和传真号码，以免出现漏接或者发错的情况，导致传真泄密。下班时间发送传真一定要先征得对方的同意。

（3）发送传真时要注意信息的完整性。在传真的正文前备注好发送人和接收人信息。

发送人信息：公司名称、发送时间、发送人姓名及联络方式等。

接收人信息：接收人姓名、接收人单位及部门等。

（4）选用清晰的原稿发送传真。原稿清晰度低会使对方接收后无法看清。

（5）收到传真后应及时回复发送方，以示尊重。

三、网络通信礼仪

职业人在工作中常常需要收发邮件（电子邮件，下同），职场中的邮件实际上是电子版公文，所以职业人必须在掌握公文写作知识的基础上遵循邮件收发礼仪。

案例 3.10

收不到的电子邮件

小高是某公司总经理秘书，每天要处理大量的文件和邮件。为了方便调阅，小高习惯将文件做成电子版进行储存，并且全部分门别类、整理好放在专用的硬盘中。在邮件方面，小高将除垃圾邮件外的其他所有往来邮件都保留在邮箱中，以便查阅。这样做确实很方便，即使出差也可以从邮箱中查看邮件。

小高此次要跟随公司总经理出差一个星期，她带上随身的笔记本计算机和重要的硬盘便出发了。第一天，没有收到任何邮件，小高隐隐有些高兴，这代表着她的工作量减轻不少。第二天、第三天、第四天过去了，连续四天小高都没有收到任何邮件，而且第三天发给客户的邮件也没有收到回复。小高着急了，不知道是哪里出了问题。小高赶紧通过电话跟客户联系，客户说发给她的邮件全部退回了。小高赶紧请教公司专业维修人员，这才发现是邮箱空间爆满所致。

思考：
1. 小高应如何处理邮件以避免再次发生这种情况？
2. 你认为发送邮件的礼仪规范有哪些？

（一）邮件的撰写和发送

1. 邮件的撰写

邮件的撰写应遵循以下规范：

（1）一个主题一封邮件，方便整理和查询。

（2）写清楚邮件的"主题"或者"标题"，以便对方查看来信意图。

（3）正文按照普通公文格式规范进行拟写。先写称呼；开头、结尾要有问候语；语言简洁精炼；用语礼貌规范；文末书写落款。

（4）如有附件，需在正文文末进行备注。

（5）英文电子邮件不能只用大写字母。

（6）撰写完邮件后调整字体、格式，核对内容、附件和标点符号。

2. 邮件的发送

（1）发送邮件前一定要仔细检查。检查邮件收件人是否正确；检查邮件内容是否完整、有否泄露公司机密；检查邮件用语是否规范。检查无误后再行发送。

（2）发送完毕后，可通过短信或电话询问对方是否收到邮件，提醒对方及时查收并阅读。

（二）邮件的接收和回复

1. 邮件的接收

每天定时打开邮箱查看邮件，以免遗漏或耽误重要邮件的阅读和回复。

定期整理邮件。邮箱的空间是有限的，及时删除垃圾邮件和无用的邮件，防止

邮箱空间爆满，同时将重要的邮件另行保存，以免过期。

注意识别异常邮件，对于奇怪的、无标题的、无发信人的邮件，不要随便打开，以免中"病毒"。

2. 邮件的回复

及时回复邮件。一般在收到邮件的当天应进行回复，如邮件涉及事项需另行落实，则先回复对方已收到邮件，并告知对方邮件涉及事项将于多久之前落实后进行正式回复。

有针对性地回复邮件。回复邮件时的撰写格式与发送邮件时相同，但在内容上需要针对收到的邮件内容进行具体的、明确的回复。

案例 3.11

你的定位出卖了你

一天，小王外出办事，原本预计需要一天办完，没想到半天就顺利完成。他想了想，反正早上已经跟领导申请了一天外勤，不如就当作还没办完，提前回家。回到家后，想着多出的半天休息时间，他非常高兴，打开朋友圈发送了一条蓝天白云的照片。没想到第二天同事直接问他昨天去哪里玩了，原来该通信工具有自动定位功能，当他发出这条朋友圈时，也就告诉了所有人他根本不在办事地点。

思考：

小王的哪些行为不符合职业交往礼仪规范？

（三）微信、QQ 等网络通信工具礼仪

微信、QQ 这类网络通信工具兼具收发文字、语音、图片、文件，接打语音和视频通话，查询通话记录和文件等多种功能。微信和 QQ 以其多样的功能性、传递的快速性、操作的便捷性及零通信费等优点迅速跻身为现代职场中最为普及的网络通信工具。职业人在使用微信、QQ 等网络通信工具时要遵循以下礼仪规范。

（1）礼貌待人。即使是使用网络通信工具，也要注意文明用语，礼貌待人。如果没有及时看到对方发送的信息，应在回复时致歉。

（2）修改备注名称。职场中，职业人应将自己和同事及合作客户的通信工具名称都修改为"公司＋部门＋姓名"的形式，方便对方知道你是谁，也便于自己寻找同事和客户。

（3）慎用表情符号。网络通信工具表情符号种类繁多。职业人在使用网络通信工具时在合适的时间可以使用个性表情，但不可过于频繁，还是应以文字沟通为主。

（4）认真检查发送内容。微信、QQ等网络通信工具的信息是即发即收，所以在发送信息之前要仔细检查，不要有错别字、容易引起歧义的话语，以及可能泄露公司机密的信息。

（5）选择合适的时间。工作中的信息一般建议在工作时间进行发送，除非有紧急情况。

（6）抵制诱惑。在工作时间，应自觉抵制来自网络通信工具中娱乐功能的诱惑。

（7）合法使用。使用网络通信工具应自觉抵制低俗内容传播。不发表、不转载网络黄色、低俗、诽谤、恶意攻击等不健康的信息，自觉维护网络安全和网络秩序，维护个人和单位形象。

（8）设置权限。职业人在使用网络通信工具时，往往没有把工作和生活分开，习惯于在网络通信工具上上传自己的"心情"，转发一些有意思的文章。在这个过程中要注意不要泄露自己的个人信息、单位信息或者其他机密。最好将职场客户单独分组，并设置相关权限。

（9）合理使用。职业人在使用网络通信工具时，需分清时间，合理使用。办公期间网络通信工具只能用于工作，不发送与工作无关的信息。

活动与训练

小郑的会议通知

小郑是某公司办公室秘书。周一一大早，公司钱主任就给小郑交代了一项工作："今天下午将召开职工大会，要拟写会议通知并通过邮件群发出去，同时要致电各部门经理，请他们准备好会议的发言稿。"还未讲完，钱主任的手机响了，是公司总经理韩总打来的，钱主任一边接电话一边走出了办公室。面对这个任务，小郑应该如何做？

1. 活动要求

2. 活动结果展示

学习结束，以小组的形式进行演示。

3. 活动结果测评

请自行按照表3－2所列的内容与步骤进行任务结果测评。

表 3－2　任务结果测评

评价依据	得分区间	得分
情景设计符合职场实际，会议通知内容清晰、完整、规范，电话礼仪操作规范，言谈举止得体，模拟训练完成得好	90 分以上	
情景设计合理流畅，会议通知内容完整、用语规范，电话礼仪操作比较规范，模拟训练完成得较好	75～90 分	
情景设计合理，会议通知内容完整，基本能够完成电话礼仪方面的训练	60～75 分	
会议通知内容有疏漏，电话礼仪操作有误，言谈举止不规范，模拟训练完成得不好	60 分以下	

课后思考

警惕玩抖音点赞评论能赚钱的骗局

2018 年 5 月 24 日，家住卫滨区的侯某从微信朋友圈看到一个"抖音"兼职群，该群的简介称，只要加入该群一天能挣 60 元，侯某就加入该群，加群后群主通知每天截屏、点赞、发朋友圈可以得到 60 元的工资，但需要交入职费 1 388 元，如果想做的加群主为好友缴纳入职费，侯某就加了群主为好友，并给群主转去 1 388 元，然后就按照群主的要求截屏、点赞、转发朋友圈，当日晚上侯某收到 60 元的工资，第二天侯某又接着截屏点赞转发朋友圈，并把收到工资的截屏发到朋友圈，到了上午群主发话："接到公司通知，因抖音业务升级，系统受到影响，任务暂停几天，给大家带来的不便敬请谅解"，然后就没有音信了，侯某再给群主发信息群主就不回了，到了 5 月 26 凌晨 5 时群主解散该群，侯某意识到被骗。

资料来源 https：//baijiahao. baidu. com/s？id＝1601936504461694626&wfr＝spider&for＝pc

思考：

1. 如何防范电信诈骗？
2. 遭遇电信诈骗应该如何应对？

任务3.3　职场交往位次礼仪的认知

名人名言

礼貌是最容易做到的事，也是最珍贵的东西。

——冈察尔

礼仪是微妙的东西，它既是人们交际所不可或缺的，又是不可过于计较的。

——培根

训练目标

知识目标	1. 了解和掌握位次安排礼仪的原则； 2. 熟知行进、乘车、会议、会餐等不同场景下的位次安排礼仪规范
能力目标	1. 能区分不同场景下位次安排礼仪的区别； 2. 熟练运用不同场景下位次安排礼仪规范
情感目标	认知位次安排礼仪的重要性，熟练运用不同场景下的位次安排礼仪规范，培养礼貌服务意识，践行"坐，请坐，请上座"的待客之道

重点和难点

1. 重点：掌握不同场景下职场位次安排礼仪规范，尤其是行进位次安排礼仪、乘车位次安排礼仪、会议位次安排礼仪和中西餐位次安排礼仪。

2. 难点：针对不同场景，熟练地运用职场位次安排礼仪规范顺利开展职场交往活动。

职业礼仪

案例 3.12

尴尬的女士

玛丽是国外某大学经济学教授，受邀去某公司对员工进行培训，培训时间定在上午九点。早上七点，玛丽早早起床，为了让自己看起来精神，玛丽花半小时化了一个白领丽人妆，精心挑选了一套衬衣+半身裙的职业装，踏上高跟鞋，愉悦地开车到达对方公司。负责接待玛丽的是公司人事部的新进职员小王，一阵寒暄后，小王带领玛丽前往公司最大的会议室，参加培训的员工们已经在会议室等候了。会议室位于办公楼二楼，由于楼层较低，小王便放弃了乘坐电梯，带领玛丽直接从楼梯走上去。到了楼梯边，一直同玛丽并行的小王请玛丽先上楼梯，小王心想："教授的鞋跟看起来有些高，万一踩不稳发生意外情况，我在后面可以搭把手。"玛丽有些为难，出于礼貌还是同意了小王的提议，走上了楼梯。短短的二十多阶楼梯，玛丽走得异常尴尬！

思考：

1. 玛丽为什么会觉得尴尬？
2. 在这次接待中，小王的哪些言行举止需要改进？

很多职场新人都面临这样的困惑：行进中，怎样才能体现对客户的尊重？乘车时，应该给客户打开哪一扇车门？会议筹备时，面对大大小小的领导座牌，应该怎样摆放、安排他们的位次？会餐时，满桌的美味佳肴，自己究竟应该坐哪里？

位次安排礼仪是指在会议、乘车、会餐等各种职场交往场合中的位次安排应遵守的礼节及礼仪规范。位次安排礼仪存在于各行各业乃至日常交往场合中。位次安排礼仪是职业交往礼仪的重要内容，了解和学习位次安排礼仪知识，掌握不同场景下位次安排礼仪规范，有利于职业人顺利开展职场交往活动。位次安排礼仪原则如下。

（1）以右为上原则，遵循国际惯例，并行站立、行走或者就座的时候，右边的位置是上位。

（2）居中为上原则，中间高于两边。

（3）前排为上原则，前排高于后排。

（4）面门为上原则，面对正门的位置视野良好，为上位。

（5）靠墙为上原则，靠近墙的位置是上位。

（6）以远为上原则，离房间正门越远的位置越尊贵。

一、行进中的位次礼仪

职业人在工作中时常会与客户或者同事同行，在同行的过程中需要遵循一些行进中的位次礼仪规范。

(一) 常规情况

(1) 单行位次。前方高于后方，以前方为上。与客人单行行进，即成一条直线行进时，陪同人员居后，请客户在前方行进。

如遇客人不认识路等特殊情况，则陪同人员应居客户左前方 1～1.5 米处。行进时，身体侧向客户，用左手引导。

(2) 并行位次。中间高于两边，内侧高于外侧。两人并行行进时，陪同人员居外侧，请客人在内侧行进；三人并行行进时，请最重要的客人在中间行进。

(二) 特殊情况

(1) 上下楼梯。上下楼梯宜单行行进，"右上右下"，避免拥堵。从安全的角度考虑，上楼梯时，请客户在前方行进；下楼梯时，请客户走在自己身后。但男女同行时，上楼梯宜请女士居后，因为上楼梯时，身着短裙的女士居后不易"走光"；下楼梯时，令女士居后，此为安全考虑。

案例 3.13

酒店员工乘坐电梯引发投诉

早上九点，某酒店住客从所住的酒店楼层乘坐观光电梯准备去大堂。当电梯行至酒店行政办公楼层时，走进两位穿着酒店制服、正准备去参加每月生日会的员工。两位员工边聊边随手按了一下电梯按钮。但其中一位员工随即发现错按成了五楼，而员工生日会通常在三楼或二楼举办。于是员工改按了三楼的按钮。当到达三楼，电梯门打开后，员工发现三楼好像没有来参加生日会的人，就想那生日会应该是在二楼举办，于是员工又按了二楼。员工的一系列行为引起了一同乘坐电梯的客人不满，当电梯到达大堂后，客人随即向大堂副经理投诉。

思考：
1. 客人向大堂副经理投诉的具体内容是什么？
2. 乘坐电梯时应该遵循哪些电梯礼仪？

（2）出入电梯。平面移动式电梯：单行右站，将左侧留出给遇到紧急情况者使用。升降式电梯：搭乘有人驾驶的电梯时，请客人先进先出，陪同人员后进后出；搭乘无人驾驶的电梯时，请客人后进先出，陪同人员操作电梯升降按钮，先进后出。

知识链接

九大乘坐电梯的陋习

（1）站在电梯门处妨碍他人进出。
（2）超载也赖在电梯里。
（3）不依次序进出电梯，插队，甚至冲撞他人。
（4）不等待即将快步到达者而关闭电梯门。
（5）乱按电梯按钮。
（6）对着电梯里的镜子旁若无人地整理头发或者涂口红。
（7）大声喧哗、打情骂俏、大声接打电话。
（8）吸烟和过度使用香水。

（3）出入房门。如果没有特殊情况，请客人先进先出；遇到特殊情况，如室内比较昏暗或者男士和女士单独出入房门，则陪同人员先进，为客人打开灯，引导客人进入房门；出门的时候，陪同人员先出，为客人开门引路。

二、乘车位次礼仪

车已经是快节奏的现代生活和工作中不可或缺的交通工具。在职场中，职业人时常会遇到要乘车、开车迎送客户，或者同上司、同事一起外出商洽业务的情况，在乘车的过程中需要遵循一些乘车位次礼仪。

在乘车位次礼仪中，因为交往类型不同、车型不同，所以位次礼节也就不同。

（一）社交应酬乘车位次礼仪

社交应酬活动往往是职业人自己开车，此时职业人即车主，位次安排如图3-6所示。

（1）双排五座轿车。位次是：副驾驶座——后排右座——后排左座——后排中座。
（2）双排六座轿车。位次是：前排右座——前排中座——后排右座——后排左座——后排中座。
（3）三排七座轿车。位次是：副驾驶座——三排右座——三排左座——三排中座——二排右座——二排左座。

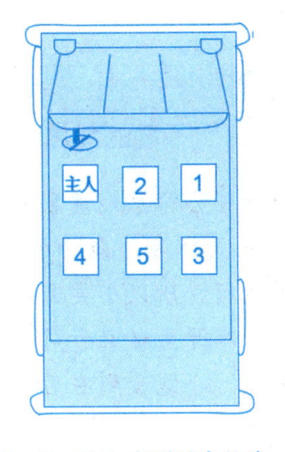

图 3-6 社交应酬乘车位次

（a）双排五座轿车；（b）双排六座轿车；（c）三排七座轿车

（二）公务交往乘车位次礼仪

公务交往活动往往有专职司机开车，此时位次安排如图 3-7 所示。

（1）双排五座轿车。位次是：后排右座——后排左座——后排中座——副驾驶座。

（2）双排六座轿车。位次是：后排右座——后排左座——后排中座——前排右座——前排中座。

（3）三排七座轿车。位次是：三排右座——三排左座——三排中座——二排右座——二排左座——副驾驶座。

图 3-7 公务交往乘与位次礼仪

（a）双排五座轿车；（b）双排六座轿车；（c）三排七座轿车

案例 3.14

不满的黄总

某公司新进职员小吴,担任公司总经理秘书一职。某一天,要和公司总经理黄浩一起乘车去郊区合作公司商务洽谈,小吴负责准备车辆同时兼任司机。由于去往途中有一段路颠簸难行,所以小吴选择了一辆吉普车。

午饭后,小吴早早将吉普车开至自家公司门口等待黄总。看见黄总从电梯里出来,小吴赶紧走出驾驶室,小跑步到右后侧门前,打开车门,等待黄总入座。结果黄总没有坐进右后侧座位,反而对小吴说道:"小吴,你应该去上上礼仪课了!"小吴心知是开错了车门,慌张的小吴又匆忙打算去开左后侧的车门,心想:"右边错了,难道是左边?"这次黄总一言不发,自己拉开了副驾驶的车门坐进去了。一路上小吴观察到黄总的表情很是不高兴!

思考:
1. 如果你是小吴,你会怎么做?
2. 请你总结乘车礼仪规范。

(4)吉普车。不论谁驾驶,位次都是:副驾驶座——后排右座——后排左座。

(5)多排座轿车,指的是四排及四排以上的大中型轿车。不论何人驾驶,均以前排为上,后排为下;以右为上,以左为下;以距离前门的远近来判断座次的上、下。

(三)重要或特殊客人位次礼仪

接待高级领导、高级将领、重要企业家时,轿车的上座往往是司机后面的座位,因为该位置隐秘性比较好,而且是车上安全系数较高的位置。

二、知识链接

女性在乘车时的上、下车姿势

1. 上车姿势

同乘汽车时,男性应主动为女性拉开车门。上车时,身穿短裙的女性应先背对车门,坐下之后,慢慢地将并拢的双腿一起收入,再轻盈旋转90°,朝向正面整理裙子并向里移动。

2. 下车姿势

身穿短裙的女性下车时，身体保持端坐状态，侧头，伸出靠近车门的手打开车门，然后略斜身体把车门推开。双脚、膝盖并拢，抬起，同时移出车门外，身体随转。双脚、膝盖并拢着地，一手撑着座位，一手轻靠门框，身体移近门边。将身体从容地从车身内移出，双脚可分开些，但保持膝盖并拢。

三、会客位次礼仪

职场中，职业人时常会接待客人，在会客的过程中，需要遵循一些会客位次礼仪规范。

（一）相对式

相对式，即主客双方面对面就座，此时，面门为上，请客人面门而坐。

（二）并列式

并列式，即主客双方并排就座，此时，以右为上，请客人居右而坐。

（三）主席式

主席式，主人一方同时会见两方或两方以上的客人，此时，主人一方面门而坐，客人可分坐左右两边，也可面对主人并列而坐。

（四）自由式

自由式，人数较多不好排座时，可自由择座，或者尊重客人的意愿，客人想坐哪里便坐哪里。

四、谈判位次礼仪

（一）双边谈判

（1）谈判桌横放。一般标准的谈判厅，谈判桌是横放的，此时，面门为上，应请客方面门而坐。

人员位置：双方的主谈人员居中而坐，其他人员遵循右高左低、自近而远分别在主谈人员两侧就座。如有翻译人员，应将其安排在主谈人员之右。

（2）谈判桌竖放。如谈判桌是竖放的，此时，以右为上（以进门方向为准）。

人员位置：同横放时一样，居中为上，以右为上。

双边谈判位次礼仪如图3-8所示。

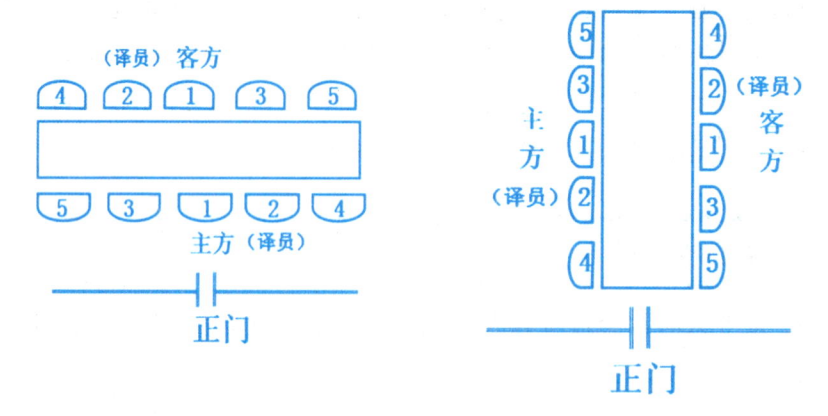

图 3-8　双边谈判位次礼仪

(a) 谈判桌横放；(b) 谈判桌竖放

（二）多边谈判

（1）自由式，即谈判人员自由择座。

（2）主席式，面对房间正门设一个主席位，谁需要发言，谁去主席位，其余人员面对主席位，背门而坐。

五、签约仪式位次礼仪

（一）双边签约仪式

（1）签字桌：一般举行签约仪式时，签字桌应在厅内横放。

（2）主签人：双方主签人面对房间正门而坐，以右为上，以客为先，客居右。

（3）助签人：即帮主签人翻页、吸墨、拿笔、递送合同文本的人，站在各自主签人外侧。

（4）仪式参加者：单排或多排列队站于助签人之后，前排高于后排，中央高于两边，右边高于左边。

双边签约仪式位次礼仪如图 3-9 所示。

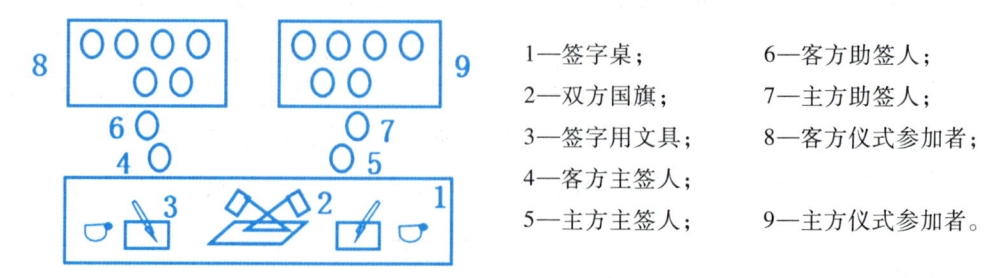

1—签字桌；　　　6—客方助签人；
2—双方国旗；　　7—主方助签人；
3—签字用文具；　8—客方仪式参加者；
4—客方主签人；　9—主方仪式参加者。
5—主方主签人；

图 3-9　签约仪式位次礼仪

(二) 多边签约仪式

多边签约仪式由三方或者三方以上人员参加签约仪式。
（1）签字桌，厅内横放。
（2）签字席，面对正门设一签字席，签约人按照某种约定的顺序依次到签字席进行签约。

六、会议位次礼仪

职业人在职场中，时常要参加或者筹备会议，位次安排是会议筹备中的重要环节，职业人有必要学习和了解会议位次礼仪规范。

(一) 小型会议

小型会议，一般指规模较小、参与者较少的会议，不设专门的主席台，全体与会者按照前排为上、居中为上、以右为上的原则就座。

(二) 大型会议

大型会议，一般是指规模较大、参与者较多的会议。
（1）主席台。大型会议需面对会场主入口设主席台，主席台上按照前排高于后排、中间高于两边、右边高于左边的原则摆放座牌。
（2）主持人之位可设于前排正中，或者前排最右侧。
（3）发言席，一般设于主席台正前方，或者右前方。

七、合影位次礼仪

商务活动中，常有需合影留念的重要一刻，职业人有必要学习、了解和掌握合影位次礼仪。

(一) 国内合影位次

国内合影的位次，讲究前排为上、居中为上、以左为上。

(二) 涉外合影位次

在涉外场合合影时，应遵守国际惯例，宜令主人居中，主宾居右，令双方人员按主左宾右依次排开。

八、宴会位次礼仪

在正式的商务宴会中，位次的排列极为讲究，且中西餐宴会位次礼仪有所不同。

掌握一些宴会位次礼仪规范，有利于职业人在各种宴会中表现得体、大方，顺利开展职业交往活动。

（一）中餐宴会位次礼仪

（1）桌型。中餐一般选用圆桌，每桌人数为双数，且不宜超过10人。

（2）桌次。圆厅居中为上；横排以右为上；纵排以远为上，即远离正门为上；临台为上，即有专门的讲台时靠近讲台的为主桌。

（3）座次。面对正门的位置为主位，以主位为中心，近高远低、右高左低。

二、知识链接

从鸿门宴上的座次谈古代位次礼仪

鸿门宴上，司马迁着意描述了宴会上的座次："项王、项伯东向坐；亚父南向坐，——亚父者，范增也；沛公北向坐：张良西向侍。"就是说，项羽和项伯面向东坐，范增面向南坐，刘邦面向北坐，张良面向西侍奉、陪席。这一描述看似寻常之笔，实则大有深意，它对表现人物的性格特征具有重要作用。

我国是一个礼仪之邦，在古代，人们交往活动中的座次也是很讲究的，它显示着人们社会地位的高低贵贱，表现着主人待客的不同态度。因此，不同的场合、不同的场所，有着不同的位次礼仪规范。

就宫室内的座位来说，有着堂上和室内的区别。我国古代宫室的主要建筑物一般为坐北朝南，通常是堂室结构，前堂后室。其内部空间前部分是堂，通常是行吉凶大礼的地方，不住人；堂的后面是室，住人；室的东西两侧是房，分东房和西房。如《礼记·问丧》中有"入门而弗见也，上堂又弗见也，入室又弗见也"的句子，可见其堂在前、室在后的位置。

在堂上举行的礼节活动是南向为尊。皇帝聚会群臣，他的座位一定是坐北朝南的。因此，古人常把称王称帝叫作"南面"，称臣叫作"北面"。古代的"南面"就是坐北朝南，即面朝南坐，其位为尊为上；"北面"就是坐南朝北，即面朝北坐，这相对"南面"就有些低下。这主要表现在两个方面：一是古代师生在课堂上教学时，老师面朝南坐，学生则面朝北聆听老师的教诲。如《汉书·于定国传》："北面，备弟子礼。"也就是说，面朝北对老师行学生敬师之礼。二是古代的君主面朝南坐，臣子朝见君主时则面朝北，所以，对君主称臣则为"北面"。如《史记·田单列传》："王蠋，布衣也，义不北面于燕。"这里的"北面于燕"就是对燕国称臣的意思，王蠋虽然是个普通的平民，但他有强烈的爱国之心，誓死不对燕国称臣，也就是不向燕国投降。

室东西长而南北窄，室内最尊的座次是坐西面东，其次是坐北向南，再次是坐南面北，最卑是坐东面西。古书上有"东家""西宾"的说法，即就室内而言。古人将宾客和老师都安排在坐西朝东的座位上，以表示尊敬。所以，对宾客和老师也尊称为"西席"或"西宾"。《称谓录》卷八有载："汉明帝尊桓荣以师礼。上幸太常府，令荣坐东面，设几。故师曰西席。"唐朝柳宗元《重赠刘连州》诗中有"莫道柳家无子弟，往年何事乞西宾"的句子，这里的"西宾"就是对家塾老师的敬称。客人的座位在西，主人陪客的座位则在东了，所以把主人称为"东家"。

古人设宴，对座次安排十分讲究，主人坐什么位子，客人坐什么位子，都有严格规定，乱坐就有喧宾夺主、以下犯上之嫌。现在，我们再看"鸿门宴"上的座位次序。举行宴会当是在室内，而不能在堂上。项羽、项伯朝东而坐，最尊；范增朝南而坐，仅次于项氏叔侄的位置；项羽让刘邦北向坐，又卑于范增，不把他看成与自己地位匹敌的宾客；张良面朝西的位置，是在场人中最卑的了，不能叫坐而叫侍。刘邦的参乘樊哙得知项庄舞剑意在沛公，于是冲入营帐，"披帷西向立"。樊哙地位比张良又下一等，此时他虽然"瞋目视项王，头发上指，目眦尽裂"，却仍然不忘规矩，不仅站立，而且"西向"。樊哙的"西向立"，正表明"西向"是最卑的位次。司马迁之所以不惜笔墨一一写出每个人的座次，就是要通过项羽对座次的安排，突出项羽蔑视刘邦、以尊者自居的骄傲心理。由此细节，可见项羽骄矜专横、唯我独尊的性格，也可见刘邦忍辱屈从、顾全大局的雄心。所以，我们说司马迁对"鸿门宴"上座次的描述绝非寻常之笔。

以东向为尊，在史书中有充分的反映。比如《史记·魏其武安侯列传》中武安候田蚡专横跋扈、妄自尊大，他做了宰相后，"尝召客饮，坐其兄盖侯南向，自坐东向，以为汉相尊，不可以兄故私桡"。田蚡以汉相自居，连他的同母异父的哥哥（也是王太后的亲哥哥）也不放在眼里。《史记·周勃世家》中周勃不好文学，每召诸生说士，自居东向的座位，很不客气地跟儒生们谈话。《汉书·王陵传》中项羽取王陵母置军中，王陵的使者来，项羽让王陵的母亲东向而坐，打算用对王母的这种礼遇来招降王陵。

以上位次礼仪是就堂上和室内而言，如在车骑上则与此不同。车骑上的位次是以左为尊的。如《史记·信陵君列传》："公子从车骑，虚左，自迎夷门侯生。"这里的"虚左"就是空出车骑左边的位置，以表示对人的尊敬。今成语有"虚左以待"，本意即如此，不过这里的"左"已泛指席位左边的位置，而不单单指车骑左边的位置了。

另外，我国后代常用左右来代替东西，即左东右西，同今天地图上的"左西右东"正好相反。如《晋书·温峤传》："元帝初镇江左。"这里的"江左"就是"江东"，也就是长江以东。这样，便由室内座位上的以西为上为尊，引申出以右为上为尊，以左为下为卑。古时官场座次尊卑有别，十分严格。官高为尊居上位，官低为卑处下位。如《史记·廉颇蔺相如列传》："以相如功大，拜为上卿，位在廉颇之

右。"这里的"位在廉颇之右"就是位在廉颇之上,也就是蔺相如的官职比廉颇高。此外,在官职调动上,还有"左迁"的说法。所谓"左迁",就是贬官、降职。如白居易《琵琶行·序》中说:"元和十年,予左迁九江司马。"他由太子左赞善大夫降职为江州司马,成为一个"无言责,无事忧"的闲散官。

资料来源:http://blog.sina.com.cn/s/blog_6ecb6fd20102wl0s.html

(二)西餐宴会位次礼仪

(1)桌型。西餐宴会一般使用长桌,可根据人数的多少,将桌子进行自由拼接组合。

(2)桌次。居中为上,以主桌为中心点,近高远低,右高左低。

(3)座次。如男、女主人各居一桌,则尊女主人坐于右桌;如男、女主人并肩坐于一桌,则男左女右,尊女性坐于右席;如男主人或女主人居于中央之席,面门而坐,则其右方之桌为尊,右手旁的客人为尊;如果男、女主人一桌对坐,则女主人之右为首席,男主人之右为次席,女主人之左为第三席,男主人之左为第四席,其余位次依序而分。

活动与训练

欧凡的位次安排任务

欧凡是某公司总经理助理,公司总部位于成都。合作方北京某公司一行四人即将来访,分别是对方公司总经理黄点、总经理助理李轩(男)、人事部经理张强(男)、销售部经理刘红(女);我方相应职务人员接待,分别是总经理刘总、总经理助理欧凡(男)、人事部经理李晓丽(女)、销售部经理高宇(男)。

1. 活动要求

作为我方公司总经理助理,欧凡应该如何安排本次接待的乘车、会议及会餐的位次?请分小组展示。

2. 活动成果展示

以小组的形式一起来制定方案并进行演示。

3. 活动结果测评

请自行按照表3-3所列的内容和步骤进行活动结果测评。

表 3–3 活动结果测评

评价依据	得分区间	得分
乘车、会议、会餐位次安排决定迅速、位次准确	90 分以上	
乘车、会议、会餐位次安排决定比较快速，位次安排基本无误	75～90 分	
基本能够完成位次安排礼仪方面的训练	60～75 分	
乘车、会议、会餐位次安排错误，接待工作完成不好	60 分以下	

课后思考

签约仪式安排工作

A 环保投资发展有限公司承接了当地政府的一个环保开发项目，预计于明日在 B 酒店举行签约仪式，小朱是 B 酒店宴会厅经理，此次签约仪式的安排工作由小朱全权负责。

经过确认，参加签约仪式的人员有政府的相关领导、相关部门负责人、公司相关负责人、项目签约人员、新闻记者。签约仪式议程安排如下：

（1）主持人宣布签约仪式开始，介绍主要来宾和领导。

（2）签约：主持人作项目友好合作情况介绍，并请助签嘉宾上台，政府签约人 xx 与 A 环保投资发展有限公司负责人 xx 分别签约，由礼仪小姐引导并摆放签约文件夹、笔。

（3）全部项目签约结束后，礼仪小姐斟酒，嘉宾举杯庆贺。

（4）A 环保投资发展有限公司代表 xx 致辞。

（5）政府签约领导致辞。

（6）记者自由提问。

思考：

1. 本次签约仪式需要提前准备哪些物品？
2. 请画出本次签约仪式的场地布置、物品摆放及位次安排示意图。

综合训练三

名人名言

礼貌是有教养的人的第二个太阳。

——赫拉克利特

生命是短促的,然而尽管如此,人们还是有时间讲究礼仪。

——爱默生

训练目标

知识目标	通过情景模拟职场拜访、电子通信、位次安排三个模块的礼仪规范,巩固认知,加强职业交往礼仪训练
能力目标	开展情景模拟"新任总经理到岗第一天"活动进行职场交往礼仪训练,引导职业人自觉遵循职业交往礼仪规范
情感目标	进一步提升职场交往礼仪素养,增强人际交往能力

重点和难点

1. 重点:通过情景模拟"新任总经理到岗第一天"训练,巩固职场交往礼仪认知。

2. 难点:通过感知"新任总经理到岗第一天",提升职场交往礼仪素养。

案例 3.15

小张成长记

　　某公司新入职员工小张，担任公司总经理秘书的职位，某一天要和总经理贾总去客户公司进行商务洽谈，同行的还有财务处的钱总监。

　　当单位司机小李把五座小轿车开过来的时候，小张心想，车前座的位置又敞亮又不用和别人挤，那应该是老总的位置，于是走过去打开前座车门请贾总上车。奇怪的是贾总只是微微一笑而并没有上车，这时钱总监打开了后座右侧车门请贾总上了车，并对小张说："还是你坐在前面吧。"钱总监自己打开左后侧车门，坐在了贾总身边。

　　小张虽然疑惑，但也知道自己一定是哪里出了错误，在忐忑中到达了客户的公司，离老远就看到对方的总经理吴总带着秘书小王在门口等候。车刚停下，小王就熟练地上前打开了后侧车座的车门，并且用手挡在车门上方，自己站在车门旁，恭敬地请贾总下车。小张这才恍然大悟，原来这个位置才是公认的领导首席位置，如果刚才坐在这里的是自己或是钱总监，那就闹笑话了。

　　经过这次教训，小张懂得了乘车位次也是有讲究的，并下决心不再犯这种错误。

　　第二天，与吴总公司的洽谈非常顺利，小张与同事们需要在公司准备一些资料，不知不觉就过了下班时间。贾总担心大家回家路上的安全，于是安排司机小李送一部分同事回家，自己开车送另三位顺路的同事，其中就有小张。

　　贾总上车后，小张看看另外两位同事，分别是人事部的赵部长和财务部的钱总监，都比自己的职位高，心想这回应该还是自己坐前座了吧。没想到钱总监看出了小张的想法，主动走过去拉开了前座的门坐了上去，赵部长则拉开车右侧的门大大方方地坐了，小张只能绕到左侧上了车。

　　小张一路上百思不得其解。没过多久，钱总监的家先到了，当他下车时，只见赵部长居然也下了车，补上了钱总监的空位。

　　回到家后，小张马上打开了计算机，恶补了一下"乘车位次礼仪"，才发现，原来当领导开车时，车座的尊位就换了，变成副驾驶位是级别最高的人乘坐，而且不能空缺，只要车上有人，并且级别低于开车的人，就要马上补位，以表示对领导的尊重。

　　了解乘车位次的礼仪后，小张心里就有底了。周日全公司的人一起出游时，租了一辆九人座小客车，这次小张安排的位次井井有条，钱总监下车后对小张露出了满意的笑容。

资料来源：http://blog.sina.com.cn/s/blog_4a47e6f40102w6zq.html

思考：

1. 小张是如何安排九人座小客车位次的？
2. 经过学习，你了解了哪些乘车位次礼仪？

一、任务介绍

小李是某集团成都分公司的总经理秘书。近日集团总部实施了大范围的人事调动，原成都分公司的总经理黄总被调往他处，成都分公司将迎来一名新任总经理，名叫韩奇，下周一到任。公司高层领导会商议决定由小李安排以下事宜。

（1）即刻致电集团总部秘书处，收集韩总的相关信息。

（2）于本周五将韩总即将到任的消息在工作群进行公布。

（3）于下周一早上九点在公司召开职工大会，欢迎韩总到任。

（4）于下周一晚上七点到某酒店会餐，为韩总举行欢迎仪式，各部门经理及以上职位者参加。

二、任务成果展示

以小组的形式一起来设计情景模拟并进行演示。

三、任务测评

任务测评可以按表3－4所列的内容和步骤进行。

表3－4 任务结果测评

评价依据	得分区间	得分
情景设计符合职场实际，会议准备工作到位，电话礼仪，会议、会餐位次等操作规范，言谈举止得体，模拟训练完成得好	90分以上	
情景设计流畅，会议准备工作到位，电话礼仪，会议、会餐位次等操作比较规范，言谈举止规范，模拟训练完成得较好	75~90分	

续表

评价依据	得分区间	得分
情景设计合理，有会议准备工作，电话礼仪，会议、会餐位次等操作基本规范，言谈举止合理，能顺利完成模拟训练	60~75分	
会议准备工作不到位，电话礼仪，会议、会餐位次等操作错误，言谈举止不规范，模拟训练完成得不好	60分以下	

四、训练提示

（1）本模块以职场拜访礼仪、职场电子通信礼仪、职场交往位次礼仪为立足点，探索职场交往所必备的礼仪规范，引导学习者增强礼仪意识，培养学习者在学习、生活乃至以后工作中规范使用交往礼仪的习惯，提升学习者人际交往素养，增强学习者人际交往能力。

（2）通过本模块的学习与训练，让学习者意识到在职场交往乃至人际交往中礼仪规范不可或缺，学习并掌握礼仪规范才能成为有礼有节、知规识礼的职业人。

思考与讨论

案例一　失礼的小何

小何和小李是大学同学，大学毕业后，两人各奔东西。如今，小何在A公司当业务员，小李在B公司当销售部经理。这时A公司正好准备和B公司做一笔生意（第一次），小何得知此事后，便自告奋勇，一来想去探望一下十多年没见的同学，二来也想提升一下自己在公司的地位。这天下午，小何直接去了B公司的销售部经理室，结果在门口被秘书拦下。经过一番解释，秘书告诉他经理有事不在，并将公司的电话留给他。

隔了几天，小何打电话给B公司，预约成功，定于星期三下午三点半见面。结果由于堵车，小何晚到了半个小时。到了以后，经打听，李经理还在，小何就推门进去。老朋友相见，十分欢喜。小何马上冒出一句："小李，这几年过得不错啊！"李经理感到有些尴尬。接着两人寒暄了几句，小何便往沙发上一坐，跷起二郎腿，掏出一支烟递给李经理，李经理不抽，小何自己便大口大口地抽了起来，整个经理室顿时烟雾笼罩。李经理实在觉得不适，就打开窗户，说："我这几天咽喉发炎，闻不得烟味。请原谅！"小何听罢也就不抽了。接着两人聊起了大学生活……

临走之际，小何说明来意，并将一张某商场储值卡送给李经理，李经理死活不接，并解释公司有规定：职工在工作过程中不能违规收受财物，否则公司将按规定予以处理。

  思考：

  1. 请指出小何的失礼之处。

  2. 小何应该怎么做？

案例二　手机放哪里

  小敏和小琪是某公司设计部的同事，某天她们一起去给客户汇报产品设计方案，汇报的地点选在对方的会议室。当天参加会议的人很多，还有不少对方公司领导，会议室里非常拥挤。小敏觉得有些热，脱掉了外套，并且放在了进门处的物品放置处。

  会议进行到一半，小敏正讲到产品设计的灵感和来源，对方公司人员都在认真倾听汇报时，突然手机响了，中断了汇报。小敏意识到这是自己的手机，但会议室人太多，她的外衣却放在门口，手机一直响个不停，中间隔着好多人，小敏要过去拿的话，大家都得起身才能让她过去。会场秩序一时间变得很乱，对方的领导也感到有些不满，小敏和小琪显得异常尴尬。

  思考：

  1. 小敏的手机应该放在哪里？

  2. 分析正式场合应该注意哪些手机礼仪？

模块四　职业沟通礼仪

模块导读

职业沟通礼仪模块主要涉及内容有面试沟通礼仪的认知、同事沟通礼仪的认知以及上下级沟通礼仪的认知。通过学习这部分内容能做到以下几点：一是在面试过程中遵守面试沟通礼仪，减少面试沟通中的失范行为。二是在与同事沟通过程中，得体地进行道歉、拒绝、批评，避免同事沟通中的失礼行为。三是在上下级沟通中体现良好礼仪素养，避免上下级由礼仪问题导致的沟通不畅。

为达到以上目标，本模块设计了三个学习任务：第一个任务是为了让学习者学习面试礼仪规范，学习者通过此任务的学习，能在面试各阶段表现得体的礼仪素养，意识到并尽量规避面试中不合乎礼仪规范的行为。第二个任务是为了让学习者学习同事间的交往礼仪，通过对此任务的探究学习，能及时、诚恳、明确地向同事表达歉意，能果断、委婉地拒绝同事，能以对方能接受的方式进行批评，以及能意识到同事间沟通的注意事项。最后一个任务让学习者学习上、下级之间的沟通礼仪。学习者通过此任务的学习能做到在工作中，遵循上、下级沟通礼仪规范，顺利完成工作任务。

任务4.1　面试沟通礼仪的认知

名人名言

我们必须强调：运用礼仪、学习礼仪时最重要的就是尊重！

尊重上级是一种天职，尊重同事是一种本分，尊重下级是一种美德。

——金正昆

训练目标

知识目标	1. 了解面试自我介绍礼仪常见类型及特点； 2. 理解、掌握模拟情景中交际沟通需要具备的素养； 3. 理解面试礼仪与职业形象的内在联系
能力目标	1. 能感知职场礼仪对求职面试的作用； 2. 能识别在求职活动、商务活动等职场人际沟通场合介绍礼仪的类型和特点；掌握职场面试礼仪的注意事项
情感目标	1. 能在面试活动中培养职业化、规范化、标准化的意识； 2. 培养学习者在面试过程中对自身表现严格要求的习惯，使学习者意识到面试礼仪对求职的影响和作用

重点和难点

1. 重点：面试礼仪中的自我介绍礼仪。
2. 难点：理解面试礼仪和个人素养之间的内在联系。

案例 4.1

年轻员工月报 1

1月31日：求职面试

今天是求职面试的前一天，小王按照礼仪课中学到的方法练习自我介绍，却在镜子里发现了不少问题，如没有目光交流、声音偏小、语速过快等。小王看着镜中的自己沮丧不已……

思考：

你知道哪些面试礼仪？

一、商务沟通的原则

商务沟通礼仪就是从事商务行为的各方人士，为了寻求商务活动顺利进行、商务信息有效传递，就各种沟通情况如面试、上下级沟通、同级沟通时，共同遵守的礼节及行为规范。商务沟通的原则如下。

（一）尊重他人

在商务沟通中，即使是上下级关系，沟通顺利的前提也是互相尊重。在同级交往中，随意打断他人谈话的行为往往被视作没有礼仪素养的表现，原因在于这种行为体现了对待他人的不尊重心态。例如，在面试过程中，有的求职者察觉到入职无望时，往往对面试官的态度也变得随意起来。无论是否能够入职，尊重他人是为人的基本素养。

（二）换位思考

在工作过程中，很多年轻的职员打扮另类，并自认为是时尚个性的体现。这种只顾彰显自身个性的行为，换作你是招聘人员，你会接纳吗？如果你是老板，你会需要一位把大部分心思都花在打扮时髦、追赶潮流上的员工吗？在拒绝同事时，高明的拒绝者会站在对方的立场上，以对方的利益出发，合情合理地进行拒绝。把握换位思考的原则，能使你在商务沟通过程中减少潜在冲突、促进交流与合作。在上下级沟通中，来自上司的批评通常让下级无法接受，但是换位思考，上司批评的目的是让下级认识到错误，避免再次犯错而造成商务活动的损失。沟通双方都能够换位思考是良性商务沟通的前提。

(三) 求同存异

在缺乏商务沟通礼仪意识的企业里，商务会议常常演变成面红耳赤的争吵。商务沟通礼仪的作用还体现在求同存异上。双方各退一步，海阔天空。动态性的市场环境使商务决策无法保证绝对正确。今天看似正确的决定，也许到了明天就有可能把公司带入万劫不复的境地。所以，沟通时应尽量以礼仪素养修己，以平和的心态看待不同意见。

二、面试前的准备

(一) 职业形象塑造

在求职过程中，面试官能够从求职者的自身形象上得到相关信息。求职者需要身着职业装或者正装来表达对面试官的尊重以及对面试活动的重视。职业装是从学生走向职业人的形象转变标志。它代表着在以后的职场生活中，我们会以职业化、规范化、标准化的行为要求自己。职业装传达的严肃、干练、简洁的气质也有助于我们契合所求职岗位的要求。例如，如果你去应聘财务会计一职，中规中矩的职业装会凸显你严谨的工作特质；你如果穿着赛车服、破洞牛仔裤，那么给人的感觉多半是不稳重、追求新潮，而这些感受无疑是在降低你和会计这份工作的匹配度。

案例 4.2

小丽与小李的面试 1

小丽是一名刚从学校毕业的求职者，青春靓丽的外形给予她不少面试成功的自信。形象气质俱佳的小丽想："我一定要凸显自己的优势，让面试官能快速注意到我。"于是，面试当天，小丽精心打扮，她身着荧光色超短裙、低胸吊带，戴上了夸张的大耳环。自信满满的她心想，这样可以显现出自己纤细的美腿、小蛮腰以及众女生羡慕的瓜子脸。因为过于专注调整搭配，小丽错过了公交车，等小丽气喘吁吁到达面试地点时，她已经迟到了 10 分钟。慌慌张张的小丽直冲面试室，进去之后才对自己的莽撞后悔不迭，原来，面试官正在面试另一位面试者小李。尴尬不已的小丽急忙道歉，面试官上下打量着小丽，露出了不悦的神色，小丽赶紧退出门去。瘫坐在面试室外的小丽沮丧不已，从经过身旁的秘书口中得知，面试官是一位很注重时间观念的人，并且，小丽方才进门一眼瞥见的竞争者小李，穿着干练的职业装，气定神闲地面对着面试官，而自己因为赶时间，早已汗流浃背，面试官的眼神已经清楚地表达了对小丽装束和状态的不满，小丽预感到这次面试"凶多吉少"……

小李和小丽一样，也是一名应届毕业生，虽没有小丽的天生丽质，但她通过学习形象礼仪知识，在面试当天把自己打扮得很得体。面试前小李便购置好了"战袍"——一套合身的职业装，她在镜子前反复观察了套裙的长度是否合理，是否容易褶皱，是否衬托自己的肤色和形象特质，又提前在家中练习了平时并不常穿的高跟鞋。面试当天，她特意提前了15分钟到达面试地点，利用这段时间仔细检查了自己的仪容形象，安静地在面试室外等候，直到秘书告知她可以进入面试室后，才轻轻敲门，得到面试官的应允后进入。

思考：
1. 小丽在面试过程中犯了哪些错误？
2. 小李在面试中的表现有哪些值得小丽学习的地方？

（二）守时

面试礼仪的另一个重要规则，就是守时。守时不只是商务活动中的基本礼仪，也是日常生活交际中应有的观念。因为自己的迟到不仅耽误了面试官的时间，同时还耽误了别的面试者的时间，势必会引起他人的反感。另外，不守时的人在商务活动中给人的感觉也是不可靠的。

（三）注意事项

进入面试地点前应该在面试室外观察情况，耐心等候工作人员给予指示。在未敲门且未得到室内人准许的情况下贸然进入，有可能会打断别人的面试。因此进入房间前应该先敲门，得到准许后才能进入，这是基本的礼仪素养。如果不具备这些礼仪知识，面试官会觉得求职者是一位缺乏面试礼仪素养的人，这样的员工，是不能胜任需要具备商务礼仪素养的工作岗位的。得体的着装、周全的考虑、耐心的等候，以及轻轻敲门的细节无一不在显现着来者是一位深谙商务礼仪知识、具备礼仪素养的求职者，这是求职之路上的一个好的开始。

二、知识链接

在面试时展现良好的礼仪素养，你需要：
（1）穿着得体的职业装。
（2）提前5~10分钟到达面试地点，做好面试仪表和心态准备。
（3）在面试室外耐心等候，听从工作人员安排。
（4）进入前要轻轻敲门，得到应允后方可进入。

三、面试的礼仪规范

(一) 对面试官的称呼

（1）对面试官的称呼需要得当。在正式的商务场合，对他人的称呼一般是按照职位或职务，这样便于在商务沟通中快速地获取对方负责的商务活动信息，促进商务活动快速进行。

（2）面试礼仪中的称呼忌讳。不能使用随意的称呼如帅哥、美女等娱乐意味较强的名称来称呼面试官；也不能使用过于亲热的昵称，因为容易让人误会有不可告人的个人目的。例如，在热播剧《北京女子图鉴》中，美发店的老板为了达到促销产品的目的，亲热地称呼顾客为"姐""老妹儿"，这些叫法是以营利为目的的营销手段，不宜用于正式的商务场合。

（3）误会性的称呼。时代在变化，词语的色彩随着时代的变化而变化着。"小姐"原意是对年轻女性的正式称呼，慢慢地开始暗指从事不正当行业的女子，成为带有侮辱性的称谓。如果缺乏相关的礼仪知识，导致常识性错误，会对求职者接下来的面试不利。

案例4.3

小丽与小李的面试2

小李在进入面试室后自然地称呼面试官为××经理，面试官挺惊讶，因为她还没有向小李作自我介绍。面试官饶有兴趣地问道："你怎么知道我是××经理，我们之前没有见过吧？"小李从容答道："刚刚您的秘书引导我过来时，我向他询问而得知的，所以我知道您姓××，是公司人力资源部的部门经理，来公司八年了。"面试官微笑着说："好的，那我们开始面试吧。"

小丽在进入面试室后为了讨好面试官便称呼她为美女，面试官脸上闪过一丝不自然，并未说什么。小丽想了想觉得不妥，因为面试官相貌平平，而自己相貌出众，这样称呼，面试官可能会觉得自己在讽刺她，于是她马上改口道："姐，我是小丽。"面试官微微一愣，说道："我们认识吗？"小丽一听，心想：糟了，看样子这位面试官不喜欢别人和自己套近乎，这样亲近的称呼让她不适了。小丽赶紧转动脑筋，搜刮在礼仪课上学过的知识，无奈平时功课学得不用心，关键时刻只记得对女性比较正式的称呼有"小姐"。"小姐，我是来面试的小丽。"小丽心想，这回准没错了。不料面试官脸色一沉，正色道："我不是什么小姐，我姓××，是这家公司人力资源部的部门经理。"小丽见面试官满脸严肃，心中叫苦不迭。

思考：
1. 小李的做法为什么博得了面试官的好感？
2. 小丽的对面试官的称呼有哪些不妥之处？

知识链接

称呼面试官需要注意：
（1）宜按照职位、职称来称呼面试官。
（2）不宜使用"哎"等称呼面试官。
（3）不宜使用过于随意的称呼，如帅哥、美女等。
（4）不宜使用昵称，如亲爱的、亲、姐、妹儿等。
（5）不宜使用易使人误会的称呼，如小姐。

（二）自我介绍的内容

面试时，自我介绍的内容应该围绕自己的优势，尤其是和岗位匹配度高的优势来有针对性地介绍自己，而不是像流水账般把自己的兴趣爱好等与工作特性不相关的事一一向面试官诉说。面试官的目的是筛选出与职位最匹配的求职者，而不是想成为了解你的朋友。例如，在有限的时间里集中展示自己成绩优秀这一优点，可以为自己的面试成功增加助力。有的自我介绍让面试官花费很多时间却找不到求职者与职位相匹配的特质，反而增加了面试官的工作负担，不利于面试的成功。此外自我介绍中的信息应该准确，包括涉及的数据和名称等。

案例 4.4

小丽与小李的面试3

小李的自我介绍围绕着自己成绩优异的主题，列举了自己连续三年来在系部获得五次奖学金的荣誉，强调了自己和应聘岗位关联度高的课程成绩在系部排名前3%的亮点，并用自己在校期间在图书馆勤工俭学的经历凸显了自己勤奋好学同时兼具工作经验的优势。当介绍到自身缺点的时候，小李如实说到，由于自己把大部分精力与时间用于提升学习成绩，所以缺乏企业工作经验。当面试官询问小李获得的奖学金等级以及对应的年级时，小李如数家珍、对答如流。

职业礼仪

> 相比之下，小丽的自我介绍就显得拖沓、无重点。她从自己参与的植树活动等琐事说起，5分钟过去了，还没有说到自己有工作经验的优势。当面试官问到小丽曾经实习过的工作单位全称时，小丽竟说记不太清了，当问到小丽是否会熟练运用某款专业软件时，小丽也含糊其词。
>
> **思考：**
> 案例中两位面试者自我介绍的做法给予我们什么启示？

案例中小李对自己获得的多项奖学金的熟悉让面试官对小李的学习成绩有了更多的信心。相反，小丽连自己实习过的单位名称都说不上来，导致面试官怀疑小丽实习经历的真实性，进而对小丽的自我介绍产生了怀疑。面试官为了印证自己的猜测，故意问小丽是否会使用一款新上市小丽还未有机会接触的软件，小丽的反应也差强人意，没有表现出诚实坦荡的个人品质。在高口碑日剧《派遣员的品格》中有这样一个情节，女主角因为太想得到工作而在面试中谎称自己会使用办公软件。她入职后，却发现每天的工作都要用到这款软件，短时间内无法学会这款软件的她险些因欺骗行为被公司解雇。这个例子也说明了诚实的品格在商务活动中是多么重要，一旦在面试沟通中发现求职者有弄虚作假的嫌疑，用人单位一般是不会考虑予以录用的。

（三）自我介绍的禁忌

1. 超出时限

在一次多人面试中，一位求职者不顾面试官规定的每人自我介绍不能超过5分钟的要求，强行自我介绍了10分钟，由于众多求职者都是站姿面试，他的行为引起了面试官和其他求职者的侧目。在面试沟通中，如果面试官规定了自我介绍的时限，请一定要遵守。这是尊重面试官以及其他求职者的表现。

2. 不当的身体语言

有些求职者为了面试当天能够流利地说出自我介绍，采取了背诵自我介绍稿的做法。这种做法会导致与面试官缺乏眼神交流，他自己的表情也僵硬，看不出情绪起伏，有些还会出现视线飘忽不定，或者直直看向天花板的背书式特征。当面试官不止一人时，有些求职者的眼神不知道该落在哪位面试官的身上才好，索性像探照灯一样在每位面试官身上摆来摆去。这些虽是无意识行为，但在面试官的眼中是缺乏面试礼仪知识的扣分行为，需要通过礼仪训练加以改正。

3. 面试中的不礼貌行为

有些求职者为了确保自己面试成功，在自我介绍中刻意说出自己的亲戚朋友

140

在应聘的公司担任要职。这种行为是不尊重面试官职业操守的表现。这种行为从一开始就把面试官至于趋炎附势、玩忽职守的立场，否定了面试官诚实正直、忠于职守的人格，只会激起面试官的反感，适得其反，影响面试结果。有些求职者不时打断他人的自我介绍，这是缺乏礼仪修养的表现。有些求职者在得知自己录用无望后对面试官出言不逊："优先录取有工作经验的，那还要我来参加面试干吗？！真是浪费我的时间！"要知道，即使不是面试关系，我们仍然需要具备良好的礼仪素养，不礼貌的语言和行为背后是对面试官缺乏基本尊重、只重现实利益的思想，学习者们要注意避免。在面试中，还有两种不易察觉的不礼貌行为：一种是对面试官提出超过他职责范围的问题，例如，"请告诉我你们公司未来五年的战略规划"。请记住，即使面试官给我们提问的机会，你仍然是在进行一场面试，我们要时刻提醒自己注意面试中的沟通礼仪，对面试官保持尊重。这些问题已经超出了面试官的回答范围，只会让面试官陷入尴尬的境地。一位有礼仪素养的求职者需要避免这样的行为。还有一种是开口就提钱："公司打算给我的月薪是多少？""有绩效工资吗？高吗？""入职多久后会涨工资？"这些问题在面试过程中提出也是不礼貌的，要尽量避免。

四、面试后礼仪

面试结束时，并不是可以松懈了，在此刻，求职者需要注意的礼仪有：
（1）无论面试结果如何，对面试官表达感谢。
（2）轻轻带上面试室的门。
（3）不要询问面试结果。
（4）握手礼仪要遵守。

案例 4.5

小丽与小李的面试 4

小李在面试结束后向面试官标准地鞠了一躬表示感谢，转身轻轻带上门离开了。相比之下，小丽要"热情"许多。她旁敲侧击地打探着自己的面试结果，在面试官婉拒透露结果后，抓住面试官的手用力握了几下。面试官对这热切的行为却没有好感，她摸了摸刚刚被小丽抓着使劲上下抖动的手，心想："这个小姑娘和别人握手却不取下手套，得好好补补面试礼仪的功课了……"

思考：
为什么小丽"热情反被热情误"？

职业礼仪

活动与训练

面试礼仪

1. 任务回顾

小王为了给面试官一个良好的印象，不顾自我介绍的时限，侃侃而谈，全然没有意识到面试官频频看表的用意。现在小王想，一定要吸取失败面试的经验教训以保证下一次面试成功。请帮助小王，告诉他，要想面试沟通顺利，除了自我介绍的时限问题外，还应该遵循什么礼仪规范，具备哪些礼仪理论知识？

2. 任务成果展示

以小组的形式制定解决方案并解释说明方案制定的原理依据。

3. 任务结果测评

请自行按照表4-1所列的内容与步骤对展示结果进行测评。

表4-1 任务结果测评

评价依据	得分区间	得分
能在面试各阶段表现出得体的礼仪素养； 能意识到并尽量规避面试中不合乎礼仪规范的行为	90分以上	
能在面试各阶段表现礼仪素养； 能意识到并减少面试中不合乎礼仪规范的行为	75-90分	
能在面试各阶段表现礼仪素养	60-75分	
不能意识到并规避面试中不合乎礼仪规范的行为	60分以下	

课后思考

小林能被录用吗？

某公司招聘文员，由于待遇优厚，应聘者很多。刚毕业的小林前去面试，小林对自己很有信心，因为她的背景材料很棒，大学四年就在各类刊物上发表了不少作品，还利用暑假时间进入多家公司实习，成功策划了各种公司活动。小林英文也很流利，书画样样精通。外表秀丽的小林想，像她这样优秀的应聘者，拿下这次面试一定是十拿九稳。想着想着，面试中的小林美美得跷起了二郎腿，言语间也透漏出得意洋洋的神色。面试官见状，便向她说道："谢谢你参与这次面试，请回去等通知吧。"小林高兴不已，拎起小包，踩着高跟鞋轻快地离开了。

思考：

1. 小林能通过这次面试吗？为什么？
2. 请你利用所学礼仪知识帮助小林，告诉她在哪些地方做出改进。

任务 4.2　同事沟通礼仪的认知

名人名言

对别人的意见要保持尊重，千万别说："你错了。"

——卡耐基

训练目标

知识目标	1. 了解职场同事交谈礼仪的基本要求，并能举例说明； 2. 理解同事间沟通礼仪中蕴含的道德层面的内涵； 3. 认识遵守职场沟通礼仪的作用
能力目标	1. 能将职场同事交谈礼仪应用到职业活动中； 2. 能利用职场交谈礼仪提升自身职业形象； 3. 认识职场交谈礼仪的禁忌
情感目标	1. 在学习中感受同级沟通礼仪在职场中对工作顺利进行的意义与作用； 2. 激励学习者有意识地塑造自身在同事间谦和、有礼、有分寸的自我标识； 3. 通过职场沟通礼仪尽量减少同事间沟通的摩擦，如侵犯隐私等影响工作的行为

重点和难点

1. 重点：了解同事之间道歉的原则；理解拒绝同事为什么要果断且委婉；了解怎样得体地批评同事。
2. 难点：能果断、委婉地拒绝同事；能以对方能接受的方式进行批评。

案例 4.6

年轻员工月报 2

2月：同事冲突

经历过几次失败的面试后，小王刻苦学习面试礼仪，终于在最后一次面试过程中表现出色，顺利入职成了某公司一员。可是最近他烦恼不已，原因是在一次会议中，他和一起入职的小蒋因对工作方案看法不一致而针锋相对，最后不欢而散。事后，他反省自己在职场沟通中的欠妥之处，可是不愉快的事情已经发生了，现在的小王急需一份道歉方案来挽回自己的失礼行为……

思考：

如果你是小王，你会制定什么样的道歉方案？

一、向同事道歉

案例 4.7

小明和小亮的办公室情谊

小明和小亮是同一个办公室的同事，但最近小亮因工作上的事对小明的批评过于直接，导致两人关系不像以前那样好了。小亮认为自己有责任向小明道歉，但由于缺乏同事间道歉的技巧，话到嘴边又咽了回去，几次下来，小明认为小亮根本无心道歉，对自己造成的伤害熟视无睹。小明不由得考虑要不要跟小亮只保持单纯的同事关系，可想起以往两人的友谊、工作上的互相帮助、生活中的共同分享，又对这份情谊依依不舍。一周后，小亮终于鼓起勇气向小明道歉了，本以为两人能和好如初，可小明心里并不这么想。"马上要评优评先了，他是怕我在投票时不支持他吧，要不怎么现在才想起向我道歉呢？"这个想法一直缠绕着小明，令小亮的道歉效果大打折扣。小亮偶然间听到小明的想法，不禁感叹，真是道歉也不对，不道歉也不对。小明却觉得，就算小亮粗心，延误了道歉的时机，可是他道歉的方式太缺乏诚意。原来那天小亮只是半开玩笑地向小明道歉，没有正式感。道歉的内容也含糊其词，言语中全是自己偶尔心情不好导致的失误，并没有承认自己错误的意思，且言外之意透露出小明再追究下去就是斤斤计较的意味。小亮虽然向小明道了歉，但小明还是渐渐疏远了小亮，这让两人的关系笼罩在一片压抑之中，工作效率不可避免地受到了影响。

思考：
1. 小亮的道歉为什么没有起到预期效果？
2. 请帮助小亮重新制定道歉的方案。

案例中的小明欠缺得体地向同事道歉的礼仪相关知识，导致了同事间友谊的破裂和工作效率的降低。想要避免这样的情况需注意以下几点。

（一）道歉的时机

在与同事发生冲突后，道歉的时机很重要，间隔一般不超过48小时。因为拖延时间过长，情况就会随着环境有所变化，例如案例中的小明就认为小亮是因为有事相求才勉强来道歉，并非真心实意想弥补小明因他的不当行为而受到的伤害。小亮没有抓住好的道歉时机，导致他的道歉效果欠佳。

（二）道歉的方式

道歉的方式要诚恳。具体来说就是态度要严肃认真，不要让接受道歉的人感到你心里其实并未把这件事当回事。否则接受道歉的人会认为你只是在捉弄他、不尊重他。在同事间留下这样的印象，有损你的职业形象，在工作中自然没人愿意支持你。

（三）道歉的内容

道歉的内容还要做到明确和恰当。清楚的道歉内容有助于接受道歉的人评估你是否真的认识到了自己的错误以及再犯的概率。道歉程度也要合适，不要为非自己的原因造成的遗憾向对方道歉，这样会使对方疑惑，也会让自己承受额外的负担。

二、拒绝同事

请先阅读案例4.8，然后进行讨论。

案例 4.8

拒绝的不同效果

同事欲陪女友看电影，便想找人帮忙完成自己的PPT制作工作。他先找到了小亮。还没等同事说完，小亮便不客气地打断他："对不起，这件事我恐怕无能为力。"同事愣住了，因为他话还没有说完。小亮接着说道："这项工作是你自己的事，怎么可以转嫁到别人身上呢？这是其一。其二，如果做得好，老板会认为是你的功劳，如果做得不好，你会说是我帮你做的，怎么可以做这种损人利己的事呢？其三，我自己也想陪家人朋友出去玩儿。不好意思，爱莫能助。"一席话说得同事的脸红一阵，白一阵，同事极为不悦地走开了。

　　遭到小亮拒绝的同事找到小明说明用意。小明平静地听同事说完，略微思忖，便微笑着说道："我做PPT的功夫也很不到家，怕把你重要的工作误了。"原本想同事会听出这番话中委婉的拒绝之意，哪知同事摆手道："没关系，你尽力做就是了。"小明温和地对同事说道："这可不行，PPT关系到你下周在老板面前的表现呀，别人哪里有你自己了解你的工作思路呢，你亲力亲为才有可能在老板面前留下深刻印象。再说，虽然我也想帮你，可手头这份方案，老板'三封鸡毛信'，催了好几次了，如果不是在这个节骨眼上，你的事我肯定帮忙呀。"同事转念一想：PPT的呈现确实会影响到老板对自己工作表现的印象，这么看来，约会的事倒是可以缓缓。同事越发觉得小明说得很有道理，便友好地冲小明道谢，哼着小曲开始了自己的工作。

　　思考：
　　同样是拒绝，为什么被拒绝的同事对两人有不同看法？

　　为什么同样是拒绝，被拒绝的同事会有不同的心理感受？那是因为如果你的拒绝从贸然打断对方谈话开始，就显示了不尊重对方的态度。拒绝不仅需要果断坚定的意志，还需要温和的态度，否则会让与同事的沟通产生障碍。

　　你如果在拒绝同事时还强调了对方的行为不符合道德准则，使同事觉得你是在变相责备他，进而感到难堪，就为你们之后工作上的交往埋下隐患。

　　要想自己的拒绝在友好的气氛中成功，就要充分尊重同事，耐心听他说完，并用温和委婉的态度包裹坚定果断的拒绝意向。高明的做法，是从对方利益出发，让同事觉得你心中有他，让他体会到被尊重的感觉。如果拒绝同事的理由是自己的私事，效果自然不及前者。

知识链接

有礼貌地拒绝同事，你需要：

（1）拒绝要果断。

（2）拒绝要委婉。

（3）拒绝之前不要打断对方的请求。

（4）拒绝要从对方的利益出发。

三、批评同事

在案例《拒绝的不同效果》中，小亮对同事直接的批评导致了两人关系恶化，而小明委婉的说辞虽然不是批评却有效地达到了批评的效果。这体现出沟通礼仪对促进同事间和睦共处的重要作用。案例中两位主人公不同的批评方式以及带来的不同效果启示我们：同事间的批评要避免过于直接，以免让同事有被冒犯之感。可以使用较为委婉的方式，例如"我认为，或许这样会比较好……""我建议你可以……"等。

四、同事沟通中的注意事项

（一）不打探同事隐私

同事小红的外号是"包打听""喇叭花"。同事们都刻意与其保持距离，她却不明所以。同事们对小红的评价是，别人请三天假，她就要千方百计打探假条上写的什么原因；有同事独身，她也要旁敲侧击地探明别人是离异还是未婚。小陈抱怨道，小红死缠烂打地追问她的工资，待小陈告知后，其他员工纷纷要求老板涨薪，原来是小红到处嚷嚷小陈的工资比她们高，老板为此事狠狠批评了小陈。

同事们纷纷表示，小红不仅屡次触犯他人的隐私，还不负责地传播这些隐私，这不仅是没有礼仪素养的表现，还上升到了道德缺失的高度。由小红的上述教训中可以看出，在同事沟通中，有礼仪素养的同事是不会去打探他人隐私的，尤其涉及同事的收入、年纪、家庭情况、健康状况等时，都需要注意避免去刨根问底。

（二）功劳不独享

小秦喜获国家科技进步奖，在表彰大会上，她真诚地感谢同事对自己的帮助。有人不解，奖项是小秦自己获得的，为什么要感谢同事呢？小秦听后回答道："如果没有同事们在我研发期间对我其他工作的分担与协助，我也许就没有那么多时间和精力来进行研究学习，这个奖也许现在就不存在了。虽然奖状上没有同事们的名字，但是得奖的功劳是大家的。"这番话传到了领导和同事的耳朵里，大家都觉得小秦是一位具有良好个人素养的员工。小秦的礼仪意识消除了同事们的不安全感，为她赢得了大家的尊重，为她赢得了好口碑。小秦的事例告诉我们，在同事间，有了功劳不要独享，要尽量顾及为此付出努力的其他同事，这样才能体现对同事付出的尊重，展现自身良好的礼仪素养。

（三）注意沟通措辞、语气

在同事沟通中要特别注意沟通的语气，不恰当的语气可能会导致同事间的误会

和冲突，为商务活动带来麻烦。生鲜部林经理的秘书小娟受上司嘱托向熟食部的薛经理转达讯息。小娟是个不拘小节的人，她不动脑筋就将林经理的话原原本本地复述了一遍："薛经理，林经理要你下班前到生鲜部来一趟。"薛经理听后皱了皱眉，冷笑一声："要我过去一趟？林经理好大的官威呀！"这时的小娟才开始后悔，林经理的本意是请薛经理过去，自己怎么没把握好说话的语气和措辞呢！这下要挨林经理批评了……同事间沟通尽量用平静、温和的语气，恰当的措辞，这样可以充分体现同事间互相平等、尊重的礼仪思想。

（四）沟通时兼顾周围同事

小光和几位同事很聊得来，如朋友般熟络。可同在一个办公室里，小光每次都和要好的同事谈笑风生，却和其他几位同事鲜有交集。慢慢地，其他同事认为小光故意冷落她们，是想搞办公室小团体。同事间必然有亲疏之别，但在正常的商务沟通中，还是要尽量兼顾到所有参与者。

（五）不炫耀

小雅平时在工作中低调谦逊，同事间鲜有人知道，小雅其实是一名"富二代"。小雅的同事小丽则喜欢显摆自己的生活。在交谈中，小丽说得最多的就是自己用的是什么品牌的化妆品、吃了哪些山珍海味。与爱炫耀的小丽相比，同事们更喜欢安静的小雅。一次，小丽问起小雅包里是什么品牌的护肤品，小雅笑笑说自己也没有刻意研究过这些，小丽立刻以高人一等的姿态说道，自己都用国际大牌的护肤品。眼尖的同事认出小雅使用的正是某国际知名品牌的面霜，事后问小雅，为何不对小丽反唇相讥？小雅说她与同事间的沟通不是为了炫耀自己的生活方式。小雅的回答赢得了同事们的赞许。在职场沟通中，请注意不要刻意炫耀自己的生活。

（六）避免不良身体语言

小刘与同事小杨交流工作，小杨打着哈欠，边听边摆弄着自己的手机，小刘见状，生气地离开了。在职场沟通中，同事与你交流时，应避免打哈欠、挖耳朵、玩手指、刷手机等不良的身体语言，因为这些行为在向交流者传递着自己是漫不经心的和没有重视对方的信号，是失礼的。

活动与训练

同事的沟通

1. 任务回顾

小王和同事小蒋因沟通工作问题闹了不愉快，事后他反省自己在职场交谈中的欠妥之处，并且想通过学习礼仪知识减少类似的错误。

2. 任务成果展示

提交一份同事沟通礼仪要点的总结。

3. 任务结果测评

请自行按照表4-2所示的内容和顺序进行任务结果测评。

表4-2　任务结果测评

评价依据	得分区间	得分
能及时、诚恳、明确地向同事表达歉意； 能果断、委婉地拒绝同事； 以对方能接受的方式进行批评； 能意识到同事间沟通的注意事项并用于指导实践	90分以上	
能及时、诚恳、明确地向同事表达歉意； 能果断、委婉地拒绝同事； 以对方能接受的方式进行批评	75-90分	
能及时、诚恳、明确地向同事表达歉意； 能果断、委婉地拒绝同事	60-75分	
不能及时、诚恳、明确地向同事表达歉意	60分以下	

课后思考

同事冲突

陈勇性格有点固执，不仅嗓门很大，而且脾气很大、容易犯冲。同事们集合在一起讨论问题时，他只要在，就一定要大家听他的意见，并且经常一言不合就跟同事吵架。

有一回，他跟设计部门的小张就某细节问题发生冲突，陈勇一气之下大打出手，小张见不惯陈勇平常嚣张跋扈的态度，就想替同事们教训一下陈勇，因此也不甘示弱，两个人打得难舍难分，好几个人都拉不开。

没多久，他们俩打架的消息传到了老板的办公室，老板将两人劈头盖脸地痛骂一顿，第二天就将这两人劝退了。

同事之间起意见上的冲突很正常，毕竟大家都是为了工作，但是因此大打出手确实有失妥当。

身为一个专业的职场人，你要时刻明确你工作的核心目的是什么。因为自己的脾气不好，或者抱着为同事们打抱不平的心态而大打出手，是非常愚蠢的行为。

思考：

1. 请帮助陈勇认识自己的工作核心目的是什么。

2. 请解释在工作中"对事不对人"这句话的含义。

任务4.3　上下级沟通礼仪的认知

名人名言

己所不欲，勿施于人

——《论语》

我们每个人都是平等的，你只能用爱来交换爱，用信任来交换信任。

——马克思

训练目标

知识目标	1. 了解上下级沟通中的注意事项； 2. 了解上下级沟通的恰当语言与态度
能力目标	1. 能根据沟通目的，事前确定好与上级沟通的事项以及需要注意的地方； 2. 能根据下级的不同性格和工作风格，调整沟通的内容和方式
情感目标	1. 培养学习者尊重前辈、以长为先的礼仪； 2. 养成对下沟通时的平等态度

重点和难点

1. 重点：了解应该如何接受指示、拒绝不合理的指示、汇报工作、应对上司批评的注意事项。

2. 难点：掌握合理拒绝不当指示、正确汇报工作、应对上司批评等的方法。

案例 4.9

年轻员工月报 3

3 月 30 日：汇报难题

小王凭借着同事沟通礼仪知识，顺利化解了和同事小蒋的矛盾。这天，直属上司找小王谈话，指出了小王的工作汇报过于啰唆、冗长等问题。小王很不解：工作汇报还有这么多讲究吗？不就是写流水账般记录工作过程吗？现在小王的日程上又多了一项任务：学习工作汇报。

思考：

工作汇报有哪些"讲究"？

一、下达指示

案例 4.10

零不良率

小圆和小方的老板曾在日本留学，推崇日式管理中的零不良率。他每每在下达工作指示时，总要强调公司的基本要求是产品要达到零不良率。小方心想："真是站着说话不腰疼，哪家公司能保证自己每一批次的产品都是零不良率？"小圆想："这只是一种理想状态，现在却成了基本要求，老板的要求也太苛刻了。"不久，老板发现在自己下达指示时员工们都有了抵触情绪。

思考：

1. 老板追求零不良率的做法对吗？
2. 为了实现零不良率，老板需要在沟通中注意什么？

合理地下达指示需要注意指示的可实现性。与此同时，应该尽量用期望而不是要求的语气表达。案例中老板犯了指示不当的错误，这项要求明显超出员工们的能力和现实环境条件。达到这项要求是大家努力奋斗的结果，是在争取荣誉而不是达成基本标准。老板在下达指示时宜提出："期待产品达到零不良率。"以此向下级传达"对达到零不良率的赞许"，这样的指示让下级因达成目标有被上级看得起的荣誉感，有被同事认为了不起的尊重需求，更能收到理想的效果。

二、接受指示

下级在接受指示时,需要迅速高效,态度必须端正。此外,在接受指示时,精神状态良好也是尊重上级的体现。在接受指示的过程中可能会产生问题,但此时不要打断上级,应等待上级说完后集中提问。接受指示后就应迅速回到自己的岗位并着手开始执行。

案例4.11

接 受 指 示

这天下午,老板通知小圆和小方到办公室接受任务。小圆接到通知后迅速离开座位,直奔老板办公室而去。小方心想:哪用得着那么着急,我处理完手边的工作再去吧。结果等小方慢腾腾到达老板办公室时,老板已经给小圆交代完了,不得已只好又从头开始给小方说明一遍。小圆接到指示后精神饱满地回到自己的工位开始准备。在小圆忙着查资料的时候,老板正在给小方讲解指示内容,可讲了不到三句话,就被小方打断了。她眨巴着大大的眼睛,询问着不解的地方。老板刚讲了不到几处,又被小方的问题打断了。老板压着火气,心想:你就不能学学小圆,听完我的话再集中提问吗?……终于给小方解答完了指示任务,小方却闷闷不乐,心想:这下又有工作要做了,真烦,还是明天再开始吧。

案例中小方的表现使老板不得不认为小方工作作风拖沓、沟通能力有待提高。老板在和小圆的沟通中无疑是省时省力的,在和小方的沟通中却费时费力,还憋着火气。从以上对上级指示不同的应对方式和效果来看,学习者们都能领悟到应该向谁学习了吧?

思考:

1. 老板在与小方的沟通中为什么"憋着火气"?
2. 如果你是小方,你在收到老板指示后会怎么做?

三、拒绝上级

在拒绝上级的指示时要特别注意场合,同样是拒绝,顾及上级面子的换位思考方式和得体的拒绝礼仪容易让上级顺利接受意见,以便迅速修正工作指令。不尊重上级、鲁莽欠妥的拒绝方式,最终会导致自己在上级心中留下负面印象。其实上级并不介意下级拒绝工作,他也明白经过下属的反馈,自己的指示会更加准确。有些不恰当的决策是由上级一时疏忽或者不熟悉某方面的情况导致的，我们可以通过推辞，委婉地提醒他修正。

知识链接

不失礼仪地拒绝上级，你需要：
（1）注意场合，有第三者在场时不宜明言。
（2）先通过推辞或拖延进度暗示上级复查指示。
（3）委婉地提醒上级。

四、汇报工作

（一）先询问上级是否有时间听取汇报

这天午休期间，小王去向经理做工作汇报，经理正在闭目养神，对小王的不请自来似乎有些不满。小王没有多想，开始向经理汇报工作。请问，小王在汇报工作时，犯了哪些礼仪常识错误呢？老板之所以不悦是因为小王没有询问老板是否有时间听取自己的汇报，打扰了老板的午休时间。

（二）在向上级汇报工作时，要先说结果

把握先说结果的汇报原则，也就是先汇报上级最关心的信息，违反这一原则的汇报会导致上级浪费时间在听取无效信息上。

（三）汇报时注意准确性

多数职场新人对于了解工作问题的准确性和迅速性都有待提升。当上级问道问题是否解决时，如果表示自己也不清楚就会让上级在做决策时多了一项不定因素。

五、听取工作汇报

在任务导入中，我们都知道小王在工作汇报时犯了很多错误，但老板也有礼仪失范的行为。例如老板在面对小王汇报时缺乏对小王情绪上的关注，具体表现在无眼神交流、无表情，甚至连基本的点头示意都没有，对小王的回复除了反驳与质疑，也没有其他内容，这暴露了老板易情绪化的缺点。作为上级，在听取工作汇报时应该做到：
（1）关注下级情绪变化。
（2）要有回复。
（3）语气平和。
（4）不要总是反驳和质疑。

六、应对上级的批评

在面对上级不合理的批评时，下级如果心直口快，就有顶撞上级的嫌疑。此时最好不要认下不属于自己的错误，应该想办法巧妙地表达遗憾之情，并对上级的错误点到为止，显示出高超的礼仪技巧和体谅别人的风度。在这种情况下，上级多半会自我检讨。即使被上级误会挨了批评，在被批评后也要展现认真的工作态度。

案例 4.12

委婉的提醒

小圆和小方兢兢业业地执行了上司的指示，但还是由于上司的判断失误造成了损失。面对上司的批评，小方据理力争："这是任务本身的策划问题，不怪我们。""你交代得太晚了，导致时间根本不够。"老板认为小方不但不承认错误还想撇清责任。小圆心想，小方说的都是事实，但老板也许无法接受这么直白的指责。于是说道："对不起，是我们的疏忽，如果我们能提前做好准备，也不至于这么仓促……"老板似乎领会了小圆话里的意思，反而安慰小圆："时间太紧，也不能全怪你们。"

思考：
1. 小圆话里的真实意思是什么？
2. 她这样表达有什么好处？

七、上下级沟通注意事项

（1）上级就同一问题批评下级，次数不能频繁，同样的错误批评两次已经足够。
（2）明确批评的目的是让下级认识自己的错误而非对下级的惩罚手段。
（3）上下级在沟通过程中需要注意避免涉及双方隐私。

活动与训练

不成功的工作汇报

1. 任务回顾

这天午休期间，小王去向经理作工作汇报，经理正在闭目养神，对小王的不请自来似乎有些不满。小王没有多想,开始向经理汇报工作。很快,小王的汇报就被经理打断了,经理说:"你说了半天,能不能告诉我,现在问题到底解决了吗?"小王一时语塞,因为他也不了解客户究竟对方案满不满意,只好开始描述那天接客户电话的情景:"听客户的声音,我觉得他还在生气,但是我已经很努力了,顶着身体不舒服坚持工作,其间又发生了一些小插曲……""客户究竟说了什么?"经理问道。小王摸了摸后脑勺:"我只记得客户声音挺大,具体说了什么记不太清了。"经理脸上开始出现不满的神情。小王硬着头皮继续汇报。慢慢地,他发现经理似乎对自己的汇报没有情绪的变化,也没有眼神的交流,甚至连反驳和质疑的声音也没有了。小王想:"经理是在闭目养神呢?还是在听我汇报呢?我是继续汇报?还是等问题解决好了再找机会给经理说明呢?"

2. 任务成果展示

提交一份上下级沟通礼仪要点的总结。

3. 任务结果测评

请自行按照表4-3所列的内容和步骤对展示结果进行测评。

表4-3 任务结果测评

评价依据	得分区间	得分
在工作沟通中,下级对上级要做到能接受指示、合理拒绝不当指示、正确汇报工作、妥善应对上级批评等; 在工作沟通中,上级对下级要做到以正确的态度听取下级汇报工作、合理批评下级	90分以上	
在工作沟通中,下级对上级要做到能接受指示、拒绝不当指示、汇报工作、应对上级批评等; 在工作沟通中,上级对下级要做到听取下级汇报工作、批评下级	75~90分	
在工作沟通中,下级对上级能部分做到接受指示、拒绝不当指示、汇报工作、应对上级批评等; 在工作沟通中,上级对下级能部分做到听取下级汇报工作、批评下级	60~75分	
在工作沟通中,下级对上级不能做到接受指示、合理拒绝不当指示、正确汇报工作、应对上级批评等; 在工作沟通中,上级对下级不能做到以正确的态度听取下级工作汇报、批评下级	60分以下	

课后思考

如何巧妙说出上级的错误

小圆和小方经过几天的查找资料,发现老板的指示中有一处错误。如果照指示原样执行,会给公司造成损失。小圆暗想,需要找一个合适的机会向老板说明才好。无奈老板这几天事务繁忙,不是有客人造访就是有会议举行,于是小圆按兵不动,暂停了老板交代的工作,静待机会来临。但小方是个急性子,她顾不得有客人在场,拿着老板指示的记录张口便对老板说:"您的指示会给公司造成损失,我不能执行。"老板看到小方当着客人的面这样拒绝自己的安排一时语塞,也不知自己的指示是否真的有错误,便望向小圆,问道:"你觉得呢?"小圆见老板骑虎难下,又不便在第三者面前直言老板的失误,只好做出为难的样子,说:"我还要再查查资料才知道。"待客人走后,小圆找到老板也说出了心中的疑问,老板及时纠正了指示的错误之处。事后,老板嘀咕道:"小方说话也太不注意场合了,当着合作伙伴的面拒不执行我的指示,太不尊重我这个老板了。"

思考:
1. 请帮助小方认识自己的错误是什么。
2. 请解释老板为什么对两种拒绝会有不同的看法。

模块四 职业沟通礼仪

综合训练四

名人名言

敬人者，人恒敬之。

——孟子

训练目标

知识目标	1. 了解商务沟通礼仪的概念和特点； 2. 了解商务沟通礼仪的作用； 3. 掌握商务沟通礼仪的原则； 4. 掌握商务沟通的礼仪规范
能力目标	1. 能在面试过程中遵守面试沟通礼仪，减少面试沟通中的失礼行为； 2. 能在同事沟通过程中得体地进行道歉、拒绝、批评，减少在同事沟通中的失礼行为；能在上下级沟通中体现良好礼仪素养，减少因礼仪问题导致的上下级沟通不畅
情感目标	1. 通过商务沟通礼仪引导和启发学习者对道德规范的思考； 2. 促进学习者德、能全面发展，提高学习者的综合素质； 3. 帮助学习者树立正确的人生观、社会价值观，做到诚实守信、不弄虚作假； 4. 使学习者学会尊重、理解和宽容他人，提高人际交往能力，提升自信心

重点和难点

1. 重点：面试礼仪中的自我介绍礼仪；同级沟通礼仪中的拒绝礼仪；上下级沟通礼仪中的汇报工作礼仪。

2. 难点：较为全面地了解面试中自我介绍的礼仪规范；理解同级沟通怎样进行得体的批评以及礼仪规范背后的原理；掌握在上下级沟通过程中合乎礼节地拒绝上级指示的方法。

职业礼仪

案例 4.13

年轻员工月报

1月31日：求职面试

今天是求职面试的前一天，小王按照礼仪课中学到的方法练习自我介绍，对着镜子却发现了不少问题，如没有目光交流、声音偏小、语速过快，等等，小王对着镜中的自己沮丧不已……

2月28日：同事冲突

经历过几次失败的面试后，小王刻苦学习面试礼仪，终于在最后一次面试过程中表现出色，最后顺利入职成了公司一员。可是最近他烦恼不已，原因是在一次会议中，她和一起入职的小蒋因对工作方案看法不一致而针锋相对，最后不欢而散。事后，他自我反省，自己在职场沟通中存在欠妥之处，可是不愉快已经发生了，现在的小王急需一份道歉方案来挽回自己的失礼行为……

3月30日：汇报难题

小王凭借着礼仪知识，顺利化解了和同事小蒋的矛盾，这天，直属上司找小王谈话，指出了小王在汇报工作过程中过于啰唆、冗长等问题，小王很不解，汇报工作还有这么多讲究吗？不就是写流水账般记录工作过程吗？现在小王的日程上又多了一项任务，学习工作汇报。

思考：

如果你是小王，在面对求职面试、同事冲突以及向上级汇报时，应该注意哪些问题？

一、任务介绍

请根据案例4.13《年轻员工月报》完成下列问题：

（1）小王的面试在三天后，她需要做哪些准备来争取在面试开始前就给面试官留一个好的印象？请帮助小王制定一张面试前的注意事项清单，并说明列举事项的原因。

（2）小王的面试官是一位上了年纪的女性，小王按照对家乡相似女性的称谓称呼她为阿姨，面试官明显露出不悦的表情。请帮助小王认识她对面试官的称呼有什么不妥之处，并分析原因。

（3）小王在面试过程中被要求谈谈失败和自身的缺点，小王想回答自己没有失败的经历也没有缺点，她担心会错失工作机会。请帮助小王抉择，并说明选择的理由。

（4）小王面试结束后迫切地想知道自己是否被录取，尽管人力资源部的工作人员说两周以后会电话通知结果，小王还是忍不住想每天打一个电话询问，请劝导小王并说出理由。

（5）小王因态度问题和同事小蒋闹了矛盾，小王决定向小蒋道歉，小王想的是，等小蒋气消了再去向他道歉，于是小王决定等一个月之后再向小蒋道歉。请分析小王的做法可能会带来的后果，并给小王提出建议。

（6）小王接受了老板的工作指示，回到自己的座位上，想起还有一件工作需要马上处理，于是便把老板刚刚交代的工作放在一边，心想待这件急事办完再开始办老板交代的事。过了一会儿老板打电话来询问自己交代的事办得怎样了，小王如实回答，不想老板批评道："以后办事要抓紧，提高效率。"小王觉得很委屈，如果你是小王的朋友，你会怎样劝导她？请帮她提出类似情况的处理方案，并说明原理。

（7）小王发现上司写的英文函件中有单词拼写错误，她可以怎样婉转地提醒上司改正？（示例：假装请教这个单词的读音，促使老板发现拼写问题。）

（8）小王无意间撞见了老板和他太太争执的场面，她该怎样面对老板？请选出你认为恰当的选项并说明理由：

A. 把惊讶都露在脸上，促使其他同事得知此事。

B. 以最快速度镇静离开现场。

C. 在老板发现隐私曝光后小王表现得惊慌失措。

D. 可以避开老板视线。

E. 保持冷静，若无其事，尽快忘记。

二、任务成果展示

以小组的形式提交上述问题的解决方案并解释说明制定方案的原理和依据。

三、任务结果测评

任务结果测评可以按表4－4所列的步骤进行。

表4－4 任务结果测评

评价依据	得分区间	得分
对商务沟通礼仪操作规范，检测题完成度高	90分以上	
对商务沟通礼仪操作比较规范，检测题完成较好	75～90分	
对商务沟通礼仪操作基本规范，检测题完成较好	60～75分	
对商务沟通礼仪操作不规范，检测题完成差	60分以下	

四、训练提示

（1）本模块以商务沟通礼仪为立足点，引导学习者增强礼仪意识、提升人际交往素养、增强人际交往能力，也为社会培养更多的有礼有节、知规识礼的职业人。

（2）面试礼仪帮助学习者塑造良好的个人形象、形成高标准审美和品位，是对工匠精神中追求精益求精思想的反映。

思考与讨论

委婉的批评

这天，小王的直属上司看见小王迟到了，却装作没看见，只轻咳了一声。小王听见后不明所以，心想：上司是在打马虎眼吗？是不是不追究我的意思呢？可上司严肃的神情分明是要理会此事。那上司是不是想让我主动过去说明情况呢？小王很不解。小王的上司心想：不能不理会此事，放任下级迟到，但刚刚迟到的小王情绪不稳，马上加以指责，只怕收不到好的效果，如果贸然责怪，让她恼羞成怒，那不是过于鲁莽？还是允许她先把要紧的事办好，再来说明迟到的原因吧。如果小王迟迟不来，我再去主动找她。

思考：

1. 如果你是小王，你会怎样做？请说明理由。
2. 如果你是小王的上司，小王并未来主动说明情况，你该怎样委婉地批评下属？

模块五 商务礼仪

模块导读

　　商务礼仪是商务活动中的礼仪规范，商务礼仪得体与否，常常影响商务活动的成败。通过对本模块的学习能做到以下几点：一是掌握职业人员商务礼仪的素养准则及规范；掌握针对不同客人的迎接礼仪要点和流程；掌握商务谈判礼仪原则和规范。二是能对自身的商务礼仪素养进行有效的调整和规范；能根据不同对象、不同商务场合顺利完成接待工作；熟练应用商务谈判的见面礼仪、拜访和接待礼仪、宴请礼仪、馈赠礼仪和签约礼仪。三是认同良好的商务礼仪是商务人士的必备素养，具备在商务场合中知礼懂礼的素质与修养。为达到以上目标，本模块第一个任务——商务礼仪的认知，主要涉及的内容有：认识商务礼仪、提高商务礼仪素养；第二个任务——商务接待礼仪的认知，主要涉及的内容有：前台人员接待礼仪的认知、办公室接待礼仪的认知、远道而来客人的接待礼仪的认知。第三个任务——商务谈判礼仪的认知，主要涉及的内容有：谈判迎送礼仪的认知、谈判交谈礼仪的认知、会见礼仪的认知、宴请与赴宴礼仪的认知、签约礼仪的认知。

任务 5.1　商务礼仪的认知

名人名言

礼貌使有礼貌的人喜悦，也使那些受人以礼貌相待的人们喜悦。

——孟德斯鸠

在人与人的交往中，礼仪越周到越保险。

——托·卡莱尔

训练目标

知识目标	1. 掌握商务礼仪的内涵特点与作用； 2. 掌握职业人员商务礼仪的素养准则及规范
能力目标	1. 能运用正确方法，观察并判断商务礼仪事件； 2. 能对自身的商务礼仪素养进行自测和判断，并能进行有效的调整和规范
情感目标	1. 能认识到商务礼仪素养的必要性和重要性； 2. 愿意将商务礼仪有效运用于职场，提高商务礼仪素养和文明素质

重点和难点

1. 重点：掌握商务礼仪的内涵和作用。

2. 难点：能对自身的商务礼仪素养进行自测和判断，同时根据职业人员商务礼仪素养的准则及规范进行自我调整和规范。

案例 5.1

礼仪素养关系成败

莫兰是个热情而敏感的女士,在某著名的建筑公司任副总裁。有一天,她接待了来访的建筑材料公司营销主管周经理。周经理被秘书领进了莫兰的办公室,秘书对莫兰说:"莫总,这是某某公司的周经理。"莫兰离开办公桌,面带微笑,走向周经理。周经理先伸出手来,让莫兰握了握。莫兰客气地对他说:"很高兴你来为我们公司介绍这些产品。这样吧,让我先看一看这些材料,再和你联系。"周经理在几分钟内就被莫兰请出了办公室。几天内,周经理多次打电话,但秘书的回答是:"莫总不在。"到底是什么让莫兰这么反感一个只说了两句话的人呢?莫兰在一次形象课上提到这件事:"首次见面,他留给我的印象是不懂基本的商务礼仪,还没有绅士的风度。他是一个男人,位置又低于我,怎么能像王子一样伸出高贵的手来让我握呢?他伸给我的手不但看起来毫无生机,握起来更像一条死鱼,冰冷、松软、毫无热情。当我握他的手时,他的手掌也没有任何反应,握手的这几秒钟,他就留给我一个极坏的印象。他的心可能和他的手一样的冰冷。他的手没有让我感到对我的尊重,他对我们的会面也并不重视。作为一个公司的销售经理,居然不懂得基本的握手方式,他显然不是那种经过高级职业训练的人。而公司能雇用这样素质的人做销售经理,可见公司管理人员的基本素质和层次也不会太高。这样素质不高的人组成的管理阶层,怎么会严格遵守商业道德,提供优质、价格合理的建筑材料呢?

思考:

1. 这一案例说明了什么问题?

2. 你认为周经理应该怎样做才能给莫总留下比较良好的印象?

分析:在案例中,周经理不懂握手礼仪,给人留下了冷漠、松散、素质不高的印象,因而错失了合作的机会,归根到底,是对商务礼仪的不了解。

一、商务礼仪的内涵

(一)礼仪的起源和发展

"礼仪"的起源与古人的敬神活动有关。"礼"的中文繁体字写作"禮"。它左边指神明,右边上半部分的"曲"是指酿酒中的酒曲,下边的"豆"是祭祀的器具。所以"礼"的整个意思是表示祭祀神灵和祝福。远古人类祭祀、崇拜、赞颂神灵和祖先,期望多为人类赐福,少降灾难,从而形成了宗教仪式,这就是原始的礼。

随着时代的发展、知识的丰富,人们的认识水平不断提高,礼仪也被作为典章制度和道德化教育。西周时期的《周礼》是我国历史上第一部记载"礼"的书籍。人们通常认为,《周礼》和《仪礼》是周公的遗典,它们与其释文《礼记》被后世称为"三礼",是我国古代重要的礼仪学专著。

孔子是中国古代大思想家、大教育家,他首开私人讲学之风,打破贵族垄断教育的局面。他删《诗》《书》,定《礼》《乐》,赞《周易》,修《春秋》,为历史文化的整理和保存做出了重要贡献。孔子把"礼"看成治国、安邦、平定天下的基础,第一次在理论上全面而深刻地论述了礼仪规范。他编订的《仪礼》,详细记录了战国以前贵族生活的各种礼节仪式,是中国古代最早、最重要的礼仪著作。在个人的行为规范上,孔子认为,"不学礼,无以立""质胜文则野,文胜质则史。文质彬彬,然后君子"。他要求人们用道德规范约束自己的行为,要做到"非礼勿视,非礼勿听,非礼勿言,非礼勿动"。他倡导的"仁者爱人",强调人与人之间要有同理心,要互相关心,彼此尊重。总之,孔子较系统地阐述了礼及礼仪的本质与功能,把礼仪理论提高到了一个新的高度。

二 阅读链接

孔子尊师

公元前521年春,孔子得知他的学生宫敬叔奉鲁国国君之命要前往周朝京都洛阳去朝拜天子,觉得这是个向周朝守藏史老子请教"礼制"学识的好机会,于是征得鲁昭公的同意后,与宫敬叔同行。到达京都的第二天,孔子便徒步前往守藏史府去拜望老子。正在书写《道德经》的老子听说誉满天下的孔丘前来求教,赶忙放下手中刀笔,整顿衣冠出迎。孔子见大门里出来一位年逾古稀、精神矍铄的老人,料想便是老子,疾趋向前,恭恭敬敬地向老子行了弟子礼。进入大厅后,孔子再拜后才坐下来。老子问孔子为何事而来,孔子离座回答:"我学识浅薄,对古代的'礼制'一无所知,特地向老师请教。"老子见孔子这样诚恳,便详细地表达了自己的见解。

回到鲁国后,孔子的学生们请求他讲解老子的学识。孔子说:"老子博古通今,通礼乐之源,明道德之归,确实是我的好老师。"

东汉时期,许慎的《说文解字》对"礼"的解释:礼,履也,所以事神致福也。《易经》上讲,有天地然后有万物,有万物然后有男女,有男女然后有夫妇,有夫妇然后有父子，有父子然后有君臣，有君臣然后有上下，有上下然后礼仪有所错。封建社会崇尚父子有亲、君臣有义、夫妇有别、长幼有序、朋友有信，礼经历了一个从自然法则到家庭伦理到政治伦理的过程。西汉，叔孙通制定朝廷礼制、礼的仪式和礼节规范，礼进一步发展为维护封建等级制度的"三纲五常"，即"君为臣纲、父为子纲、夫为妻纲"（董仲舒）和"仁、义、礼、智、信"。宋代，封建礼教发展到了巅峰时期，作为社会正统思想的礼教开始进入家庭，家礼由此而兴。家礼对妇女要求"三从四德"——"在家从父、出嫁从夫、夫死从子""妇德、妇言、妇容、妇功"，也是开始于这个时期。明代，礼仪之风盛行，制定了祭祖、祭天、祀年等仪式议程，规范了"君臣之礼""尊卑之礼""交友之礼"等社会活动礼节，使家礼向更深层次发展。

阅读链接

亲尝汤药

汉文帝刘恒是汉高祖第四子，为薄太后所生。高后八年（公元前180年）即帝位。他以仁孝之名，闻于天下，侍奉母亲从不懈怠。母亲卧病三年，他常常目不交睫，衣不解带；母亲所服的汤药，他亲口尝过后才放心让母亲服用。他在位24年，重德治，兴礼仪，注意发展农业，使西汉社会稳定，人丁兴旺，经济得到恢复和发展，他与汉景帝的统治时期被誉为"文景之治"。

在西方，礼仪一词最早见于法语的"Etiquette"，原意为"法庭上的通行证"。但它一进入英文后，就有了礼仪的含义，意即"人际交往的通行证"。西方的文明史，同样在很大程度上表现着人类对礼仪及其演进历史的追求。人类为了维持与发展血缘亲情以外的各种人际关系，避免"格斗"或"战争"，逐步形成了各种与"格斗""战争"有关的动态礼仪。如为了表示自己手里没有武器，让对方感觉到自己没有恶意而创造了举手礼，后来演进为握手；为了表示自己的友好与尊重，愿在对方面前"丢盔卸甲"，于是创造了脱帽礼。

古希腊哲学家对礼仪也有许多精彩的论述。例如毕达哥拉斯率先提出了"美德即是一种和谐与秩序"的观点。苏格拉底认为，哲学的任务不在于谈天说地，而在于认识人的内心世界，培植人的道德观念。他不仅教导人们要待人以礼，而且在生活中身体力行，为人师表。柏拉图强调教育的重要性，指出理想的四大道德目标：智慧、勇敢、节制、公正。亚里士多德指出，德行就是公正。他说："人类由于志趣善良而有所成就，成为最优良的动物，如果不讲礼法、违背正义，他就堕落为最恶劣的动物。"教育理论家昆体良撰写了《雄辩术原理》一书，书中论及罗马帝国的教育情况，认为一个人的道德、礼仪教育应从幼儿期开始。而诗人奥维德通过诗作《爱的艺术》，告诫青年朋友不要贪杯，用餐不可狼吞虎咽。

阅读链接

女士优先原则

英国在中世纪时将救助弱者尤其是爱护女性尊为"骑士精神"。几百年来，西方的传统一直是以照顾女性和尊重女性为交际礼仪的要求。在现代各种交际场合，遵循"女士优先"的礼仪很多：走路和进出门时让女士先行；下楼时男子要走在前面保护女子，上楼时却是男子走在后面给予保护；在大街上、人行道上行走时，男子走在靠马路的一侧，以确保女子不受车辆伤害；进出门、上下电梯或汽车时，男子主动为女子开门，给予照顾并让其先行；进出门时，男子主动协助女士脱下或穿上外衣；进餐时，男子主动站到女士背后，为其推拉椅子，帮她们坐好；在会场和公共车辆上，男子主动给女子让座；照相时让女子坐在前排正中央；同乘电梯时男子必须脱帽……

"男尊女卑"的文化在中国的传统习俗中占据着不可动摇的地位，给中国人留下了极深的烙印。随着时代的发展，"女士优先"逐渐被国人接受，又扩充为"老人优先"和"孩子优先"。这都被视为社会文明进步的标志。现在，随着中西方文化的交融，也使中西方礼仪日趋融合、统一，更具国际化。

（二）礼仪和商务礼仪的内涵

1. 礼仪的内涵

礼仪是指人们在人际交往中为了互相尊重而约定俗成、共同遵守的行为规范和准则。"礼"就是尊重他人，"仪"就是尊重他人的表现形式。礼仪就是以一定形式表现出来的对他人的尊重。礼仪就是行为规范，是待人接物日常交往中的标准化做法。

阅读链接

礼貌、礼节、礼仪三者的关系

礼貌、礼节、礼仪三者之间既有联系又有区别。从本质上说，三者都意味着人们在交往中互相表示尊重、友好的行为。

礼貌是指人与人之间和谐相处的意念和行为，是在言谈举止方面对别人表示尊重与友好的体现，在一个人的待人接物中，表现为整洁的仪容仪表、大方的仪态以及得体的言谈举止。

礼节是对他人表示尊重与友好的外在行为规范，是礼貌在语言、行为、仪态等方面的具体体现。礼节的文化内涵要相对深一些，而且多用于规模较大或较为隆重的场合。文化习俗的不同使得各国礼节有所区别，中国古代的作揖，现代通用的握手，欧美国家的拥抱、亲吻都是见面礼的表示方法。没有礼节，就无所谓礼貌；有了礼貌，就必然伴有具体的礼节。

随着社会交往的扩大，人们的交往活动变得越来越频繁，越来越深入。礼节也随之变得越来越复杂，于是一些礼节逐渐变得形式化和程序化，这就是礼仪。

由此可见，礼貌是礼仪的基础，礼节是礼仪的基本组成部分，礼仪包含了礼貌和礼节。

2. 商务礼仪的内涵

商务礼仪特指商务活动中的礼仪规范和准则，是经济社会商务交往中为了相互尊重而约定俗成、共同遵守的行为规范和准则，是一般礼仪在商务活动中的运用和体现。它以商务活动中的相互尊重为行为规范来约束日常商务活动的言行举止。

商务礼仪是商务人员的社交金钥匙，是商务活动的通行证，是商务活动中对商务人员的仪容仪表和行为方式的普遍要求，与商务活动的成功与否、商务组织的经济效益有密切的关系，甚至能决定商务活动的成败。随着商业影响逐步全球化，人与人之间、公司与公司之间商业往来的日益频繁，商务礼仪越来越受到人们的重视。在现代社会，商务礼仪已经成为建立企业文化和现代企业制度的一个重要方面。

阅读链接

选 择

一天上午，有一家公司同时来了两位客户，他们分别是两家知名化妆品公司的销售人员。第一位销售人员无论是自我介绍还是递名片，都显得彬彬有礼，而且穿着打扮和言谈举止都显得很有涵养。第二位销售人员在接公司主管的名片时，只是扫了一眼，就顺手把名片放进了上衣口袋里，而且这位销售人员穿着随便，言谈举止比较粗俗。最终，这家公司和第一位销售人员签订了销售合同。这家公司的主管后来解释说："第二位销售人员缺乏礼仪修养，给人一种不可信赖的感觉，由此我对其产品和售后服务产生了怀疑。第一位销售人员则给我留下了很好的印象，我对其产品和售后服务有信心。尽管我知道，第一位销售人员的产品并不比第二位销售人员的产品质量好，但我还是最终决定选择了第一位销售人员的产品，我想，这是因为他有良好的商务礼仪素养。"

3. 商务礼仪与礼仪的关系

（1）商务礼仪与礼仪的共通性。

行为性：都是一种与人交往的行为艺术。

作用性：都能够为给自身树立良好形象起重要作用。

目的性：都是为了获得对方的尊重与信任。

（2）商务礼仪与礼仪的区别性。

规范化：商务礼仪的应用比礼仪更为规范化。

覆盖性：商务礼仪的性质及具体功能，更被现代社会的商务人士所认可。

适用性：礼仪只是一般的行为模式，而商务礼仪则是在不同的商务场合的行为方式。

（3）商务礼仪是礼仪在特定场合（即商务场合）下的一种表现方式。

二、商务礼仪的基本特征

（一）规范性

没有规矩，不成方圆。商务礼仪的规范性主要是指人们在商务交往中待人接物时必须遵守的行为规范。这种规范性本身所反映的实质是一种被广泛认同的社会价值取向和对他人的态度，它不仅约束着人们在商务场合的言行举止，更是衡量他人、判断自己是否自律、敬人的一种尺度。商务礼仪作为指导、协调商务活动中人际关系的行为方式和活动形式，涉及社会生活的各个方面，并成为社会中全体成员调节相互关系的行为规范。因此，任何人要想在商务交往中表现得合乎规范、彬彬有礼，就必须对商务礼仪无条件地加以遵守。

（二）实用性

商务礼仪规范会随着社会的发展、时代的变迁而不断发展更新。一方面，由于社会的发展使礼仪不断发展和完善；另一方面，随着国际交往的扩大，各国的政治、经济、思想、文化等因素的渗透，商务礼仪被赋予的新内容不断增加。商务礼仪的发展越来越追求实用化和简约化。如中国古代的"跪拜礼"到辛亥革命推翻帝制后即废止。正在开会的男士看到女士进来需不需要起身迎接呢？答案是并不需要起身。其原因是起身会影响工作。这在过去是不可以的，但是在现代商务会议中是可以的。再如，过去开门、拉门等规则都要基于性别和地位的差别，如今，进出门的规则更趋向实用化。女士如果走在前面，就由女士来开门，不需要后面的男士跑过来帮她开门。这说明，随着商务活动节奏的加快与交际的实用性，需要商务礼仪放弃某些

· 168 ·

基于性别、等级等传统文化形成的礼仪规范，去掉一些繁文缛节和不必要的客套而更加趋向于实用化、高效率，更利于商务交际。

（三）效益性

在充满竞争、追求效益的商务交往中，给人留下良好的第一印象是最重要的。得体的商务礼仪正是获取良好印象的关键。它可以保证交往的继续或被对方接纳，同时也能够推动双方开展进一步商务往来。相反，失礼往往会引起交往对象的不悦甚至反感，从而产生戒备心理，彼此关系疏远，不利于进一步开展商务往来。因此说，商务礼仪有助于协调交往双方的关系，树立企业的良好形象，促进双方尽快开展商务合作。

（四）趋同性

商务礼仪逐渐向着趋同化方向发展。随着经济全球化推进，国际文化交流和国际贸易在世界各地不断深入开展。商务礼仪在保持本国传统的同时，也在国际化的进程中不断地相互融合、同化。尽管世界上各个国家的礼仪规范不尽相同，但是随着世界经济一体化趋势的发展，为了沟通的方便，世界经济的发展不断使世界各国的礼仪规范有一个融合和趋同的过程。人们在商业交往中，经过不断地磨合与交流，慢慢会找到一套大家认可的、便捷的礼仪规则系统。如日本的一家公司与美国的一家公司谈判，一见面时，日本的公司行的是握手礼。以前日本的见面礼仪是鞠躬，但由于在大多数国家见面礼仪都是握手礼，所以现在日本人在涉外交往中也用握手礼了。

（五）人文性

商务礼仪的前提是不论职位高低，人们都要互相帮助、互相尊重，充分体现人与人之间的平等。另外，礼仪的恰当与否、能否愉快地进行交流与沟通都是建立在能否尊重他人的人格、性格，爱护他人的身体健康，尊重他人的文化和习俗等原则的基础之上的。真正成熟的商务人员和商务组织，要将关心人、尊重人、一切为社会为顾客着想的人文精神作为自己的经营理念，这种关心、尊重应该是发自内心的，是自身素质的体现。

三、商务礼仪的作用

（一）商务礼仪有助于塑造形象

遵守商务礼仪可以给人留下良好的第一印象。众所周知，人际交往中存在着"首因效应"，即人们在日常生活中初次接触某人、某物、某事时所产生的即刻印象，通常会在对该人、该物、该事的认知方面发挥明显的，甚至是举足轻重的作用。

对于人际交往而言，这种认知往往直接制约着交往双方的关系。美国推销学会有这样一个统计，在第一次接触时成功与否形象占55%、声音占38%、内容占7%。可见，在社会交往过程中，可能前30秒、10秒，甚至3秒就能决定你工作、交际的成败。充分认识到这一点，我们就不难理解商务礼仪对留下良好的第一印象所起的重要作用，从而在学习和工作当中更好地运用商务礼仪。

遵守商务礼仪可以充分展示商务人员良好的教养与优雅的风度。个人形象说到底是由人的长相、身材、服饰打扮、姿态、风度构成的，是一个人精神面貌和内在素质的外在表现。身材、长相是天生的，而服饰打扮、姿态、风度却是可以通过后天培养的。一个人的外在美固然能引人注目，但只有将外在美与内在美结合起来，个人的魅力才能长久不衰。商务礼仪不仅要求商务人员注重仪容仪表，更强调商务人员要培养良好的语言行为习惯，遵守社会公德及法纪法规，符合社会规范。

（二）商务礼仪有助于加强沟通

遵守商务礼仪可以更好地向交往对象表示尊敬、友好之意，赢得对方的好感。"礼仪"中"礼"字就是表示敬意、尊敬、崇敬之意，多用于对他人的尊重，体现着一个人对他人和社会的认知水平、尊重程度，是一个人的学识、修养和价值的外在表现。一个人只有在尊重他人的前提下，才会被他人尊重，人与人之间的和谐关系，也只有在这种互相尊重的过程中，才能逐步建立起来。

在商务交往中，人们由于立场不同，面对同一个问题时往往会有不同的理解和处理方法。如果不能有效地进行沟通，双方可能会产生误解与隔阂，从而影响商务活动的正常开展，影响双方交往的目标达成。商务礼仪是有效的信息传达方式，通过使用得体的行为举止、友好的表情、恰当的语言，可以起到消除差异、化解矛盾、增进理解、促进合作的作用。

（三）商务礼仪有助于赢得机会

在商务场合，一个人的职业形象、言谈举止影响着别人对他的看法，而这些看法可能会影响一个人的人际关系，甚至会影响个人的发展和提升。对于一个管理者来说，良好的礼仪可以使管理工作更有效，使自己的人际关系更加和谐，更加容易得到上级的赏识和下级的理解与支持；对于一个员工来说，则可以让自己赢得更多的学习、工作的机会，更容易与一个集体融洽地相处，使领导更赏识自己，也更容易得到升迁的机会；对于一个集体来说，有着良好的礼仪规范就意味着这个集体有着更强的凝聚力和更多的生存和发展机会，更容易做到全员公关，从而树立组织的良好形象。

四、提高商务礼仪素养

（一）商务礼仪素养的内容

1. 商务人员个性素养

个性是一个人在思想、性格、品质、意志、情感、态度等方面的特质，可以通过言语方式、行为方式和情感方式表现出来。一名成熟的、成功的商务人士应该具备这样的个性特点：大方而不轻佻、坚强而不固执、谦虚而不虚伪、活泼而不轻浮、谨慎而不拘谨、老练而不世故。同时，还要具备良好的心理素质。首先要有信心。相信自己的实力和优势，相信集体的智慧力量，相信工作会有光明的前景。其次要有耐心。在商务交往中难免会由于双方利益的冲突而形成紧张、对立、僵持、争执的场面，商务人员要具备良好的礼仪素养，闻变不惊，举止有度。最后要懂得尊重。在维护己方的尊严和利益的同时，还要尊重对方，尊重对方的利益、意见及其宗教信仰、生活习惯、文化礼节等。

2. 商务人员文化素养

人文文化是一个人修养的底蕴，专业知识则决定着一个人从事本职工作的能力。一个人的文化素养越广博深厚，其适应能力、工作能力就越强；作为商务工作者，就越能适应现代商务交际的需求。一个有理想、有抱负的商务工作者不仅要学习礼仪知识、经济学、民俗学、行为科学、地理学、心理学等知识，还应具备必要的商贸理论和经济理论，精通各国、各地区的文化习俗和礼节。

3. 商务人员职业道德素养

商务人员的职业道德是从事商务工作所要求的道德准则、道德情操与道德品质的总和。可以说，商务人员的职业道德是职场人员在商务活动中的行为规范，也是对社会应承担的责任与义务。

在中国传统道德观念中，对商务人员职业道德的约束主要是儒家传统的"义利观"。当今，商业已经成为社会经济活动的重要组成部分，其生存和发展与整个社会息息相关。因此，商家在获取经济效益的同时，还必须承担相应的社会责任。在商务活动中，从业人员应该做到：向消费者提供优质的产品和服务；重合同，守信誉；热情待客，诚信经营；在管理中尊重职工的合法权益，为职工提供安全保证等，从而在文明守法的经营活动中实现双赢。

（二）提高商务礼仪素养的途径

1. 学习科学文化知识

可以通过书籍、报刊、课堂、网络等途径学习知识，使自己博学多闻，用科学文化知识武装自己的头脑，锻炼意志和思维能力，更重要的是提高文化素养。良好的文化教养是人精神活动的基础，丰富的文化知识会在人际交往中展示出良好的礼仪礼节素养，显现出个人的魅力。

2. 学习礼仪知识

要加强礼仪知识的学习，通过全面系统地学习礼仪知识和礼仪规范，能够准确把握在不同场合、与不同交往对象应该遵循的礼仪规范和形式，不仅要掌握日常交往礼仪，更应该学习商务礼仪知识。

3. 积极参与礼仪实践

知礼、懂礼，还需熟练运用不同礼仪，做到知行合一。"纸上得来终觉浅，绝知此事要躬行"。商务人员要积极参加礼仪实践活动，有意识地训练各种礼仪动作，掌握礼仪运用的技巧，能够在不同场合娴熟自然地展示自己的礼仪行为，使各种礼仪行为成为一种习惯做法。

4. 培养良好的心理素质

商务人员所从事的工作往往具有开放性、挑战性、创造性和不确定性，这就要求商务人员具有坚强的意志力、自信心和追求卓越的心理，具有乐观、开朗、大方的性格，为人热情诚恳、善解人意、兴趣广泛、宽宏大量，既乐于接受别人，又善于被别人所接受，且具有强烈的进取心，这样的心理品质易为大多数交往对象所接受，易产生较强的社交吸引力。礼仪修养的提高并非一朝一夕就能完成，需要潜心修养、长期坚持。

知识链接

从事商务活动的黄金规则

英国学者大卫·罗宾逊概括出了从事商务活动的黄金规则。我们也可以把这些规则看作商务人员必备的礼仪修养，具体表述可用"IMPACT"来概括，即 Integrity（正直）、Manner（礼貌）、Personality（个性）、Appearance（仪表）、Consideration（善解人意）和 Tact（机智）。

1. Integrity（正直）

正直是指通过言行表现出诚实、可靠、值得信赖的品质。当个人或公司被迫或被诱惑，欲做不够诚实之事时，其正直就值得怀疑了。良好的商务举止的黄金规则就是：你的正直应是毋庸置疑的——不正直是多少谎言也掩饰不了的。

2. Manner（礼貌）

礼貌是指人的举止模式。在与他人进行商务交往时，你的风度可以向对方表明自己是否可靠，行事是否正确、公正。粗鲁、自私、散漫是不可能让双方的交往继续发展的。

3. Personality（个性）

个性是指在商务活动中表现出来的独到之处。例如，你可以对商务活动充满激情，但不能感情用事；你可以不谦虚，但不能不忠诚；你可以逗人发笑，但不能轻率轻浮；你可以才华横溢，但不能惹人厌烦。

4. Appearance（仪表）

人们常常下意识地对交往者以貌取人。由此可见，衣着整洁得体、举止落落大方，是留给商务伙伴良好印象的至关重要的因素。

5. Consideration（善解人意）

这是良好的商务举止中的又一个黄金规则。人们如果事先已预料过交谈、写信或电话联系的对方可能有的反应，就能更谨慎、更敏锐地与对方打交道。

6. Tact（机智）

面对某些挑衅，虽然要立即作出反应，但不可凭一时冲动行动，而应利用某些显而易见的优势来妥善处理。不过本条黄金规则更深刻的内涵是：有疑虑时，保持沉默。

活动与训练

了解自己的商务礼仪素养

下面的测试题可以帮助你了解自己的商务礼仪素养，每个问题只需要用"是"或"不是"来回答。

（1）你对待店里的售货员或饭店的女服务员是不是跟你对待朋友那样很有礼貌呢？

（2）你是不是很容易生气？

（3）如果有人赞美你，你会不会向他说"谢谢"呢？

（4）有人尴尬不堪时，你是不是觉得很有趣？

（5）你是不是很容易展露出笑容，甚至是在陌生人的面前？

(6) 你会不会关心别人的幸福和舒适？

(7) 在你的谈话和信中，你是不是时常提到自己？

(8) 你是不是认为礼貌对一个男子汉无足轻重？

(9) 跟别人谈话时，你是不是一直很注意对方的反应？

[参考答案]

(1) 是。一个富有修养的人，不论是对什么样身份的人，始终都应彬彬有礼。

(2) 不是。动不动就生气的人，修养不会很好。

(3) 是。善于接受他人赞美是一种做人的艺术。

(4) 不是。幸灾乐祸显出你的修养较差。

(5) 是。微笑始终是自己或其他人通往快乐的最好的入场券。

(6) 是。关心体贴别人是一个人成熟和有魅力的第一个条件。

(7) 不是。那些经常大谈自己的人很少会受到别人的欢迎。

(8) 不是。良好的风度和礼貌，是做人所必需而且应该具有的自然的反应。

(9) 是。尊重别人才能使别人尊重你。

课后思考

诚实守信才是"硬名片"

一家意大利企业在国内考察了几年后，终于还是确定了广东顺德开关有限公司作为他们在华南地区唯一的合作伙伴，并不断增资合作。公司董事长麦先生说，良好的信用是吸引外商的一个重要因素。

公司负责人麦先生说，好几次，由于客户下的订单太急，而部分进口零件未能及时到位，为了不耽误客户的正常运作，公司自己承担交通运输方面的费用，由专门的技术人员到客户所在地进行现场装配。十年前，他们较早地在业内提出了售后服务的承诺，只要客户发现产品有问题并提出后，技术人员会在24小时内到场检查维修，现在24小时的承诺已经缩短到了6小时。麦先生说，诚信不能仅靠自律，还要用法律来维护。在选择合作伙伴时，他们首要看重的也是对方的信誉度。不仅如此，他们还制定了严格的合同管理制度等，单是合同版本就换了好多次。前不久，他们公司被市工商局评为"连续十年重合同守信用企业"。

思考：

通过本案例，谈一谈你对商务礼仪的理解。

任务 5.2 商务接待礼仪的认知

名人名言

今天所做之事勿候明天，自己所做之事勿候他人。

——歌德

人无礼则不生、事无礼则不成、国家无理则不宁。

——荀子

训练目标

知识目标	1. 了解前台工作人员接待礼仪要点； 2. 掌握日常办公室接待工作的礼仪要求； 3. 掌握远道而来客人的接待礼仪要求； 4. 掌握送客礼仪的要求
能力目标	1. 熟悉接待工作的具体环节和操作方法； 2. 能根据不同对象、不同商务场合顺利完成接待工作
情感目标	1. 感知并认同良好的商务接待礼仪是商务人士的必备素养； 2. 体会礼仪细节的重要性，认识到商务接待中的细节决定商务活动的成败

重点和难点

1. 重点：掌握商务接待活动中相关的礼仪，尤其是日常办公室接待礼仪、迎接远道而来客人的礼仪、送客礼仪。

2. 难点：能根据不同对象、不同商务场合顺利完成接待工作。

案例 5.2

15分钟的改变

国内的A企业急需找到商务合作伙伴，通过多方努力，A企业终于寻觅到了自己的"意中人"——一家具有国际声望的大公司。经过长时间的讨价还价，双方商定先草签一个有关合作的协议。当时，在A企业人士看来，这可以算是大功告成了。

到了合作协议正式签字的那一天，由于种种原因，A企业代表人员阴差阳错，抵达签字地点的时间比双方预先约定的时间晚了15分钟。当他们气喘吁吁地跑进签字厅时，但见对方人员早已衣冠楚楚地排列成一行，正在恭候他们的到来。A企业人员跑进来之后，开始匆忙解释他们迟到的原因，对方代表听完后，微笑着回答："对于贵公司的迟到，我们可以理解，但是不能认同。你们的迟到让我们怀疑你们合作的诚意和后续服务的质量，所以非常抱歉，我公司可能无法跟贵公司成为合作伙伴了。"随后便集体退出了签字厅。也就是说，A企业人员在签字仪式举行时的迟到导致了双方的合作还未开始就已经结束。

思考：
1. 你认为迟到15分钟就终止了合作，是不是有点小题大做？
2. 就这一案例说一说商务礼仪的重要性。

分析：
为了在商务活动中，达到双方都希望的最佳效果，商务礼仪至关重要。商务礼仪具有效益性的特点，尽快获得对方良好的第一印象是最重要的。在案例中，A公司在举行签字仪式时，迟到了15分钟，这种不守时的行为是商务活动中的大忌，给了对方非常差的印象，以致对方产生了戒备心理、不信任感，不愿意继续合作了。

接待是商务活动中最常见的礼仪活动，接待礼仪是否周到、规范会给客人留下各种不同的印象——对公司的印象、对部门工作的印象、对公司员工素质的印象。而这些印象的好坏，直接关系到公司事业能否顺利开展，能否取得成功。

一、前台人员接待礼仪的认知

很多公司在入口处设有前台，由前台的工作人员专门负责接待来访的客人。可以说，前台是公司的"门面"，前台的工作质量对公司形象起着至关重要的作用。因此，前台工作人员应当注意以下礼仪要点，并将这些要点作为行为准则去认真遵守。

（1）衣着端庄得体。如果公司有制服，则一定要穿公司的制服。如果没有统一的制服，那么男士应当穿西服套装，女士通常要穿西服套裙，西裤次之。即使公司员工普遍不穿正装，前台接待也应当着正装，以表示对访客的尊重，并且给对方留下管理有序的职业化印象。

（2）发型应整齐、清洁、保守，女士应当化淡妆。绝对不可以在工作场所整理头发或补妆。

（3）不宜过多佩戴珠宝首饰，所戴饰品应避免叮当作响、夸张招摇。

（4）站姿、坐姿要端正。不可摇摆身体，不可倚傍墙、柜而立或蹲在地上，不可歪头歪身做怪动作、挖鼻孔、抠耳朵。

（5）不能在座位上吃东西、嚼口香糖或喝饮料。

（6）手与指甲必须随时保持整洁。绝对不能在工作岗位上修剪指甲。

（7）有客人来访时要立刻站起来，脸部和上身的正面要正对对方，保持目光交流并真诚微笑，同时问问："您好！请问您找哪一位？"然后以电话告知有客来访，打电话的时候声音要愉悦。无论是接待高级管理人员，还是一般职员或是员工家属及亲戚朋友，接待的态度都应该彬彬有礼，不能因访客阶层、身份的不同而有所差别。

（8）如果前台工作人员正在打电话，而此时有客人正朝前台走来，那么工作人员应当立即告知通话对方"对不起，有客人来访，我过会儿再给您打过去"。将电话挂断后，站起来微笑，正面面对访客开始接待工作。如果这个电话非常重要，必须先说完，那么应当先暂停通话并微笑着对访客说"对不起，请您稍等"，然后尽快结束通话开始接待工作。打电话的过程中也不应背对来客，否则会给访客留下拒人于千里之外的印象。

（9）回答访客的问题咨询，要面带微笑，声音愉悦，注意礼貌。答案确定的问题，仔细回答，让客人充分了解相关情况。答案不确定或不知道的，要多多"请示"，尽量不要自作主张地回答，以免引起歧义或者言语上的误会。

（10）如有未预约的客人登门拜访，先了解对方的姓名、单位、来访目的等基本资料后，再去请示对方求见之人，由当事人自己决定见还是不见，不要擅作主张让其"见"或"不见"。

二、知识链接

文明接待三要素

第一个要素——接待三声

（1）来有迎声。就是接待有礼，完美迎客。要主动打招呼，见到客人主动微笑致意问好。不认识不理睬,装作没看见,视之无物,对个人来说,礼貌有欠缺;对单位来说,形象大受损。

(2) 问有答声。对客人的问题有问必答,不厌其烦。客人有问题要回答,也不要没话找话,说话要有预案,就是要事先想好遇到不同情况怎么办。

(3) 去有送声。善始善终,当客人告辞的时候要道别,说"再见""欢迎再来",诸如此类。

第二个要素——文明五句

(1) 第一句问候语"您好"。养成习惯,张嘴先说"您好",不管对自己人还是外人,要先说声"您好"。

(2) 第二句请求语"请"字。需要别人帮助、理解、支持、配合时,要先说个"请"字。

(3) 第三句感谢语"谢谢"。别人帮助你、理解你、支持你之后,你要说声"谢谢"。

(4) 第四句抱歉语"对不起"。怠慢了别人,为别人平添了麻烦,要说声"抱歉"或者"对不起"。

(5) 第五句道别语"再见"。别人要走了,你要说一句道别语"再见"来表示欢送。

第三个要素——热情"三到"

(1) "眼到"。与人交往要注视对方,基本要求是眼看眼,不然的话,你的礼貌别人是感觉不到的,注视别人要友善。

(2) "口到"。一是讲普通话,这是我们交往的通用语言,方便沟通,方便交际;二是要及时问候、打招呼,对别人的问题要回答周到、礼貌周全。

(3) "意到",就是要有表情,把友善、热情表现出来,不能没有表情、冷若冰霜;表情要放松、自然,做到不卑不亢、落落大方。

二、办公室接待礼仪的认知

(一) 接待环境布置

商务接待室是一个对外形象部门,经常要接待各类来宾访客,其环境不一定要布置得非常奢华,可以以简洁、淡雅、大方的风格为主。室内应该干净、明亮、整齐、美观,让客人一走进来就感到这里的工作井井有条、充满活力。室内色彩要力求做到既不单调,又不复杂错乱,一般以宁静悦目的中性浅色为基调,给人以舒适感。办公桌椅、书柜等要摆放合理,要专门腾出一处比较安静的地方,安排好座位,以便客人就座。玻璃、桌椅都要擦干净,室内可以装饰一些绿色植物和鲜花。可以在室内或走廊铺放地毯,以减弱走动的声音。要注意将室内用品摆放整齐,暂时不用的物品要有序地将之"藏起",并保证随时需要时可以找到。此外,一定要保证待客物品配备齐全,准备好茶具、茶叶、饮料、咖啡、烟灰缸、纸巾、便笺纸及笔等常用的物品。

另外,控制室内的湿度和温度也十分重要。就温度而言,人们感觉最为舒适的温度是22.5℃左右,高于这个温度10℃,人们会感觉燥热;低于这个温度10℃,人们会感觉寒冷。所以在条件具备的情况下,接待环境的最佳温度为22.5℃左右。就湿度而言,人们感觉最适宜的湿度是相对湿度为50%,如果相对湿度高于90%,则会让人感到潮湿、闷热;如果相对湿度低于10%,则会使人感到干燥。所以接待环境的相对湿度要控制在50%左右,可以通过绿色植物和加湿器来调节湿度。

(二)办公室接待礼仪要点

1. 接待来访客人

(1)预约的客人来到后,应马上放下手头的工作,起身相迎,向客人问好,请教对方身份以便通报,并亲切地引导会面。

(2)若预约的宾客早到,应先请宾客到接待室休息,请示上司可否提前会面。若上司无法提前与客人见面或有事耽搁,接待人员应热情周到地招呼客人。

(3)若预约的宾客迟到,也不可表现埋怨指责的态度,而应亲切地表示问候及关心,也可适时为对方找个借口表示体贴与谅解之意。

(4)未事先预约的宾客来到后,先请对方稍候,然后通报上司办公室。如果上司不方便接待或者不在,可向客人要张名片并表示上司回来时会"告知"他的"来访"。

2. 奉茶

(1)客人来访时,先请客人入座,接着应马上奉茶,奉茶前一定要事先请教客人的喜好。

(2)杯中的茶水不要太满,以八分满为宜,水温也不宜太烫。

(3)茶颜色要均匀,配合茶盘端出。左手捧着茶盘底部,右手扶着茶盘的外缘。

(4)上茶时应向在座的人说声"对不起",再以右手端茶,从客人右方奉上,面带微笑,并说"这是您的茶"。

(5)奉茶时应依职位的高低顺序,先奉给客人;再根据职位高低奉给本公司接待同事。

(6)注意不同的饮茶习惯。茶有很多种类,不同地区的人,喝茶有不同的讲究。北京人、四川人爱喝花茶;江浙人爱喝绿茶;广东、福建人喜欢喝乌龙茶。欧美客人一般喜欢喝咖啡和冰水。

3. 引领来访者

在与上司核实了与客人会面时间后,就需要引导来访者到会面的地点,其间,引领的礼仪就特别关键,具体包括:

(1) 引领客人行进。

接待员应该走在客人的外侧,把内侧,也就是靠墙的位置留给客人,并与之保持大概1米的距离。在行进过程中,接待人员要稍微倾向客人一侧,观察并配合客人步伐;到转弯处时伸出外侧手臂为客人指示方向,边走边向客人发出言语提示"请您注意脚下""请您走这边""这是我们的会议室,这是我们的休息室"等。

(2) 引领客人上下楼梯。

引领客人走到上楼梯处时,应向客人发出提示,请客人先走,自己跟随在后面;而下楼梯时,自己先下请客人走在后面,体现出以客人为尊的态度。

(3) 引领客人乘坐电梯。

接待人员在上、下电梯时都应主动按下按钮以保证电梯门不会夹到客人。在进电梯时,主动按下开门按钮,待所有客人进入电梯后再按下关门键;在出电梯时,按下开门键,并等客人全部走出电梯后,自己再走出电梯。总之,陪同客人乘坐电梯,出入电梯的次序是:先进后出。

(4) 引领客人进入会客厅。

当引领客人到达会客室时,接待人员应在进门前先敲门,征得同意后方可示意客人进门。此处需注意的是,接待人员应用手替客人把持住房门再请客人进入。保持自己与门同进同出,即"门朝内开己先入,门朝外开客先入"。当到达座位处后,要用手势引导客人就座。

三、远道而来客人的接待礼仪的认知

《论语》里面讲:"有朋自远方来,不亦乐乎?"广交朋友、热情好客是中华民族的美德。对于现代企业来讲,也会经常接待远道而来的宾客,在迎宾的过程中,要从以下几个方面掌握迎宾的礼仪。

(一) 迎宾人员

(1) 迎宾人员一般包括:机场、车站的迎送人员;参与会见、磋商与谈判的人员;住宿、餐饮、交通等事务的处理人员;参观、游览、娱乐的陪同人员等。

(2) 迎宾人员应选派工作热情高、善于与人沟通、熟知本企业的基本情况并了解与对方企业的业务情况的人员。在选择好人员后,应及时布置好每项具体的接待工作。

(3) 需要注意的是,所有的接待人员应当注重个人仪容仪表的整洁与端庄。必

要时可以穿着统一的制服。目光神情要表现出友善之意，始终保持微笑，言语平和而热情。

(二) 迎宾规格

在迎接来宾之前应确定并制定好接待规格。企业或者公司主要领导或负责人要根据来访客人的情况制定不同的接待规格。一般情况下，主陪和主宾的级别应该相当，但是也有特殊情况：一种是主陪级别高于主宾级别，接待方通过这种方式来表达对来访客人的高度重视；另一种是主陪级别低于主宾级别，一般在上级领导或总公司负责人视察下级或分公司的工作时，接待方的级别显然要低于来宾的级别，对于这种情况，要更加充分地做好准备工作。

(三) 迎宾时间和日程

到机场、车站去迎接客人，应该提前15分钟到达，绝不能迟到让客人久等。若迎接来迟，会让客人感到失望和焦虑，还会因为等待产生不快，事后很难消除这种失职和不守信誉造成的不良印象。

比较正式的接待一般要拟订活动日程表。日程表要详细具体，其中主要包括：活动的时间段、地点、人员；宴请的饭店、人员；住宿的地点、房间标准等。具体事宜也可与对方联络人员提前协商，作为东道主，要尽量满足对方的合理要求，尽到主方的义务。最好适当地加入一些娱乐活动，这样有利于在放松的情况下增进彼此之间的感情，更好地沟通交流。

(四) 迎宾标识

如果迎接人员与客人素未谋面，可以事先了解客人的外貌特征。此外，前往迎接之前，应当先准备接站牌。牌子要正规、整洁，字迹要大而清楚，写上"××先生，欢迎您！""热烈欢迎××女士"之类的字样，尽量不要用白纸写黑字。在迎接时，由接待人员拿着，使客人容易在人群中找到接自己的人。如果迎接大批客人，还可以使用横幅。

(五) 问候与介绍

接到客人后，要先与之略作寒暄，比如说"一路辛苦了""欢迎您来到我们这个美丽的城市"之类的话。然后要向客人介绍自己的姓名和职务，并交换名片。客人知道你的姓名后，如一时还不知如何称呼你，你可以主动表示"就叫我小X好了"。其他接待人员也要一一向客人作自我介绍，有时可由领导介绍，但更多的时候是由秘书承担这一职责。在作介绍时，态度要热情，要端庄有礼，要正视对方并略带微笑，可以先说"请允许我介绍一下"，然后按职务高低将本单位的人员依次介绍给来宾。对于远道而来、旅途劳顿的来宾，一般不宜多谈。

（六）握手

握手是见面时最常见的礼节，双方相互介绍之后应握手致意。握手时，要注视对方，微笑致意，并使用"欢迎您"等礼貌用语。迎接来宾时，迎宾人员一定要主动与对方握手。

（七）照顾行李

接到来宾后，应主动为来宾拎拿行李，但对来宾手上的外套、手提包或是密码箱等则不必"代劳"。客人如有托运的物件，应主动代为办理领取手续。

（八）乘车陪同

（1）乘车时，陪同人员要先打开车门，请客人上车，并以手背贴近车门上框，提醒客人避免磕碰，待客人坐稳后，再关门开车。

（2）按照习惯，乘车时客人和主陪应坐在司机后第一排位置上，客人在右，主陪在左，陪同人员坐在司机身旁。车停后陪同人员要先下车打开车门，再请客人下车。

（3）如果接待两位贵宾，主人或接待人员应先拉开后排右边的车门，让尊者先上，再迅速地从车的尾部绕到车的另一侧打开左边的车门，让另一位客人从左边上车。只开一侧车门让两人先后进去的做法是失礼的。

（4）如为了让宾客顺路看清本地的一些名胜风景，也可以在说明原因后，请客人坐在左侧，但同时应向客人表示歉意。需要强调的是，即使是为了让客人欣赏风景，也不要让客人坐司机旁的位置，尤其是接待外国客人时更应注意这一点，否则会弄巧成拙、事与愿违。

（5）办公室的工作人员在陪同领导及客人乘车时要注意：

①让领导和客人先上车，自己后上车。

②要主动打开车门，并以手示意，待领导和客人坐稳后再关门，一般车的右门为上、为先、为尊，所以应先开右门，关门时切忌用力过猛。

③乘车的座位很讲究，我国一般是右为上、左为下。客人坐右边，陪同客人时，要坐在客人的左边。

（九）入住酒店

（1）将来宾送至宾馆，要主动代为办理登记手续，并将其送入房间。进入客人房间后，应提醒客人餐厅何时营业、有何娱乐设施、有无洗衣服务等以便客人心中有数。

（2）客人一到当地，最关心的就是日程安排，所以应事先制订活动计划。客人到宾馆后，应马上将日程表送上，以便客人据此安排私人活动。根据活动安排，客人将与哪些人会面与会谈，也应向客人作简略介绍。

（3）为了帮助客人尽快熟悉访问地的情况，还可以准备一些有关这方面的出版物给客人阅读，如本地报纸、杂志、旅游指南等。

（4）考虑到客人旅途劳累，主人不宜久留，应让客人早些休息，分手前要说好下一次见面的时间和地点，并留下自己的地址和电话号码，以便客人有事时联系。

知识链接

三阶段行礼

注意迎接客户要注意正确使用三阶段行礼。

我们国内通行的三阶段行礼包括15°、30°、45°的鞠躬行礼。

（1）15°的鞠躬行礼是指打招呼，表示轻微寒暄。

（2）30°的鞠躬行礼是敬礼，表示一般寒暄。

（3）45°的鞠躬行礼是最高规格的敬礼，表达深切的敬意。

在行礼过程中，不要低头，要弯下腰，并注视对方眼睛；要尽量举止自然、令人舒适；切忌用下巴跟人问好。

四、送客礼仪的认知

送客是接待工作的最后一个环节，也是留给客人良好的最后印象的一项重要工作。不管前面的接待工作做得多么周到、仔细，如果在最后的送别让客人受到冷落，整个接待工作就显得虎头蛇尾，效果就会大打折扣。做好送别工作，关键在于一个"情"字。具体而言，送别时，应该注意以下礼仪。

（一）亲切道别

在接待活动中，宾主双方由谁提出道别是有讲究的。按照常规，道别应当由客人先提出来，假如主人首先与来客道别，难免会给人以厌客、逐客的感觉。当来宾提出告辞时，可以亲切挽留。若来宾执意离去，主人应该在客人起身后才可起身相送。

与客人道别时，要使用一些礼貌用语表达对对方的惜别之情，最常用的有"再见""您走好""有空多联系""多多保重"等。

（二）热情相送

（1）前台工作人员送客时，要端正站立，面带微笑，向客人点头致意，并说"再见"。

（2）办公室人员送客时，如果对方是常客，需起身，将客人送至门口即可。如果对方是初次来访的贵客，需陪客人走得更远些。若将客人送至电梯口，要点头致意，说"再见"，目送客人至电梯门关上为止；若将客人送至大门口和汽车旁，则应帮客人打开车门，引导客人上车，向客人挥手道别，目送客人离去。

（3）送远道而来的客人时：

一是协助客人办好返程手续。按客人意愿和离去日期，提早帮助客人预定返程车、船票或机票；若无力解决，应尽早通知客人，免得使人措手不及。

二是送行。客人离去，一定要送行。送行的时间，可以在客人返程的当天，也可在前一天，视具体情况而定。在客人返程的当天送行，最好是由原接待人员将客人送至车站或机场。若原接待人员有事情不能前往送行，则要安排其他人员送行。同时，要向客人做好解释，表示歉意，并让新的送行人员确认客人的离开时间、送行地点等细节问题，以免出现误会和差错。

三是送行人员要待车、船、飞机起动，客人身影离开自己视线后再离去。如果有事不能等候时间太长，应向客人说明原因，并表示歉意。如果在客人返程前一天送行，应到客人住地拜访。

（三）短暂话别

话别时，可以对双方的合作表示满意，对今后双方往来寄予希望，并欢迎再次光临。同时，还可赠予对方一些具有公司特色和地方特色的纪念品或是小礼物，比如：印有公司景观、展现公司文化的书签、日历等。要注意话别时间不宜过长。

案例 5.3

大师送客的礼节

鲁迅先生住在北京时，每天晚上都会有客人来访。鲁迅先生总是热情款待，亲自为客人倒茶，拿花茶和糖果给客人吃。当客人告辞的时候，他总是要端起灯来，将客人送出门外，客人作别离去，他并不立即回屋，而是一直那么端着灯站着，直到客人走远看不到了才关上门回屋。作家王志秋曾在《怀想鲁迅先生》一文中这样写道："深夜，他端着灯送出门外，我们走了老远，还看到地下的灯光，回头一看，灯光下他的影子好看得很，像是个海洋中孤岛上的灯塔，倔强地耸立在这漆黑的天宇中。"尊重，有时候是说出来的，有时候是做出来的。体现在细节中的尊重，是一种更加令人感动的尊重。

思考：

鲁迅先生的送客礼节对你有什么启示？

课后思考

令人不悦的见面

小李今年大学刚毕业,在四海药业公司总经理办公室做秘书工作。一天,公司孙总经理派他到机场去接广州五湖集团公司销售部的吴立晶经理。小李准时来到机场,在出口处吴经理见到小李手中的字牌,走到小李面前说:"你好!你是小李吧,我是吴立晶!"小李连忙用不太标准的普通话说:"是的,是的,我是小李!您好!您就是广州过来的狐狸精(吴立晶)吧?我是孙总派来接您的。我是东北亚大学行政管理专业毕业的研究生,现在是孙总的秘书。"一边说一边准备与吴经理握手。

思考:
1. 从礼仪方面看,小李的不妥之处在哪里?
2. 本案例对你有哪些启示?

任务5.3 商务谈判礼仪的认知

名人名言

礼貌周全不花钱,却比什么都值钱。

——塞万提斯

礼仪是在他的一切别种美德之上加上一层藻饰,使它们对他具有效用,去为他获得一切和他接近的人的尊重与好感。

——洛克

训练目标

知识目标	1. 了解商务谈判礼仪的概念和特点; 2. 了解商务谈判礼仪的作用; 3. 掌握商务谈判礼仪的原则; 4. 掌握商务谈判流程的礼仪规范
能力目标	1. 熟练应用商务谈判的见面礼仪、拜访和接待礼仪、宴请礼仪、馈赠礼仪和签约礼仪; 2. 商务谈判中能够做到尊重对方和掌握日常必备谈判礼仪
情感目标	大方、得体,熟练运用商务谈判礼仪,培养知礼懂礼的素质与修养,树立国际谈判信心、建立国际化视野,为日后进行商务谈判工作奠定良好的素质基础和能力基础

重点和难点

1. 重点:掌握商务谈判活动中相关的礼仪,尤其是接待礼仪、洽谈礼仪和服饰仪表礼仪。

2. 难点:针对不同国家的文化差异,有礼有节地开展国际商务谈判活动。

模块五 商务礼仪

案例 5.4

值得尊敬的谈判对手

中美双方曾经举行过一次重要的商务谈判,谈判在中国北京进行。谈判当天,中方代表早早来到谈判场所,做好了充分的准备。可是,美方谈判代表久久未出现,已经过了谈判约定时间。中方代表与美方取得了联系,得知美方代表因为不熟悉中国的路线,走错路了。中方在电话中,再次详细告知了美方路线及交通要点,并对美方谈判代表说,注意路途安全,他们将在事先约定的谈判地点等待。

过了大约半小时,美方代表到达了谈判地点。一到会场,美方就不停地抱怨交通如何困难、路途如何不便。中方代表面带微笑,耐心地听完美方的抱怨,不紧不慢地说道:"尊敬的谈判代表,我们国家交通发展非常快,我们如果不事先设计、规划路线,偶尔都会在路上耽误时间。所以一般情况下,我们通常会在前一天查好路线,设计好导航,避免出现第二天出行的困扰。"美方代表听到这儿,不好意思地停止了抱怨,向中方代表投出了尊敬的目光。

接着,在中方的安排下,谈判正常开始了,双方很快进入谈判状态。

思考:
1. 美方代表为什么对中方代表产生了尊敬之感?
2. 这一案例对你有什么启发?

商务谈判最主要的工作就是与人打交道,怎样让谈判对手"舒服",是获取谈判成功非常重要的条件,而使对方舒服,一个最基本的原则就是遵守礼节。商务谈判人员越"懂理",谈判的效果就会越好。

商务谈判礼仪是指在参与经济交往活动中的各方人士,为了寻求和达到自身经济利益的目标,就各种提议和承诺洽谈、协商时,应遵守的礼节及礼仪规范。

商务谈判涉及领域十分广泛,在政治、经济、军事、外交领域乃至在人们的日常生活中都广泛存在。商务谈判是一门艺术,也是一门学问。成功的谈判是商务活动顺利开展的前提。因此,商务谈判人员务必掌握商务谈判的礼仪知识。商务谈判的原则如下:

(1)平等互利。协调双方利益,提出互利性的选择。一个优秀的谈判者会千方百计地寻找既使自己满意也使对方满意的解决方案。

(2)诚实守信。诚信创造信任,诚信是谈判双方交往的感情基础。在商务谈判中,谈判人员一旦作出承诺或达成协议,就必须严格履行。谈判人员既要言而有信,又必须掌握分寸。该明言则明言,该坚持则坚持,该回避则回避,只有这样才能真

187

正赢得信任。

（3）求同存异。在商务活动中，谈判双方既存在一定的共同利益，也存在商业利益上的矛盾冲突。这就要求谈判者寻求双方之同处，对与自己一方不同之处采取适当让步，暂时搁置一边，今后再寻求解决方法，以保证双方当前的基本要求得到实现。

（4）遵守法律。市场经济是法律经济，任何与国家法律、政策有抵触的商务谈判，即使出于谈判双方自愿并且协商一致，也是无效的，是不被允许的。随着市场经济的发展，生产者和消费者之间的交易活动，将会在越来越多的领域受到法律的保护和约束。离开法律法规，任何商务谈判将寸步难行。

一、谈判迎送礼仪的认知

迎送客人是社会交往中常用的礼仪活动。热情友好的欢迎，能使客人心理需求得到满足，产生美好的第一印象；周到礼貌的欢送能给客人留下长远的美好记忆，使整个接待工作有始有终，圆满周密，取得良好的效果。

（一）迎送的准备工作

（1）确定规格。迎送的规格应根据应邀客人的身份、到来的目的、性质和时间长短等综合考虑决定。外事迎送遵循对等的原则，主要迎送人应与来宾的身份对等。确实不能由对等人员出面时，可以安排个人代表，但职务也要相当。

（2）落实人员。隆重的接待迎送，应当建立工作小组，包括宣传布置、礼仪队伍、食宿安排、交通工具、安全保卫等。

（3）确定场地布置、迎送程序和各种物资用品的准备。

案例 5.5

得体的接待

1972年2月，美国总统尼克松访华，中美双方将要展开一场具有重大历史意义的国际谈判。为了创造融洽和谐的谈判环境和气氛，中国方面在周恩来总理的亲自领导下，对谈判过程中的各种环境都做了精心而又周密的准备和安排，甚至对宴会上要演奏的中美两国民间乐曲都进行了精心的挑选。在欢迎尼克松一行的国宴上，当军乐队熟练地演奏起由周总理亲自选定的《美丽的亚美利加》时，尼克松总统简直听呆了，他绝没有想到能在中国北京听到如此熟悉的乐曲，因为，这是他平生最喜爱的并且指定在他的就职典礼上演奏的家乡乐曲。敬酒时，他特地到乐队前表示感谢。此时，国宴达到了高潮，一种融洽而热烈的气氛感染了美国客人。一个小小的精心安排，赢得了和谐融洽的谈判气氛，这不能不说是一种高超的谈判艺术。美国总统杰弗逊曾经针对谈判环境说过这样一句意味深长的话："在不舒适的环境下，人们可能会违背本意，言不由衷。"英国政界领袖欧内斯特·贝文则说，根据他平生参加各种会谈的经验，他发现，在舒适明朗、色彩悦目的房间内举行的会谈，大多比较成功。

日本首相田中角荣20世纪70年代为恢复中日邦交正常化到达北京，他怀着等待中日间最高首脑会谈的紧张心情，在迎宾馆休息。迎宾馆内气温舒适，田中角荣的心情也十分舒畅，与陪同人员谈笑风生。他的秘书仔细看了一下房间的温度计，是"17.8℃"。这个田中角荣习惯的"17.8℃"使他心情舒畅，也为谈判的顺利进行创造了条件。

亚美利加乐曲、"17.8℃"的房间，都是人们针对特定的谈判对手，为了更好地实现谈判的目标而进行的一致式谈判策略的运用。

思考：

1. 你怎么理解得体的礼仪接待？
2. 这一案例对你有什么启发？

（二）迎接的程序

（1）迎接：所有迎宾人员应提前到车站、码头、机场迎候客人。

（2）欢迎：客人走下车、船、飞机时，主要迎接人员走上前去欢迎，握手问候，对高级贵宾要安排献花。

（3）介绍：由礼宾工作人员将主人介绍给来宾，再由主人向来宾一一介绍前来欢迎的人员。主人介绍后，由客人向主人一一介绍随同前来的其他客人。介绍后稍事寒暄。

（4）座次：随车的客人坐后排右侧，主人坐后排左侧，译员坐前排司机旁边。

（5）下榻：到达目的地后，迅速安排客人下榻，稍事停留即可告辞。

（三）注意事项

（1）欢送贵宾，应在车站、机场贵宾室安排贵宾休息。

（2）安排专人办理有关手续。

（3）所有人员要热情、周到、无微不至。

二、谈判交谈礼仪的认知

交谈是表达思想及情感的重要工具，是人际交往的主要手段。可以说，在众多

的礼仪形式中，交谈礼仪占据主要地位。所以，强化语言方面的修养，学习、掌握并运用好交谈的礼仪，是至关重要的。

（一）交谈的规范

（1）真诚坦率的原则。真诚是做人的美德，也是交谈的原则。交谈双方态度要认真、诚恳，才能有融洽的交谈环境，才能奠定交谈成功的基础。应认真对待交谈的主题，坦诚相见，直抒胸臆。真心实意的交流是自信的结果，是信任的表现，只有用自己的真情激起对方感情的共鸣，交谈才能取得满意的效果。

（2）互相尊重的原则。交谈是双方思想、感情的交流，是双向活动。要取得满意的交谈效果，就必须顾及对方的心理需求。交谈中，来自对方的尊重是任何人都希望得到的。交谈双方无论地位高低、年纪大小，在人格上都是平等的，切不可盛气凌人、自以为是。所以谈话时，要把对方作为平等的交流对象，在心理上、用词上、语调上，体现出对对方的尊重。尽量使用礼貌语，谈到自己时要谦虚，谈到对方时要尊重。恰当地运用敬语和谦语，可以显示个人的修养、风度和礼貌，有助于交谈的成功。

（二）交谈的技巧

（1）言之有物。交谈的双方都想通过交谈获得知识、拓宽视野。因此，交谈要有观点、有内容、有思想，那种空洞无物、废话连篇的交谈是不会受人欢迎的。

（2）言之有序。言之有序就是根据讲话的主题和中心设计讲话的次序，安排讲话的层次，即交谈要有逻辑性、科学性。有些人讲话没有中心，语言支离破碎，给人的感觉杂乱无章、不知所云。所以，交谈时，先讲什么、后讲什么，思路要清晰，内容要有条理，布局要合理。

（3）言之有礼。交谈时要讲究礼节礼貌。讲话者态度要谦逊，语气要友好，内容要适宜，语言要文明；听话者要认真倾听，不做其他事情。这样就会形成一个信任、亲切、友善的交谈气氛，为交谈获得成功奠定基础。

（三）交谈常用的谦敬语

谦敬语的运用十分普遍，可以说它是社交中的润滑剂，能减少人际的"摩擦"和"噪音"，可以沟通双方感情并产生亲和力，其作用是不可低估的。它可以使互不相识的人乐于相交；可以使初次见面的人很快亲近起来；在请求别人时，可使人乐于提供方便和帮助；在发生不愉快时，可以避免冲突，得到谅解；在洽谈业务时，使人乐于合作；在服务工作中，可以给人温暖亲切的感受；在批评别人时，可以使对方诚恳接受。一个有教养的人，应当掌握使用客套话的艺术，并自如地将其运用于各种场合。

交谈常用的谦敬语主要有以下几种。

1. 称呼谦敬语

称呼尊长可用老先生、老同志、老师傅、老领导、老首长、老伯、大叔、大娘等；称呼平辈可用老兄、老弟、先生、女士、小姐、贤弟、贤妹等；自谦可以用鄙人、在下、愚兄、晚生等。

2. 事物谦敬语

姓名谦敬语有贵姓、尊姓大名、尊讳、芳名（对女性）等；年龄谦敬语有高寿（对老人）、贵庚、尊庚、芳龄（对女性）等；住处谦敬语有府上、尊寓、贵府等；见解谦敬语有高见、高论等；身体谦敬语有贵体、玉体等。

3. 自谦辞

（1）称姓名——草字、敝姓等。

（2）称朋友——敝友等。

（3）称住处——寒舍、舍下、蓬荜等。

（4）称见解——愚见、拙见等。

（5）称年龄——虚度××年。

4. 祈使谦敬语

（1）请人提供方便、帮助——借光、劳驾、有劳、劳神、费心、操心等。

（2）托人办事——拜托。

（3）麻烦或打断别人——打扰。

（4）求人解答——请问。

（5）劝告别人——奉劝。

（6）请别人来——大驾光临、欢迎光临、恭候光临。

（7）请别人不要送——请留步。

（8）请别人提意见——请指教、请赐教。

（9）请别人谅解——请包涵、请海涵。

5. 欢迎谦敬语

（1）欢迎客人——欢迎光临。

（2）初次见面——久仰、久仰大名。

（3）多时未见——久违。

（4）访问——拜访、拜望、拜见、拜谒。

（5）没有亲自迎接——失迎、有失远迎。

（6）自责不周——失敬。

（7）拜别——告辞、拜辞。

（8）送别——请留步、请回、不必远送。

（9）中途辞别——失陪。

6. 其他谦敬语

（1）归还东西——奉还。

（2）赠送东西——奉送。

（3）陪伴——奉陪。

（4）祝贺——恭贺。

（5）请对方宽容——恕我、请恕。

以上谦敬语，比较固定而且常用。使用时，要感情真挚、发自内心，再辅以表情、眼神和手势以增强表现力，发挥更大的感染力。

（四）交谈时的礼貌用语

（1）问候礼貌用语：您好、早安、午安、晚安等。

（2）告别礼貌用语：再见、晚安、祝您愉快、祝您一路平安等。

（3）应答礼貌用语：应答语是在对方呼唤、感谢自己或者提出某种要求、表示歉意时用的礼貌用语，如别人呼唤自己时，可以用"请您稍候""好的，没问题"等。这些礼貌应答语中包含着一种谦虚真诚，对方听了会很愉快。

知识链接

职场交谈忌讳

1. 不能非议国家和政府。

2. 不能涉及国家秘密和行业秘密。

3. 不能在背后议论同行、领导和同事——来说是非者必是是非人。

4. 不能随意涉及交往对象的内部事务。

5. 不能谈论格调不高的内容——家长里短、小道消息、男女关系、下流故事。

6. 不涉及私人问题——关心过度是一种伤害。

（1）不问收入——收入高低与个人能力、企业经济效益有关，痛苦来自比较中，谈论这些问题容易破坏气氛。

（2）不问年龄——临近退休的人年龄不能问，白领丽人的年龄不能问。

（3）不问婚姻家庭，不问经历——英雄不问出处，关键是现在。

（4）不问健康——个人健康决定事业的发展，因此不可跟人谈健康。

三、会见礼仪的认知

社交场合的礼仪是人们在社会交往中常见的礼仪形式。现代社会，人们越来越重视各种商务活动，深知广泛参与商务活动，可以互通信息、交流思想、结交朋友、增进友谊、增长才干、强化个人形象等。为了很好地参与这些活动，营造良好的交际氛围，取得好的交际效果，很有必要学习和掌握参与这些活动的礼仪规范。

（一）会见组织者的礼仪

会见的组织者是会见的核心人物，是会见能否成功的关键。所以，会见的组织者更应当明确有关会见的礼仪。

（1）会见的组织者要事先拟好会见通知，并在会见前一周发出，以便给参加会见的人足够的准备时间。通知上务必写明会见的时间、地点、主题及参加者的范围等内容，有的会见通知上还可写明闭会时间。根据会见内容和参加者的范围，会见通知可以采用张贴的办法，也可送达、邮寄。

（2）安排好会场。根据会见内容和参加者的多少确定会场，并加以布置。

（3）写好议程，会见时间不宜太长。会见开始前应把会见议程以传单形式发送给与会者，使参加者对会见的安排做到心中有数。此外，会见结束后，应做好会场的清理工作。

（二）会见参加者的礼仪

一个会见能否取得成功，不仅要求会见组织者讲究礼仪，而且，会见的参加者也应懂得参加会见的礼仪规范。

（1）及时到会。参加会见要按时赴会，宁可提前十几分钟也不可迟到一分钟。

（2）穿着要整洁大方。这既是对别人的尊重，也是对自己的尊重，尤其是会见的主持人和发言人要穿得整洁大方。

（3）交谈举止得体。参加会见的人很多，并且身份各不相同，所以，一言一行都要做到自然得体、落落大方。不要因为人多就起哗众取宠之意，那样做会使自己显得没有涵养、有失礼貌。

四、宴请与赴宴礼仪的认知

宴会是社会交往中一种通行的较高层次的礼仪形式。不同的宴会有不同的作用，概括地说，宴会可以表示祝贺、感谢、欢迎、欢送等友好情感，通过宴会，可以协调关系、联络感情、增进友谊、有利于合作等。

（一）宴会准备的礼仪

宴会有严格的礼仪要求。宴请宾客是一种较高规格的礼遇，所以主办单位或主人一定要认真、周到地做好各种准备工作。

1. 明确对象、目的、范围、形式

（1）对象。首先要明确宴请的对象，即主宾的身份、国籍、习俗、爱好等，以便确定宴会的规格、主陪人、餐式等。

（2）目的。宴请的目的是多种多样的，可以是为表示欢迎、欢送、答谢，也可以是为表示庆贺、纪念，还可以是为某一事件、某一个人等。明确了目的，也就便于安排宴会的范围和形式。

（3）范围。宴请哪些人参加、请多少人参加都应当事先明确。主客双方的身份要对等，主宾如同夫人一起，主人一般也应以夫妇名义邀请，哪些人作陪也应认真考虑。

（4）形式。宴会形式要根据规格、对象、目的确定，可确定为正式宴会、冷餐会、酒会、茶会等形式。目前世界各国礼宾工作都在改革，逐步走向简化。

2. 选择时间、地点

主人确定宴会时间，应从主宾双方都能接受的角度来考虑，一般不选择在重大节日、假日，也不安排在双方禁忌日。选择宴会日期，要与主宾进行商定，然后再发邀请。地点的选择，也要根据规格来考虑，规格高的安排在国会大厦、人民大会堂或高级饭店。一般规格的则根据情况安排在适当的饭店。

3. 邀请

宴会一般都要用请柬正式发出邀请。这样做一方面出于礼节，另一方面也是请客人备忘。请柬内容应包括活动的主题、形式、时间、地点、主人名字。请柬要书写清晰、美观，打印要精美。请柬一般应提前两周发出，太晚了不礼貌。

4. 安排席位

宴会一般都要事先安排好桌次和座次，以便参加宴会的人都能各就各位，入席时井然有序。席位的安排也体现出对客人的尊重。

桌次地位的高低，要根据距主桌位置的远近而定。以主人桌为基准，右高、左低、近高、远低。

5. 拟订菜单和用酒

拟订菜单和用酒要考虑以下几点：

（1）规格身份、宴会范围。

（2）精致可口、赏心悦目、特色突出。

（3）尊重客人饮食习惯、禁忌。

（4）注意冷热、甜咸、色香味搭配。

（二）宴会中主人的礼仪

1. 迎宾

宴会开始前，主人应站在大厅门口迎接客人。对规格高的贵宾，还应组织相关负责人到门口列队欢迎，通称迎宾线。客人来到后，主人应主动上前握手问好。

2. 引导入席

主人请客人走在自己右侧上手位置，向休息厅或直接向宴会厅走去。休息厅内的服务人员帮助来宾脱下外套、接过帽子。客人坐下后送上饮料。主人陪主宾进入宴会厅主桌，接待人员引导其他客人入席后，宴会即可开始。

3. 致辞、祝酒

正式宴会一般都有致辞和祝酒，但时间不尽相同。我国习惯是在开宴之前讲话、祝酒、客人致答词。在致辞时，全场人员要停止一切活动，聆听讲话，并响应致辞人的祝酒，在同桌中间互相碰杯。

4. 服务顺序

服务人员侍应，要从女主宾开始，没有女宾的，从男主宾开始；接着是女主人或男主人，由此顺时针方向进行。规格高的，由两名服务员侍应，一个按顺序进行，另一个从主人右侧的第二主宾开始到男主宾前一位止。

5. 用餐

用餐时，主人应努力使宴会气氛融洽、活泼有趣，要不时地找话题进行交谈。还要注意主宾用餐时的喜好，掌握用餐的速度。

6. 用餐完毕礼仪

客人用餐完毕，吃完水果后，在客人告辞时，主人应热情送别，感谢他的光临。

（三）赴宴的礼仪

宴会中主人处于主导地位，主人要按客人的需要、习惯、兴趣安排一切，而应邀赴宴的客人的密切配合也是绝不可忽视的。

1. 应邀

接到邀请后，不论能否赴约，都应尽早做出答复。不能应邀的，要婉言谢绝。接受邀请的，不要随意变动，按时出席。确有意外不能前去的，要提前解释并深致歉意。作为主宾不能如约的，更应郑重其事，甚至登门解释、致歉。

2. 掌握到达时间

赴宴不得迟到。迟到是非常失礼的，但也不可去得过早。去早了主人未准备好，难免尴尬，也不得体。

3. 抵达

主人迎来握手，应及时向前响应，并问好、致意。

4. 赠花

按当地习惯，可送鲜花或花篮。

5. 入席

在服务人员的引导下入座。注意按自己的座位卡入座，不要坐错位置。

6. 姿态

坐姿自然端正。不要太僵硬，也不要往后倒靠在椅背上。胳膊肘不要放在餐桌上，不要托腮，眼光随势而动，不要紧盯菜盘。

7. 餐巾

当主人拿起餐巾时，自己也可以拿起餐巾，打开放在腿上。千万不要别在领口，挂在胸前。餐巾不可用来擦餐具，更不要用来擦脖子抹脸。

8. 进餐

进餐时要文明、从容。闭着嘴细嚼慢咽，不要发出声音，喝汤要轻啜，对热菜热汤不要用嘴去吹。骨头、鱼刺吐到筷子或叉子上，再放入骨盘。嘴里有食物时不要说话，剔牙时，用手遮住。就餐时，不得解开纽扣、松开领带。

9. 交谈

边吃边谈是宴会的重要形式，应当主动与同桌人交谈，特别注意同主人方面的人交谈，不要总是和自己熟悉的人谈话。话题要轻松、高雅、有趣，不要涉及对方敏感、不快的问题，不要对宴会和饭菜妄加评论。

10. 退席

用餐完毕，应起立向主人道谢告辞。

五、签约礼仪的认知

企事业单位之间经过谈判协商，就某项事情达成协议，形成一个约定性文件——合同。签订合同一般应举行签字仪式。

（一）准备工作

1. 文本

对即将签署的合同，要事先由双方定稿，并印刷、装订妥当，双方各备一份。

2. 签字人

视协议的性质确定，涉及面大的，应由主要负责人签字；涉及某一单项工作的，可由主管负责人签字。

3. 场地

选择宽敞的大厅，中间设长方形签字桌一张。桌面洁净，可铺深色台布，桌旁放两把椅子，为签字人的座位。主方在左，客方在右。

合同可事先摆在双方桌面，也可由助签人或其他工作人员携带。

（二）签字程序

1. 双方人员进入签字厅

签字人行至本人座位前站立等候。双方其他人员按身份顺序站在本方签字人之后。双方主要领导居中。助签人站在签字人靠边的一侧，来宾站在桌子前边，并留适当空间。

2. 签字开始

双方助签人拿出文本，翻开应签字的一页，指明签字的地方。签字人在本方保存的合同上签字，必要时助签人要用吸墨器吸去字迹上的水分，防止污染，然后双方助签人互相传递合同，签字人再在对方保存的文本上签字。随后签字人双方交换文本，相互握手。

3. 结束

签字后，双方相互握手庆贺，这时可以留影纪念，也可作简短讲话，然后结束。

课后思考

韩国的商务礼俗

按照韩国的商务礼俗，开展商务活动时宜穿着保守式样的西装。进行商务活动拜访前必须预先约会。韩国人和外国人打交道时，非常准时，对方宜持英文、朝鲜文对照的名片，这可在当地速印。韩国商界人士多通晓英语，老人多通晓汉语。韩国企业的决策均由最高层作出。在韩国，进主人的屋子或饭馆要脱鞋。

韩国人很重视业务交往中的接待，宴请一般在饭馆或酒吧举行，男士商务人员的夫人很少在场。韩国人的宴请招待甚为频繁，吃饭时必须所有的菜一次上齐。到韩国人家里做客，最好带一些鲜花或小礼物，要双手递给主人。主人一般不当着客人的面打开礼物。

思考：
1. 试比较一下中国和韩国商务礼俗的异同。
2. 如果你的谈判对象是韩国人，你觉得你可以提前做哪些谈判准备？

模块五

商务礼仪

综合训练五

名人名言

夫君子之行，静以修身，俭以养德，非淡泊无以明志，非宁静无以致远。

——诸葛亮

衣食以厚民生，礼义以养其心。

——许衡

训练目标

知识目标	增强对商务接待礼仪和商务谈判礼仪的认知和理解
能力目标	通过开展接待礼仪和谈判礼仪模拟演练，为职业人能顺利参与并完成商务活动奠定基础
情感目标	积极参与商务礼仪训练，逐步成为适应现代经济发展的高端商务人士

重点和难点

1. 重点：通过情景模拟训练，巩固认知和理解。

2. 难点：积极参与模拟演练并顺利完成商务活动，在商务礼仪实践中提升职业素养。

案例 5.6

周到安排获赞誉

南方某市五年前与国外的一座城市结为"友好城市"。在友好城市结成五周年之际，该市被邀请组团出国参观。为了此次出国参观能顺利进行，该市指派一位副市长专门负责组织这项参观活动。这位副市长很有经验。他首先提出参观人员名单，并对全体参观人员进行有针对性的培训，学习参观城市政治、经济、文化、习俗等方面的知识。此外，他还给全体参观者做了分工，把领队、接洽、翻译、食宿、安全等工作落实到个人，同时也把提问、记录、录音、拍照等任务分配到人。他还请礼仪专家给全体团员讲授出国参观的礼仪规范，对团员的着装、交际应酬等方面做了具体的规定。

该团出国参观结束后，外国朋友对团员在参观时的表现十分赞赏。

思考：

如果你马上要出国学习或参观，你会提前做哪些礼仪准备？

一、任务介绍

米克先生是美国某家公司总裁，他带领公司员工一行八人（其中有三名女性）乘机抵达北京，与北京某公司商量合资事宜。如果你是北京公司的总裁、此次谈判的中方负责人，你应该做哪些方面的商务接待安排？应该如何顺利完成任务？请分组演示。

二、任务成果展示

以小组的形式一起来制定方案并进行演示。

三、任务结果测评

任务结果测评可以按照表 5-1 所列的顺序进行。

表 5-1 任务结果测评

评价依据	得分区间	得分
举止、言谈得体；谈判接待准备工作全面；接待工作完成得好	90 分以上	
举止、言谈得体；谈判接待准备工作比较全面；接待工作完成得较好但还有进步空间	75~90 分	
基本能够完成谈判接待礼仪方面的训练	60~75 分	
举止、言谈不恰当，引起对方不快，甚至产生对立情绪；谈判接待工作做得不好	60 分以下	

四、训练提示

（1）我国对从事商务谈判工作人员的基本要求，遵循国际交往惯例，遵守涉外职业人的基本准则。

（2）通过学习与训练，拓展学习者的国际化视野，培养更多能在"一带一路"等国际商务活动中发挥特长的职业人。

思考与讨论

小细节失掉生意

两位商界的老总，经中间人介绍，相聚谈一笔合作的生意。这是一笔双赢的生意，而且做得好还会大赢。看到合作的美好前景，双方都有很高的积极性。A老总首先拿出友好的姿态，恭恭敬敬地递上了自己的名片；B老总单手把名片接过来，一眼没看就放在茶几上。接着他拿起茶杯喝了几口水，随手又把茶杯压在名片上。A老总看在眼里，记在心里，随口谈了几句话，起身告辞。事后，他郑重地告诉中间人，这笔生意他不做了。当中间人将这个消息告诉B老总时，他简直不敢相信自己的耳朵，一拍桌子说："不可能！哪儿有见钱不赚的人？"他立即打通A老总的电话，一定要A老总讲出个所以然来。A老总道出了实情："从你接我的名片的动作中，我看到了我们之间的差距，并且预见到了未来的合作还会有许多的不愉快，因此，还是早放弃好。"闻听此言，B老总放下电话痛惜失掉了生意，更为自己的失礼感到羞愧。

思考：

1. B老总违反了哪些谈判礼仪？
2. B老总应该怎么做？

模块六　社交礼仪

模块导读

　　社交礼仪模块主要涉及：社交礼仪的认知，酒会、宴会礼仪的认知及公共场所礼仪的认知。学完这部分内容后，能达到以下要求：一是认识到礼仪在社会交往中的重要性和必要性；二是能熟练地运用酒会、宴会相关礼仪礼节，在此类社交活动中，规范自身行为举止，表现得体大方；三是能在不同公共场所参与社交活动时，懂得相应的礼仪礼节，遵守相应的规矩。为达到以上目标，本模块设计了三个主要学习任务。第一个任务——社交礼仪的认知，主要涉及的内容有：认识社交礼仪的内涵和特性，感知社交礼仪的作用和重要性；第二个任务——酒会、宴会礼仪的认知，主要涉及的内容有：酒会礼仪的认知、宴会礼仪的认知。第三个任务——公共场所礼仪的认知，主要涉及的内容有：公共交通礼仪的认知、公共场馆礼仪的认知。

模块六 社交礼仪

任务6.1 社交礼仪的认知

名人名言

礼节的目的与作用是使顽固变温柔，使人们的气质变温和，使他（她）敬重别人，和别人合得来。

——约翰·洛克

非礼勿视，非礼勿听，非礼勿言，非礼勿动。

——孔子

训练目标

知识目标	1. 了解社交礼仪的概念； 2. 了解社交礼仪的特征与内涵； 3. 了解社交礼仪的作用
能力目标	1. 能说出和辨析出社交场合中不恰当的行为； 2. 能较好地认识到社交礼仪的重要性，及其带来的影响，从而以社交礼仪相关规范为准则，较好规范自身的社交行为
情感目标	提升对社交礼仪的认知程度，提升对社交礼仪知识学习的重视程度，提升在人际交往中的社交礼仪素养

重点和难点

1. 重点：学习社交礼仪特征与内涵、社交礼仪的作用。
2. 难点：较好地认知社交礼仪，并能以社交礼仪相关知识较好地指导自身的行为举止。

职业礼仪

案例 6.1

最好的介绍信

一位先生要雇一名勤杂工到他的办公室做事,这位先生挑中了一个男孩。"我想知道,"他的一位朋友问道,"你为何喜欢那个男孩?他既没带一封介绍信,也没任何人的推荐。""你错了。"这位先生说,"他带来了许多介绍信。他在门口蹭掉脚上的土,进门后随手关上了门,说明他做事小心仔细。当看到那位残疾老人时,他立即起身让座,表明他心地善良、体贴别人。进了办公室,他先脱去帽子,回答我提出的问题干脆果断,证明他既懂礼貌又有教养。"

"其他所有人都从我故意放在地板上的那本书上迈过,而这个男孩却俯身捡起那本书,并放在桌上。当我和他交谈时,我发现他衣着整洁,头发梳得整整齐齐,指甲修得干干净净。难道你不认为这些小细节是极好的介绍信吗?"

思考:

1. 为什么这位老板认为这个男孩已经带来了许多封极好的介绍信?
2. 你是否也被这样的"介绍信"触动了,请谈谈你的感受。

从国家和民族的角度讲,礼仪是一个国家、一个民族社会风貌、道德水准、文明程度、公民素质的重要标志。从个体的角度说,在人际交往中,社交礼仪是一个人思想觉悟、道德修养、精神面貌和文化教养的综合反映。通过一个人在社会生活和人际交往中对礼仪运用的程度,可以察知其教养的高低、文明的程度和道德的水准。可见,社交礼仪学习对成为一个道德高尚、为人处世有礼有节的高素质人具有十分重要的意义。

一、社交礼仪概念与内涵

社交礼仪可以被视为人际交往过程中的一种特殊语言。它展现的是个人所具备的基本素质水平、修养与涵养、交际能力,用于表示对他人的尊重、亲善和友好的行为规范和惯用形式。

(一)是一种道德行为规范

规范就是规矩、章法、条条框框,也就是说社交礼仪是对人的行为进行约束的条条框框,告诉你能怎么做、不能怎么做。例如,你到领导办公室,进门前要先敲门,不敲门就直接闯进去是失礼的。社交礼仪比起法律、纪律,其约束力要弱,违反社交礼仪规范,别人不能对你进行制裁,但是可让别人产生不悦和厌恶。为此,社交礼仪的约束要靠道德修养的自律。

(二) 直接目的是表示对他人的尊重

尊重是社交礼仪的本质。人都有被尊重的高级精神需要，在社会交往活动过程中，按照社交礼仪的要求去做，就会使人获得尊重的满足，从而获得愉悦，由此达到人与人之间关系的和谐。

(三) 根本目的是维护社会正常的生活秩序

如果没有社交礼仪规范，社会正常的生活秩序就会遭到破坏。在这方面，它和法律、纪律共同起作用，也正是维护社会正常的生活秩序这一目的使得现代文明世界的国家都非常重视社交礼仪规范建设。

(四) 在人际交往、社会交往活动中遵守

这是它的范围，超出这个范围，社交礼仪规范就不一定适用了，如在公共场所穿拖鞋是失礼的，而在家穿拖鞋则是正常的。

二、社交礼仪四大特征

(一) 相对的稳定性

一旦形成，并为人们所接受，就不会轻易退出历史舞台，更不会因为政局变动和经济问题而直接受到影响。相对而言，它是稳定不变的。

(二) 一定范围内的普适性

虽然不同国家、不同民族、不同文化背景的人在社交中所要遵循的规则和惯例存在一定的差异，但是由于交通、传媒的发达和国际交往的日益密切，它们其中一些最基本的原则已普适于天下。

(三) 明显的效益性

早在15世纪，西班牙女王伊莎贝拉就说过，遵循社交规则和惯例，就好比持有一封永久的推荐信，可以帮助人们更快地走向成功。大概正是因为这个缘故，它们才为越来越多的人所接受。

(四) 某种程度上的准强制性

它虽不具备法律方面的强制约束力，但是道德和舆论的力量却使绝大多数人都不敢公然与之背道而驰。做一名高尚的人、纯粹的人、有道德的人、修养好的人、

脱离了低级趣味的人、有益于人民的人，是许多人所追求的做人目标。而这一目标能否实现，在某种程度上是由人们把它和是否遵守社交规则、惯例联系在一起评估的。这就是我们所说的准强制性。

三、社交礼仪的作用

社交礼仪在人际交往中所起到的作用主要有以下三方面。

（一）善待他人

孔子说："礼者，敬人。"孟子曰："尊敬之心，礼也。"他们的高度概括，是对社交礼仪重要作用的最好阐述。我们经常说要以礼待人，其用意不是为了虚伪、矫情，存心要搞形式主义，而是为了借助礼仪规范更好地向交往对象表达敬重之意。

（二）融洽人与人之间的关系

在现实生活中，我们的一言一行、一举一动，都会受到种种标准的评判。既然每个人在本质上都有得到他人尊敬的需要，而以礼待人是为了表达我们对他人的尊敬之心，那么受到尊敬的人自然会对我们投桃报李，与我们以诚相见、将心比心。这将对双方关系的和睦、融洽大有帮助。国人所鄙视至极的"过河拆桥""无事不登三宝殿""嫌贫爱富"等行为，从社交礼仪的角度讲，都表现出对人失敬而导致人际关系不融洽、不和睦。

（三）展示良好教养，留下好的印象

每位有知识、有文化、有追求的现代人，都希望自己能够给别人留下美好而深刻的印象。那么什么样的印象才算得上美好而深刻的呢？有人说是漂亮，有人说是活泼，有人说是文雅，有人说是会来事……可是说来说去，有一个共识，那就是，有教养的人往往口碑最好。有教养的人往往都具备较好的社交礼仪素养，因他们守礼节懂规矩，他们在人际交往、为人处世上都能以礼指导和约束自身行为；在交际中能得心应手，赢得他人的尊重与信任，留下好的印象。

案例6.2

程门立雪

杨时是北宋时一位很有才华的才子。中了进士后，他放弃做官，投奔洛阳

程颢门下拜师求学。一天，大雪纷飞，天寒地冻，杨时碰到疑难问题，便冒着凛冽的寒风前往老师家求教。当他来到程颢家，发现老师正在休息，但他不忍打搅，就静静地侍立门外等候。当老师出来的时候，他的脚下已积雪一尺多深，身上飘满了雪。老师连忙让杨时进屋，为他悉心讲学，对杨时也更加看重了。杨时本身是一位颇有才华的人，但打动老师的并非他的才学，而是杨时体现出来的礼仪修养。

思考：

"程门立雪"的故事给了你怎样的启示？

四、社交礼仪的自我重要性

（一）自身的需要

在社会生活的大部分时间里，人们总是以个体形象出现在生活中，比如生活在家庭中、生活在朋友之间，并总是以自身最好的形象去生活。但是在相处时，也会出现诸多障碍，会有失礼的行为而不被大家接受或爱戴。虽然如何成为一个受欢迎的人的标准和条件是多样化的，但社交礼仪总能帮你在他人面前塑造良好的形象，这些多样化的标准其实就是人际交往中的礼仪规范。因此，我们自身需要这样的规范指导和约束我们的言谈举止，使我们成为具有高尚的情趣、优雅的气质、潇洒的风度、受大家欢迎的人。

（二）自我尊重的需要

文明的社会是一个安定、和谐的社会。人人重视礼仪，遵守社会公德，注意遵守人与人交往的基本礼貌准则，社会就会更加和谐和安定。在创造出和谐融洽的氛围，改善人际关系，促进社会发展的同时，社交礼仪也影响、改造、发展和实现了自我。

（三）赢得尊重的需要

礼仪是对他人尊重，并赢得他人尊重的一种发自内心的行为体现。尊重不仅是社交的一种需要，更是生存所必需的一种素养。礼仪源于内心对他人的尊重，这是文明社交礼仪的精髓。没有感恩的心，就说不出感谢的话，不知道感恩的人，也得不到别人的爱。因此这也是为什么尊重是社交礼仪中重要的原则之一。

案例 6.3

问　路

一天，小刘准备去西湖风景区旅游。那天天气炎热，小刘坐错了车，手机也没电了。下车后已走得筋疲力尽、口干舌燥，不知距目的地还有多远，举目四望，都找不到一个人。正当他感到非常失望时，远处走来一位老年人，他激动地张口就问："喂，老头！西湖怎么走啊，离这还有多远呀？"老年人听后愣了一下回了两个字："无理（五里①）。"小李连声谢谢也没有说扭头就走了。想着还有五里路就到了，他铆足了劲，快速向前走去。可是他走呀走，走了好几个五里，也不见西湖的踪迹。他在原地直跺脚，恼怒地骂起了那位老年人，想不明白和那位老年人无冤无仇，为什么要坑自己。

思考：
1. 老年人为什么没直接告诉年轻人到西湖的距离？
2. 这则案例说明了什么问题？

活动与训练

感知社交礼仪之美

1. 任务介绍

感知和发现身边的社交礼仪之美。

2. 任务要求

请结合对社交礼仪的内涵、特征、作用及重要性等知识的学习，寻找你身边的社交礼仪之美。对相关案例进行收集、分析和整理，制作成PPT与大家分享。

3. 任务成果展示

以小组为单位进行展示。

4. 任务结果测评

请自行按表6-1所列的内容和步骤对任务完成情况进行测评。

表6-1　任务结果测评

评价依据	得分区间	得分
案例具有很好的代表性，能很好地运用社交礼仪的相关知识对案例很好地进行深入细致的分析与阐述，很好地达到了对社交礼仪认知的学习效果，小组配合默契	90分以上	

---

① 1里 = 500米。

续表

评价依据	得分区间	得分
案例具有较好的代表性，能运用社交礼仪的相关知识对案例较好地进行了分析与阐述，较好地达到了对社交礼仪认知的学习效果，小组配合较为默契	75～90分	
案例有一定的代表性，基本能运用社交礼仪的相关知识对案例进行了较基本的分析与阐述，基本达到了对社交礼仪认知的学习效果，小组配合较为默契	60～75分	
案例不具有说服力，基本不能运用社交礼仪的相关知识对案例进行分析与阐述，没能达到对社交礼仪认知的学习效果，小组配合有待进一步提高	60分以下	

课后思考

择贾大山为友

贾大山生前曾任河北省作家协会副主席，正定县文化局局长，他长期工作在基层，扎根在农村，他的作品大多立足社会底层，关注普通百姓的生活冷暖，表现他们的所思所想、所爱、所盼，同时他本人还有着敏锐的洞察力。他爱讲故事，爱说大白话，总是在取得的生活经验中、在幽默机智的语言中不断追问生活的本质，探索故事背后的哲理。他所创作的系列作品在全国产生了广泛而深远的影响。贾大山去世后，习近平同志曾撰文深切悼念。

习近平多次谈到在河北正定工作期间与贾大山交往的经历，对他的人格和作品都给予了高度评价。贾大山一生渴望不多，他留给文坛、留给读者的不仅是独具价值的小说，还有他那令人钦佩的品性：善意、自尊、谨慎、正直。

《花市》这部作品，情节简单却体现了贾大山的特点。老农民从来不买花，现在来买花，而且是15元一盆。还有人要给领导去送花，想用更高的价买走。最后小姑娘10元卖给了老农民。卖花这件小事却从多个角度折射出耐人寻味的道理，农村物质生活富裕了，人们对文化生活的追求也提高了。卖花的小姑娘虽然做的是生意，但是有为人的准则，什么是利、什么是义，她心里很清楚。

（摘自：《燕赵都市报》）

思考：

1. 为什么贾大山如此受人敬重？

2. 根据上述材料，请结合你对社交礼仪的认知，谈谈在你心中什么样的人是值得敬重和做朋友的？

任务6.2　酒会、宴会礼仪的认知

名人名言

好的行为是一个人在社交场合中所能穿着的最佳服饰。

——苏格拉底

在美的方面，相貌之美，高于色泽之美，而秀雅合适的动作之美，又高于相貌之美。

——培根

训练目标

知识目标	1. 了解酒水文化、饮酒文化基础知识； 2. 掌握酒水用具和中西餐具使用知识； 3. 掌握在中餐宴会与西餐宴会中的餐桌礼仪知识与规范
能力目标	1. 熟练掌握与运用倒茶、奉茶和敬茶的相关礼仪知识； 2. 在酒会和宴会中正确使用酒水用具； 3. 在中西餐宴会中正确使用餐具和践行餐桌礼仪规范
情感目标	1. 通过规范的训练，提升学习者在参加酒会与宴会的社交活动中的自信心和文化素养，并能在不同主题的酒会与宴会中展现大方得体的行为举止； 2. 在社交活动中树立多元的文化意识

重点和难点

1. 重点：掌握在社交场合中西餐的餐桌礼仪知识，尤其是酒水用具、餐具的规范使用和就餐中的礼仪礼节。

2. 难点：在酒会、宴会中较好地践行相关礼仪规范，在此类场景中展现自信、大方、得体的行为举止。

模块 六
社交礼仪

案例 6.4

郑板桥茶馆题字

传闻"扬州八怪"之一的清代大书法家郑板桥，在民间有一则喝茶的趣事。虽然郑板桥的书法举世闻名，但是他的长相与打扮没有一点大家风范，只是很随意的那种。有一天，郑板桥来到集市上的一家茶馆准备喝茶。老板一瞥，看见来客是个其貌不扬的小老头，懒得搭理他，就很随意地说了一声"坐"算打了一个招呼，随后转头又对伙计叫了声"茶"，就当让伙计上茶。郑板桥看到老板这个态度，也没多说什么，自己就在那儿一边等着茶，一边欣赏店里的几副字画。老板见板桥在欣赏字画，心里估摸着这小老头应该是个文化人。于是就改口对板桥说"请坐"，然后又对司茶的伙计叫了声"上茶"。过了一会儿，店里有位客人认出了郑板桥，就高声喊道："板桥先生，板桥先生！"老板这下才知道这个看上去其貌不扬的小老头就是大名鼎鼎的郑板桥，于是笑嘻嘻地立马迎上前去，不停地对板桥说："请上坐！请上坐！"又扯着嗓子叫司茶的小二说："上好茶！上好茶！"郑板桥也毫不客气，领了老板的情，坐了上座，饮了好茶。等到郑板桥准备结账离开时，老板拿出纸墨笔砚，想请郑板桥留下墨宝。郑板桥也很爽快地一口答应，提笔为老板写下了这样一副对联，上联是"坐，请坐，请上座"；下联是"茶，上茶，上好茶"。老板看后顿时羞愧不已，连连向郑板桥施礼，以表歉意。

思考：
1. 为什么茶馆老板有三次态度的转变？
2. 试着分析郑板桥的对联是什么意思？

社交场合中，切忌以貌取人地接待与招待他人，尤其是在酒会、宴会这样人员往来交际频繁的场合。在人与人之间的交际行为中，一个表情，一个动作，或是一句话，就能折射出一个人为人处世的礼仪礼节、待人接物的修为。

酒会礼仪：酒会被视为一种既经济又轻松，可活跃氛围的款待形式，在社交活动中占有重要地位，常以饮用酒水为主，为社会团体或个人举行庆祝或纪念等主题活动，以联络和增进感情为目的。在此类活动中，人们所展现出的约定俗成的（如酒水杯具使用、饮酒礼节等）得体、规范的言谈行为举止即为酒会礼仪。

宴会礼仪：宴会又称筵席，是将饮食与交际相结合的一种形式，是因习俗或社交活动需要而进行的宴饮聚会活动。而在此社交活动中，人们所遵循的习俗行为，或饮用餐食的讲究，表现出的得体、规范的言谈行为举止即为宴会礼仪。

一、酒会礼仪的认知

在当今的社交场合中，酒水已成为不可或缺的必需品。了解清楚酒水的种类、其饮用特点、酒水杯具的使用、酒会中应注意的礼仪礼节规范，将使我们在参与此类社交活动时更加自然、得体，给对方留下一个良好的印象。

（一）酒水的种类

酒水是一个很宽泛的概念，是在人与人日常交往过程中，尤其是在社交活动中，招待客人时所提供的各种饮料的总称。在分类上，一般将酒水以0.5%（容量比）酒精浓度为界限进行区分。

（1）酒精浓度0.5%（容量比）以下为非酒精饮料，绝大部分不含酒精，如茶、矿泉水、果汁、咖啡等。

（2）酒精浓度0.5%（容量比）以上为酒精饮料，以含淀粉或糖的谷物或水果为原料，经过发酵、蒸馏等工艺酿制而成，如白酒、葡萄酒、啤酒等。

知识链接

酒精饮料的不同划分方式

1. 生产方式

发酵酒——以谷物、水果为原料，加上酵母发酵而成，如葡萄酒、啤酒、果酒等。

蒸馏酒——对发酵后含有乙醇的原料蒸馏提纯而成，如白兰地、威士忌、中国白酒等。

配制酒——酒与酒勾兑，或对酒与药材、香料等植物进行勾调配制，如味美思、茴香酒等。

2. 西餐配餐方式

餐前酒——开胃酒，刺激食欲。

佐餐酒——以葡萄酒为主，如红葡萄酒、白葡萄酒、起泡酒等。

餐后酒——糖分较多，有助于消化。

其他配餐酒——烈酒，通常酒精度在40°以上。

3. 酒精含量

低度酒——酒精浓度在20°以下。

中度酒——酒精浓度在20°~40°。

高度酒——酒精浓度在40°以上。

（二）酒会的规则

酒会是一种形式比较简单的，备以酒水和点心，用于款待来宾的招待会。一般而言，正规的酒会，都是以鸡尾酒会的形式呈现，因此也称为鸡尾酒会。此类酒会的时间，通常始于下午6时，持续约2小时，不备正餐。另一类为餐后酒会，始于晚上9时，在正餐之后，规模较大，为来宾提供跳舞的场地，结束时间没有严格的规定，宾客可以根据自身情况选择离场时间。

案例 6.5

酒会上的尴尬

某公司销售部的王经理受邀参加公司老客户的新产品推介会。王经理觉得这是一个很好的学习机会，所以决定携部门新进员工小周一同前往。在推介会后，该公司为庆祝新产品的发布，还举办了一场鸡尾酒会，以便和与会来宾进一步交流。对此，第一次参加酒会的小周感到非常的兴奋和激动。

进入会场后，王经理看到了另一位老客户，于是上前招呼并攀谈起来。过了一会儿，小周发现王经理和自己还没有酒水饮料，于是招呼到从身边经过的服务生，喊道："服务生，菜单拿来一下，这要点单。"这时，服务生很有礼貌地答道："先生，酒会中的酒水点心在吧台与餐台处，您可以前往自取。"小周很诧异地喊道："还要自取，你们不能送过来吗？"同桌的客人只是笑而不语，王经理不好意思地向大家解释道这是新来的员工。随后，王经理请小周前往吧台帮自己取一杯红葡萄酒，并嘱咐道，如果想吃些什么点心可以去餐台自取。

小周前往吧台取了两杯葡萄酒，在经过餐台时，看到琳琅满目的点心，顿时觉得饿了，于是在餐台前一边挑选一边吃了起来；他觉得酒会上的拿破仑（一种酥皮糕点）相当好吃，于是又快速走到刚才的餐台前，拿起旁边的夹子抢着把剩余不多的拿破仑夹完了。在一旁的一位宾客摇了摇头走开了。小周得意地端着盛满糕点的盘子和葡萄酒，回到了桌台前，说道："王经理，吃这个，这个糕点好吃，我特意拿了很多，已经没有了。"王经理皱着眉头看着自己面前堆起点心的餐盘，无奈而又克制地回答道："谢谢，你多吃点，我最近血糖有点高，不能吃甜食。"

随后王经理和小周辗转到另一个桌台前，他嘱咐小周收拾好自己的酒杯和餐盘放到指定位置。小周心中很纳闷儿，心想：不是有服务生吗，还要自己收拾？在新的桌台前与大家交谈了一会儿后，小周觉得腿脚有些酸痛，心想：这个酒会上怎么只有桌子，没有椅子？他觉得大家也站累了，于是叫来服务生说："请帮我们找几把椅子来吧，你们这儿的服务也考虑得太不周到了，怎么连椅子都不给客人准备？！"同桌的客人听后不禁笑起来，这时的王经理唰的一下红了脸，恨不得立即离开会场。

思考：
1. 小周在酒会中的行为得体吗，为什么？
2. 小周两次好心的行为，为什么让王经理感觉相当的无奈与尴尬？

1. 酒会的特点

（1）无须准时。来宾在出席酒会时，可自由掌握到场与离场的时间。如果在请柬中写明了时间，则需在规定时间前离场。

（2）不限衣着。如果在收到的请柬中没有对衣着有明确的要求，则只需做到干净整洁、端庄、大方和得体即可。

（3）无须排位。酒会中，来宾一般均需站立，因此没有固定的席位与座次。但组织者也可设置一些座位，以便年长、行动不便或疲惫的来宾休息时使用。

（4）自选酒水菜肴。酒会上不备正餐食物，提供的酒水、点心、菜肴均以冷的东西为主。在选择酒水、菜肴时，根据个人口味和需要，自己去吧台或餐台上选择，或是从会场中服务生手持的托盘中选取。

（5）自由交际。酒会上不设固定座位，来宾之间可以自由组合，随意交谈，具有较强的流动性。

2. 酒会中用餐的形式

（1）排队取餐。当从吧台，或是从服务生的托盘中选取酒水或食物时，切忌因喜好某款酒水或食物，进而挤对他人或争抢，需遵守先后次序。

（2）切忌浪费。选取餐食时，可少而多次。取来的东西，需全部吃完。

（3）勿施于人。如果随行者与交谈者非家人或至交，不可擅自替他人代取酒水、点心和菜肴。

（4）归还餐具。如果没有侍者收拾酒具与餐具，应将自己用过的酒具与餐盘收集于一处，或主动放置指定地点，切忌一走了之。

鸡尾酒会的现场及餐台如图6-1、图6-2所示。

图6-1 鸡尾酒会现场

图 6-2 鸡尾酒会餐台

> 知识链接

鸡 尾 酒

鸡尾酒（Cocktail）是一种混合饮品，是由两种或两种以上的酒或果汁、汽水等饮料混合而成，有一定的营养价值和欣赏价值。鸡尾酒通常以朗姆酒、金酒、龙舌兰、伏特加、威士忌、白兰地等烈酒或葡萄酒作为基酒，再配以果汁、蛋清、苦精、牛奶、咖啡、糖等其他辅助材料，加以搅拌或摇和而成的一种混合饮品，最后还可用柠檬片、水果或薄荷叶等进行装饰。

3. 酒杯的使用

酒杯的握法是有讲究的（图 6-3 ~ 图 6-5），尤其是在使用红、白葡萄酒杯，香槟酒杯和白兰地酒杯时。不恰当的手持酒杯姿势，可能会闹笑话，同时也会影响酒的口感。

图 6-3　葡萄酒杯的四种拿法　　图 6-4　香槟酒杯的拿法　　图 6-5　白兰地酒杯的拿法

· 215 ·

4. 斟酒

（1）侍者斟酒时，勿忘道谢，但不必拿起酒杯。

（2）男主人亲自斟酒时，必须端起酒杯致谢；必要时需起身站立，或欠身点头为礼。

（3）以"叩指礼"回敬，即右手拇指、食指、中指捏在一起，指尖向下，轻叩几下桌面，适用于中餐宴会上。

（4）主人为来宾斟酒时，需面面俱到，切勿只为个别人斟酒。依顺时针方向，也可以先为尊长、嘉宾斟酒。

（5）斟酒适量。一般白酒与啤酒均可以斟满，而红葡萄酒斟至酒杯三分之一处；白葡萄酒斟至酒杯三分之二处；香槟酒可先斟至酒杯三分之一处，待气泡消退后，再斟至酒杯的七分满程度。

5. 敬酒与干杯

（1）敬酒应按职务高低、年龄、尊卑依次敬酒。

（2）敬酒时，通常要讲一些祝愿、祝福之言，切忌太长。他人敬酒或致词时，其余在场者应一律停止用餐或饮酒，认真地倾听。在宴会中主人有说祝酒词的优先权。

（3）敬酒与干杯，可由主人、主宾客或在场的其他人率先提议。

（4）有人提议干杯时，在场所有人要手拿酒杯起身站立，即使滴酒不沾，也要将酒杯举到眼睛高度，说完"干杯"后，将杯中酒一饮而尽或喝适量；还需手拿酒杯与提议者对视一下。

（5）敬酒碰杯时，自己的酒杯口应该低于对方的酒杯口。尊者回敬次尊者时，后者也应将酒杯口低于前者的酒杯口，以表示对尊者的尊敬。

（6）集体碰杯时，如离其他人较远，则可通过酒杯杯底轻碰桌面的方式代劳。

（7）在西餐中，使用香槟酒祝酒干杯。通常祝酒不劝酒，敬酒不真正碰杯；也不能越过身边人，与较远者干杯，不允许多人交叉干杯。

活动与训练

A 公司的员工答谢宴

A 公司在酒店特设宴席，感谢员工们上半年的辛勤付出。总经理给每一桌员工敬酒表达感谢；随后你作为部门负责人，也很感谢团队成员的支持；部门新来的员工也很感激团队成员和师父的指点与关照，大家一片其乐融融，期望下半年的业绩再上一个台阶。

1. 活动要求

请设定好每个小组成员的角色，在情景展示中需融入斟酒、敬酒、干杯环节。

2. 活动教具准备建议

红、白葡萄酒杯、酒瓶。

3. 活动成果展示

以小组的形式进行情景演示，并进行各小组互评。

4. 活动结果测评

请自行按表6-2所列的内容和步骤对本任务活动结果进行测评。

表6-2 答谢宴饮酒礼仪训练评分要求

序号	小组名称	酒杯使用（15分）	敬酒礼仪（15分）	干杯礼仪（15分）	碰杯礼仪（15分）	个人角色投入（20分）	小组成员默契（20分）	总分（100分）
1								
2								
3								
4								
5								
6								

二、知识链接

饮酒后的六大禁忌

1. 忌酒驾。根据世界卫生组织的事故调查显示，50%～60%的交通事故都与酒驾有关。2010年8月，我国已经把酒驾列入刑事处罚。酒后不论是驾驶汽车、摩托车、电动车还是自行车都不可以。

2. 忌酒后立即睡觉。酒后立即睡觉会导致新陈代谢紊乱，不利于肝解酒，易得酒精肝。

3. 忌酒后立即吃醒酒药。从医学角度来看，目前并没真正能解酒的药，所谓的"醒酒药"是另样的保健品，能让人暂时摆脱醉酒状态，实际却将醉酒时间延长。建议大量喝白开水醒酒。

4. 忌酒后睡电热毯。饮酒过量时，体温调节功能失调，热量散失过多，易使人浑身发冷，建议选用羽绒被和热水袋保暖。酒后人体大量出汗，睡在电热毯上易导致人体缺水。

5. 忌酒后立即洗澡。热水澡容易导致热气在体内散发不出来，加重醉酒状态，易引起呕吐甚至晕厥。冷水澡会使血管收缩，导致血管破裂，还易患感冒。

6. 忌酒后吃退烧药。酒精会和多数药品产生化学反应，退烧药中的羟苯基乙酰

胺产生有毒物质，会导致肝脏发炎，甚至造成肝脏永久性损伤。

（资料来源：http://www.sohu.com/a/226504256_100055387）

二、宴会礼仪的认知

案例 6.6

汉族传统的古代宴饮礼仪

作为汉族传统的古代宴饮礼仪，一般的程序是：主人折柬相邀，到期迎客于门外；客至，互致问候，延入客厅小坐，敬以茶点；导客入席，以左为上，是为首席。席中座次，以左为首座，相对者为二座，首座之下为三座，二座之下为四座。客人坐定，由主人敬酒让菜，客人以礼相谢。宴毕，导客入客厅小坐，上茶，直至辞别。席间斟酒上菜，也有一定的规程。这种传统宴饮礼仪在我国大部分地区保留完整，如山东、香港及台湾，许多影视作品中多有体现。

（资料来源：www.cssn.cn/zt/zt_tbzt/zt_qyzl/zt_qyzl_cl/201502/t20150226_1524488.shtml）

思考：

请谈谈你在日常生活中所知道的餐桌礼仪。

（一）中餐宴会礼仪

使用中国餐具，食用中国菜，宴会过程中采用中式服务。中餐宴会是中国传统的聚餐形式，宴会遵循中国的饮食习惯，以饮中国酒、行中国传统礼仪为主，餐具摆放采用中式摆台，宴会装饰布局及服务等都体现中国的饮食文化特色（图6-6、图6-7）。

图6-6　中餐宴会餐具

图6-7　中餐宴会摆台

1. 中餐上菜顺序

（1）茶：餐前备好茶水。

（2）凉菜：荤素搭配组成。

（3）热炒：选用滑炒、软炒、干炸、爆、烩、烧、蒸、浇、扒等组合。

（4）主菜：又称为大件、大菜，主菜的道数通常是四、六、八等偶数。在豪华的餐宴上，主菜有时多达十六或三十二道，但普通是六道至十二道。其出菜顺序多以口味清淡和浓腻交互搭配，或干烧、汤类交配为原则。最后通常以汤作为结束。

（5）主食：主菜结束后所供应的点心等，如蛋糕、馅饼、面条、饺子、包子、米饭等。

（6）水果：最后上水果，爽口、消腻。

2. 中餐餐具的使用

（1）筷子：中国的国粹之一，就餐时需成双使用。不能相互敲打筷子，不用嘴品尝筷子后夹菜，不舞动，或插放筷子在食物中。公筷，则是大家公用夹取食物用的，有利于饮食卫生，不可占为己有。

（2）汤匙：通常不用汤匙取食物，用筷子取食时，可用汤匙辅助。必须用汤匙取食物时，不宜过满；暂不用时，应放在自己的食碟上；当食物较烫时，不能用嘴吹汤匙上的食物；不要把汤匙放入口中反复吮吸。

（3）水杯：只能盛放清水、汽水、果汁等软饮，不要用来盛酒；喝进嘴里的东西不能当众漱口，更不能将喝入口中的东西吐回水杯。

（4）食碟：用来暂放从公用的菜盘里取来享用的菜肴。一次不要取放过多的菜肴，不要把多种菜肴堆放在一起。

（5）餐巾：用餐前，每位用餐者会有湿毛巾用于擦手。擦完后，应放回盘子中，由服务员拿走。

（6）口布/铺席巾：置于餐盘中或水杯中。口布一角置于主餐盘盘底，用于防止油污汤汁滴落于衣服上，切忌将口布一角塞至领口。

（7）牙签：不当众剔牙，非剔不可时，需用另一只手掩住口部再剔。不可将剔过的牙签从口中拿出当众察看或再次入口。切忌随手乱弹，随口乱吐剔出物。剔牙后，不要长时间将牙签叼在口中。

二、知识链接

筷子的来历及寓意

在发明筷子之前，我们的祖先也经历过用手抓饭吃的过程。但热粥汤羹又如何抓取得了呢？于是不得不随地折取一些草茎木棍来帮助进食。筷子，可谓中国的国粹。它既轻巧又灵活，在世界各国的餐具中独树一帜，被西方人誉为"东方的文明"。我国使用筷子的历史可追溯到商代。《史记·微子世家》中有"纣始有象箸"的记载，纣为商代末期君主，以此推算，我国至少有三千多年的用筷历史了。先秦时期称筷子为"挟"，秦汉时期叫"箸"。古人十分讲究忌讳，因"箸"与"住"字谐音，"住"有停止之意，乃不吉利之语，所以就反其意而称之为"筷"。

筷子有标准长度，七分六寸，代表着人的七情六欲，提醒着人们处处要克己复礼；筷子一头方一头圆敬仰着天圆地方的文化；筷子一阴一阳更彰显着平衡之美；握筷时，拇指、食指在上，无名指在下，中指居中，寓意着天地人三才之象。

(资料来源：https://zhidao.baidu.com/question/49665423.html)

3. 中餐宴会餐桌礼仪

（1）开餐前。

①按时出席。身份高的人可略晚些到达，一般客人应提前五分钟左右到达。

②奉茶、敬茶与续水。在开餐前一般都备好茶水。

——奉茶时。在家宴中可由晚辈或服务员为客人上茶。接待重要客人时，则应由女主人，甚至主人亲自奉茶。在商务宴请中，一般应由秘书、接待人员、专职人员为来客上茶。接待重要客人时，则应由组织方在场的职位最高者为之上茶。

——敬茶时。双手端着茶盘，首先将茶盘放在临近客人的茶几上或备用桌上，然后右手拿着茶杯的杯托，左手附在杯托附近，从客人的左后侧双手将茶杯递上去，置于客人左前方。茶杯放置到位之后，杯耳应朝向右侧。若无杯托，亦应双手捧上茶杯。倘若条件不允许，至少也要从其右侧上茶，而尽量不要从其正前方上茶。切勿用单手上茶，尤其是不要单用左手上茶。双手奉茶时，切勿将手指搭在杯口上，或是将手指浸入茶水中。遇他人敬茶时，必要时需起身双手迎接，以示感谢。

——续水时。为客人端上头一杯茶时，应当斟至杯深的2/3处，不宜烫手，俗话说"酒满敬人，茶满欺人"。待客人喝过几口茶后，应为之续上，绝不可以让其杯中茶叶见底。在座位间续水时，需用右手将茶杯拿出，左手提壶续水。

在遇到茶杯带有茶盖时，手持茶杯与续水姿势如图6-8所示（常用于会议场合）。

图6-8 带杯盖茶杯续水手势

活动与训练

奉茶、敬茶和续水

1. 活动要求

请设定好每个小组成员的角色,在情景展示中需融入奉茶、敬茶和续水环节。

2. 活动教具准备建议

茶壶、茶杯(带盖和不带盖)。

3. 活动成果展示

以小组的形式进行展示,并对自己的表现进行自我评价。

4. 活动结果测评

请自行按表6-3所列的内容和程序对本任务结果进行测评。

表6-3 奉茶、敬茶和续水的自我评价

评价项目	基本内容
优势之处	1. 2. 3. …
改进之处	1. 2. 3. …

(2)用餐中。

①由餐椅左侧入座,按座位次序就座,不随便挪动桌椅。入座后,坐姿要端正,不可俯身趴在餐桌上,或将双臂支在餐桌,或跷二郎腿、抖腿,这些都是失礼的行为。

②女士用餐前应先将口红擦掉,以免在杯或餐具上留下唇印,给人以不洁之感。

③由宴请方主持开始后,才能开餐。

④尽量不要将手机、钱包、烟盒及打火机等放在餐桌上。

⑤吃饭时,闭口咀嚼食物,切忌狼吞虎咽、吧嗒嘴。

⑥与他人谈话时,口中不得含有食物。

⑦不吃的残渣、骨、刺不要吐在地上、桌上,而应置于食碟前端,不可直接从嘴里吐在食碟上,要用筷子夹放到碟子旁边。如食碟放满了,可以让服务员更换。

⑧一道菜上桌后,若是可以旋转的桌子,要将新上的菜先转至主人或长者面前。等到菜转到自己面前时再动筷子,不可抢在邻座前面夹菜。

⑨不能一个劲只吃自己喜欢的食物,或事先夹很多在自己的盘中。

⑩不要把夹起的菜放回菜盘中,又伸筷夹另一道菜或是不停地用筷子翻搅菜品。通常让菜但不夹菜,可向对方介绍有特色的菜,并请对方享用但不要为其夹菜。需要给他人夹菜时,应使用公筷。

⑪咳嗽或打喷嚏时,需侧身用手掩住口鼻部位。

(3)散席时。

①客人如需提前离席,应向主人说明情况,并表示抱歉后悄悄离开。

②结账时切忌高声呼叫服务员,或是将现金或信用卡在手中挥舞。

③客人要向主人表达谢意,并握手告别,再与他人告别。

案例 6.7

憨豆先生在西餐厅

英国著名喜剧演员罗温·艾金森饰演的憨豆先生的形象家喻户晓。在"憨豆先生"系列作品中,有这样的一幕:一天晚上,憨豆先生一个人来到了一家西餐厅就餐。侍者将他引到座位前,准备拉椅让座,憨豆先生却是很奇怪地看着对方,不解为什么这人把椅子拉开老远,于是他从服务生手中拉过椅子自己坐下。随后服务生拿了一份菜单给他,他仔细端详了很久点了份菜。随后服务生将桌上的口布抖展开潇洒地铺在憨豆先生的腿上。服务生走后,憨豆先生也模仿照做,但不小心将口布甩到了邻桌的餐桌上。为了避免尴尬,憨豆先生索性将桌布的一角塞进自己领口,当作什么事都没有发生。在等餐的过程中,他看着桌上的刀叉,拿起了一把餐刀看了看,做着向前戳的姿势,又在几个酒水杯间敲来敲去,引来了周围人异样的眼光。这时侍者拿了一瓶葡萄酒,在憨豆先生的红酒杯中倒了一小酌后停下,憨豆先生喝了一小口露出了满意的表情,接着侍者准备继续倒酒时却遭到了拒绝,憨豆先生连忙说"No",说自己要开车,侍者愣了几秒钟走了。当菜肴端上桌时,憨豆先生将饭钱放到桌上,又从兜里掏出一个硬币,左顾右看了下让侍者悄悄收下。但侍者也将桌上这些钱都大方地放进了自己兜里,并表示了谢意。接下来憨豆先生准备享用晚餐,他吃了一口差点吐出来,结果他点了一盘鞑靼牛排(主要食材为生牛肉末和生鸡蛋),随后他将这盘菜分成了几块,分别藏在了桌上的盐盅里;把餐前面包切开挖了一个洞,把生牛肉藏了进去,另一部分藏在了餐盘下面。演员罗温·艾金森夸张的表情与动作，将初入西餐厅就餐的这个形象展现得淋漓尽致，让观众们捧腹大笑。

思考：

1. 在西餐厅就餐时，是哪一只手拿餐刀呢？

2. 为什么服务生在第一次倒红酒时只倒一小酌，等客人喝完后才继续倒酒？为什么服务生收下了所有的钱？为什么憨豆先生要将自己的菜到处藏？

（二）西餐宴会礼仪

西餐指的是西方国家的餐食，而西方国家主要指地理位置在西半球的国家，如美洲、欧洲各国等。有别于中餐使用筷子，西餐一般使用刀叉进食。以面包为主食，就餐时围坐于长形桌台。

1. 西餐上菜顺序

（1）头盘。

西餐的第一道菜，俗称开胃菜。常见的开胃菜有鱼子酱、鹅肝酱、奶油鸡酥盒、焗蜗牛等。味道以咸和酸为主，且数量少，质量较高。

（2）汤类。

西餐的第二道菜就是汤。大致可分为清汤、奶油汤、蔬菜汤和冷汤等类型，如各式奶油汤、海鲜汤、意式蔬菜汤、俄式罗宋汤等。

（3）前菜（副菜）。

西餐的第三道菜。水产类产品，如鱼、虾和海鲜与蛋类、酥盒菜肴，作为副菜。

（4）主菜。

西餐的第四道菜，也称主菜。主要为肉禽类或高级海鲜。常见菜肴有牛排、羊排、猪排等。

（5）蔬菜类菜肴（配菜）。

蔬菜类菜肴，也称沙拉，通常安排在肉类菜肴之后，单独成为一道菜；也可以与主菜同时上桌，作为主菜的配菜。

（6）甜品和点心。

在主菜后食用，如布丁、冰激凌、奶酪、水果、面条、炸薯片、三明治等。

（7）咖啡、茶或餐后酒。

西餐最后是上咖啡、茶或餐后酒，有助于促进消化。

知识链接

西餐中酒的分类

餐前酒：餐前酒是人们在餐前饮用的酒，能够起到唤醒味觉、增加食欲的作用，因此也叫开胃酒。常见的开胃酒有味美思酒、苦艾酒（也称比特酒）、茴香酒、白葡萄酒等。餐前酒的饮用方法为净饮、加冰饮、混合汽水或果汁饮、与其他酒调和饮。

佐餐酒：佐餐酒主要是指葡萄酒，如红葡萄酒、白葡萄酒、玫瑰葡萄酒和气泡葡萄酒等。西方人就餐时一般只喝葡萄酒而不喝其他酒类，而且葡萄酒里不加冰块或其他任何东西，以免破坏葡萄酒原有的风味。白葡萄酒适合搭配海鲜、鱼类、家禽类等较为清淡的菜肴。红葡萄酒适合搭配牛肉、猪肉、羊肉、乳酪等口感较重的食物。

餐后酒：餐后酒主要是指餐后饮用的、可帮助消化的酒，也可称之为消化酒。常见品种有白兰地、威士忌、金酒、伏特加等调制的餐后鸡尾酒、利口酒、波特酒、雪利酒等。

2. 西餐餐具的使用

西餐餐具的摆放根据西餐类型的不同，对餐具进行增减，通常西餐宴会的餐具摆放最为复杂和讲究。通常其摆放方式如图6-9所示。

图6-9 西餐宴会摆台

（1）餐巾布/口布：进餐时，大餐巾布可对折平铺在腿上，小餐巾布可展开直接铺在腿上。不可将餐巾布塞进领口挂在胸前。拭嘴时用餐巾的上端，并用其内侧来擦嘴。餐巾布切忌用于擦脸、擦刀叉等。

（2）餐匙：正式场合下，餐匙至少会有两把，较小的为甜品匙，位于展示盘上方，如图6-10所示，较大的为汤匙，位于鱼刀与副餐刀之间，如图6-10所示。用汤匙喝汤时，应从后往前将汤舀起，将汤匙的底部放在下唇的位置将汤送入口中。

（3）咖啡碟：用于放置咖啡杯和咖啡匙。喝咖啡时，不可将咖啡碟与咖啡杯同时端起。

（4）咖啡匙：在咖啡中加入糖时搅拌用，不可用咖啡匙来回舀咖啡；不可把匙放在咖啡杯中再端起杯子饮用咖啡。

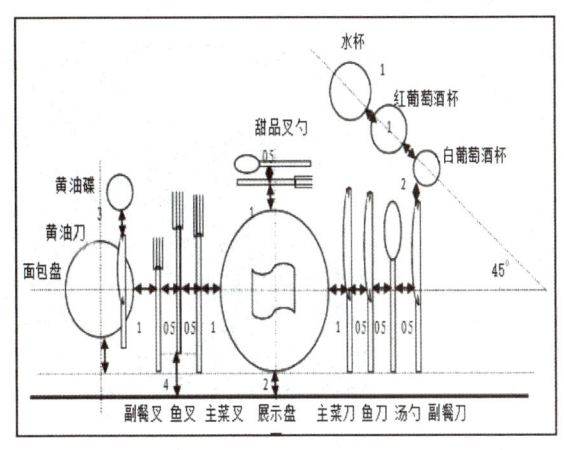

图6-10 西餐宴会摆台示意

（5）餐刀和餐叉。

①用餐刀时，应将刀柄的尾端置于手掌之中，以拇指抵住刀柄的一侧，食指按在刀柄上，需注意食指绝不可碰着刀背，其余三指依次侧握住刀柄（图6-11）；而使用鱼刀时，如握笔的姿势（图6-12）。

图6-11 餐刀的使用

图6-12 鱼刀的使用

持叉应尽可能持住叉柄的末端，并用掌心抵住餐叉末端。叉柄靠在中指一二指关节间，并以无名指和小指为支撑，食指抵在叉柄前端。餐叉可以单独用于叉餐或取食，也可以用于取食某些头盘菜和馅饼；取食那种无须切割的主菜时，叉齿应该向上。

②刀、叉、汤匙配合使用时，右手持刀，左手持叉，先用叉子把食物按住，用刀切成小块，再送入口中（图6-13）。欧洲人均使用左手持叉送食物入口，边切边吃。美国人则将食物切割完后，将刀放下，换右手持叉送食入口，持叉姿势与持刀相似，但叉齿应该向下。这两种进食方法均可。

进食意大利面时，需叉匙的配合（图6-14）。右手拿叉，左手持匙，拿匙当底托，用餐叉叉住少量面条，在匙里快速顺时针旋转成一小捆。不要把面条大声吸进嘴里，而是应一口吃下叉子上的面条（图6-15）。

225

图 6-13 餐刀餐叉的使用

（图片转自 wikiHow，版权属于原作者）

图 6-14 叉匙配合使用　　　　　图 6-15 意大利面条的吃法

知识链接

西餐菜式的分类

1. 法式菜

法国菜式选料广泛，用料新鲜，加工精细，烹调考究，滋味鲜美，花色繁多。蜗牛、马兰、百合等均可入菜；烹饪加工讲究急火速烹，以"半熟鲜嫩"为菜肴特色，牛、羊肉只烹至五六成熟，烤鸭近三四成熟即可食用。另外，烹调时要注重不同的菜肴用不同的酒来调味。

2. 英式菜

英国菜式选料广泛，口味清淡。多选用肉类、海鲜和蔬菜，烹调上讲究鲜嫩和原汁原味，所以较少用油、调味品和酒。盐、胡椒、酱油、醋、芥末、番茄酱等调味品大多放在餐桌上由客人自己选用。英式名菜主要有薯烩羊肉、烤羊马鞍、鸡丁色拉、烤大虾、冬至布丁等。

3. 俄式菜

俄国菜式选料广泛，油大味浓，制作简单，简朴实惠。俄式菜喜用鱼、肉、蔬菜作原料。口味以酸、甜、咸、辣为主，喜用奶油调味，烹调方法较为简单，肉禽类菜肴要烹制全熟才食用。俄式名菜主要有鱼子酱、罗宋汤、串烤羊肉、鱼肉包子、酸黄瓜等。

4. 意式菜

意大利菜式汁浓味厚，讲究原汁原味，喜用橄榄油、番茄酱，调味用酒较多。意式菜以面制品较多，如通心粉、比萨饼等。意式名菜主要有铁扒干贝、红焖牛仔肘子、馄饨、通心粉蔬菜汤、三色比萨、肉馅春卷、肉末通心粉等。

5. 德式菜

德国菜式丰盛实惠，朴实无华。德式菜喜用灌肠、腌肉制品，口味以咸中带酸、浓而不腻为特点，喜用啤酒调制，烹调方法较为简单，某些原料，如牛肉有时生食。德式名菜有酸菜咸猪脚、苹果烤鹅、鞑靼牛排等。

6. 美式菜

美国菜式是在英式菜的基础上发展起来的，所以继承了英式菜简单、清淡的习惯。美式菜甜中带咸，喜用水果和蔬菜作原料来烹制菜肴，如苹果、葡萄、梨、菠萝、橘子、芹菜、番茄、生菜、土豆等。美式名菜主要有蛤蜊浓汤、丁香火腿、圣诞火鸡、苹果色拉等。

3. 西餐餐桌礼仪

（1）餐前礼仪。

①进入餐厅前穿着得体，即使不要求穿正装，类似拖鞋、短裤、背心之类过于休闲的穿着或者较暴露的衣服都不合适，男士如戴有帽子进餐厅时应该摘下。

②需由服务生引领入座，不可自己找座位。找到座位后由左侧入座，遵循女士优先原则，男士可为女士拉椅协助入座，或由服务生代劳。

③将餐巾布铺展于腿部，不可挂于胸前。

（2）餐中礼仪。

①中途离席时，可将餐巾布折叠置于椅子上，不可搭在椅背上，用餐结束后，将餐巾布折放在餐盘的右边。

②当食物需用手吃时，会附上洗手水。吃后，将手指放在装洗手水的碗里洗净，切忌当汤汁喝掉。

③用餐时，保持身体挺直，腹部和桌子保持约一个拳头的距离。切忌交叉两腿。饮食时不可狼吞虎咽，发出"吧唧吧唧"咀嚼食物的声音，并闭口咀嚼。

④不可在餐桌上化妆；如果忍不住要咳嗽或打喷嚏，应侧身用餐巾布掩鼻口，并表示歉意；打嗝是用餐大忌，如发生此事，需要立即向周围人致歉。

⑤在宴会中，服务员开启酒瓶后，先给主人示酒，斟倒一点供主人品尝，主人感到所上的酒完全合乎要求时，再向服务员示意斟酒。

⑥在饮酒时，一饮而尽。边喝边透过酒杯看人、拿着酒杯边说话边喝酒、杯口留下口红印都是不可行的。

⑦当需要离席时，刀叉的摆放也有讲究，以免服务生不小心收走你的餐盘。美式摆放（图6-16）：左边表示"暂停进食，稍后回来继续用餐"，右边表示"用餐结束，可收走餐盘"。欧式摆放（图6-17）：左边表示"暂停进食，稍后回来继续用餐"，右边表示"用餐结束，可收走餐盘"。

图6-16　美式摆放

（图片转自Huffington Post，版权属于原作者）

图6-17　欧式摆放

（图片转自Huffington Post，版权属于原作者）

（3）餐后礼仪。

①宴会结束时，主人先从座位上站起，宾客随之起立。

②男宾应先起身，主动为长者、女士或职位高者拉开座椅。

③告辞时，应向主人道谢。通常是男主宾先向男主人告别，女主宾先向女主人告别，然后交叉，再与其他人告别。

④结账时，通常在账单中会包含15%左右的服务费。离开时，在自愿的前提下，适当给予服务人员一些小费以感谢他们的服务。

知识链接

西餐的小费文化

小费文化起源于18世纪英国伦敦的酒店。酒店饭桌中间摆着一个放零钱的碗，碗边注明：to insure prompt service，也就是现在小费的英文Tips的由来。虽说小费文化起源于英国，但是现在在英国小费意识并没有那么强，住宿如果住的是一般的酒店都不用给。如果住的是比较高档酒店，行李员每件行李1~2英镑，保洁员每天1~2英镑。在美国则是1~2美元。每住一个晚上要给清洁女工1~2美元。住旅馆如果是三星级以下的，一般每天出门前放在桌上1美元即可，三星级以上则更多。

在餐厅付小费一样，为餐费的5%~10%。对于那些为你付出的人给予小费是有礼貌的行为。

（资料来源：http://www.promisingedu.com/yingguo/liuyingshenghuo/zonghexinxi/7689.html）

活动与训练

西餐晚宴

你和同事受美国A公司之邀，前往A公司工厂进行产品的实地考察。考察结束后，双方达成合作共识。A公司特设西餐晚宴招待。

1. 活动要求

以小组为单位自设小组成员角色，进行西餐礼仪练习，角色的餐桌位次安排请根据所学位次安排知识进行安排。

2. 活动教具准备建议

餐刀、餐叉、展示盘、餐巾布、酒杯。

3. 活动成果展示

以小组的形式进行展示，并进行组间互评。

4. 活动结果测评

请自行按照表6-4所列的内容和步骤对活动结果进行测评。

表6-4 西餐宴会礼仪练习评分要求

序号	小组名称	引领入座（20分）	餐巾使用（15分）	餐具使用（15分）	酒具使用（15分）	中途休息（15分）	小组默契（20分）	总分（100分）
1								
2								
3								
4								
5								
6								

课后思考

国家的餐桌

20世纪60年代，我国欢迎来访国宾的宴会通常设宴席50多桌，除邀请来访国宾一行外,还邀请外国驻华使节夫妇、外交团等20多桌,加上中方陪客,济济一堂。每次宴席,宾主双方都发表讲话,讲话稿要译成英、法、俄3种语言。那个时候的国宴,是极为正式的一个外交活动,周总理是要亲自过问的。在国宴改革之前,基本上都是淮扬菜,据说,这是当年周总理定的,周总理是江苏淮安人,一生钟情清淡爽口的淮扬菜,当时他考虑到国宴嘉宾来自五湖四海,认为咸甜适中、南北皆宜的淮扬菜正适合作为国宴菜。那时候,国宴用酒基本上就是茅台,这种中国最知名的白酒以它优异的品质征服了很多外宾,尤其是苏俄人。当然有时也会用汾酒等其他白酒,不过这些中国特产的烈性酒,对于俄罗斯人来说还好,对于其他许多国家的领导人来说就有些吃不消了。

1972年,尼克松访华,他的一句话引起了很多人的触动:"中国很大,但缺少葡萄酒和时尚女性。"虽是一句玩笑,却是很真实地反映了当时中国的状况。1979年中粮酒业长城葡萄酒自主研发酿造出了中国第一瓶干白葡萄酒,1984年酿出第一瓶干红葡萄酒。葡萄酒逐渐出现在国宴的餐桌上。也就是这一年,外交部对国宴的改革做了具体明确的规定:国宴一律不再使用烈性酒,如茅台、汾酒等,根据客人的习惯上酒水,各种各样的葡萄酒、果酒成为国宴的主要用酒。2008年的奥运国宴上,配餐的正是长城桑干酒庄酒,它和那些中西合璧的菜式成了完美的搭配。对于那些远方而来的客人来说,在餐桌上,已经感受到了完全不同的中国。

思考:

1. 为什么国宴如此重要,周总理会亲自过问?
2. 国宴的改革说明了什么?请谈谈你的感受。

任务6.3　公共场所礼仪的认知

名人名言

国尚礼则国昌，家尚礼则家大，身有礼则身修，心有礼则心泰。

——颜元

生活里最重要的是有礼貌，它比最高的智慧，比一切学识都重要。

——赫尔岑

训练目标

知识目标	1. 了解公共场所礼仪的概念； 2. 理解遵守公共场所礼仪的重要性； 3. 掌握主要公共场所（如在公共交通、影院、剧院、博物馆与展览馆、图书馆和赛事场馆）的礼仪要求与规范
能力目标	1. 能熟练掌握与运用公共场所（如在公共交通、影院、剧院、博物馆与展览馆、图书馆和赛事场馆）的礼仪； 2. 较好地规范自身在公共场所的行为与言谈举止
情感目标	通过对公共场所礼仪规范知识的学习与运用，提升学习者在公共场所的礼仪素养，提高个人素质，树立良好地遵守文明道德规范的意识

重点和难点

1. 重点：公共场所（如在公共交通、影院、剧院、博物馆与展览馆、图书馆和赛事场馆）的礼仪要求与规范。

2. 难点：能熟练运用公共场所礼仪，在乘坐公共交通、在剧院观看表演、参观展览和观看比赛等公共场所中，较好地、自觉地遵守规则和规范自身行为。

案例 6.8

高铁"堵门"事件

2018年1月5日，G1747次列车在合肥站准备开车的时候罗某以等丈夫为由，用身体强行扒阻车门关闭。因不听劝阻，最终造成这趟列车延迟发车。合肥铁路公安通报称，罗某的行为涉嫌"非法拦截列车、阻断铁路运输"，扰乱了铁路车站、列车正常秩序，违反了《铁路安全管理条例》第77条规定，依据该条例第95条规定，公安机关责令罗某认错改正，并对罗某处以2 000元罚款。

罗某"拦高铁"事件还没下热搜，没想到在11日，又发生一起挡高铁门事件！一辆从兰州开往上海的列车在停靠陕西宝鸡南站的时候，一名女子不顾周围乘务人员及警察提醒，执意站在高铁列车车门处打电话，还对其他乘客喊叫。缘由是这个女子与丈夫在车上吵架，然后她丈夫在车停靠宝鸡南站的时候突然下车，此女子想让丈夫重新回到车上。面对民警的再三劝阻和警告，女子仍然是一副盛气凌人的样子。最终在车站民警再三要求下，女子下车和丈夫处理矛盾，使得列车最后能够正常发车。

为什么高铁不等人？高铁时刻表是数千名科技工作者对全线进行数百上千次的试验，几个月吃住在试验动车上，才最终确定下来的。对于整个高铁路网来说，五分钟的延迟，这趟高铁线路时间就要做出调整，随即可能就是整个干线的调整，以及所有与之相连的高铁线路的调整，甚至可能引起半个中国高铁时刻表的变化。

(资料来源：https://www.sohu.com/a/216316302_654707)

思考：
请就高铁"堵门"事件谈谈你自己的看法。

公共场所是供全体社会成员进行各种活动的社会公用的活动空间，公共场所的特点是公用性和共享性，它为全体社会成员服务，是全体社会成员进行社会活动的处所。

公共礼仪，也称公共场所礼仪。例如在乘坐公共交通、参观展览、在剧场观看表演和观看赛事活动时，都需要遵守相应的公用场所规则和应有的礼仪规范。公共场所礼仪同时也体现了人们在社会中的公德。

加强自身公共场所礼仪的修养，有利于强化每个人的文明意识，端正自身行为。在公共场所，做到处处注重礼仪，恰能使你在社会交往中左右逢源、无往不利；还可以使人与人之间的相处和关系变得更加融洽，避免矛盾，减少争端，交往气氛更加愉悦。因此良好的公共场所礼仪可以促使人们的生活环境变得更加美好。公共场所礼仪的总原则是遵守秩序、仪表整洁、讲究卫生、尊老爱幼。

一、公共交通礼仪的认知

案例 6.9

地铁让座体验数据报告："被让座"成市民最温暖体验

在 2017 年，腾讯视频《放开我北鼻（孩子的网络用语）》节目联合联劝公益机构一起发布了一份"传递关爱，地铁让座体验"的趣味数据报告，对北京地铁中的让座指数进行了一次调查。在高峰期客流量巨大的情况下，愿意主动让座的乘客人数占比达 80%。其中，95% 的人愿意主动向老人让座，70% 的人则是愿意为北鼻让座。超过 30% 的被调查者表示，即使是在自己疲惫不堪的时候，也愿意让座给北鼻们。可见在地铁空间中，大多数人都愿意向身边需要帮助的人伸出援手。据了解，之所以发布这样一份问卷，源于《放开我北鼻》在 3 月初在京沪两地"试行"了一趟"北鼻列车"。在这趟列车中，易烊千玺、林更新和于小彤等明星"化身"公益使者，以公益广告的形式，呼吁网友们关爱身边那些以北鼻和孕妇为代表的弱势人群，尤其是在地铁高峰出行阶段，起到了榜样力量的践行作用。随着"北鼻列车"即将下线，主办方也希望通过此次活动以及数据报告，呼吁这样的让座温暖可以延续。

（摘自：环球网）

思考：
1. 在乘坐公共交通工具时，你会主动让座吗？请谈谈你的让座经历。
2. 请谈谈你对这项活动开展的看法。

（一）乘坐公交、地铁礼仪

公交车与地铁是我们日常出行使用频率最高的交通工具。在乘车与乘地铁时，应该注意如下礼仪规范。

1. 上车前

（1）乘坐公交时，在站台等候，排队上车，礼让老、弱、病、残、孕者先上车。

（2）进入地铁时，主动配合安检。

（3）乘坐地铁时，需按照地面标识，站在黄线以外排队等候。待列车进站时，

遵循先下后上，不可插队抢先上车。

2. 乘车中

（1）不能用行李或随身物品占用多个座位。

（2）主动将座位礼让给老、弱、病、残、孕者。

（3）不在车内食用饮料和食物。

（4）不能随意使用、旋转车内设施设备及紧急制动按钮，不拿取车内安全锤。

（5）不可倚靠扶手，妨碍他人在车辆行驶中的站立。

（6）尊重驾驶人员和其余站内工作人员。

（7）与他人发生矛盾时，不可辱骂和殴打对方，应有礼貌地协商解决。

3. 到站后

（1）乘坐公交时，通常遵循前门上车，后门下车原则。下车时不可推挤他人。

（2）礼让老、弱、病、残、孕者先下车，适当时可以提供帮助。

（3）在乘坐地铁快到站时，主动有礼貌地提前调换位置。

（二）乘坐高铁、动车礼仪

随着我国交通运输线路的日益发达，人们的出行方式也日趋多样化。出远门坐高铁或动车，能节约我们很多时间。如何文明乘坐高铁和动车也是每个人需要学习和注意的礼仪规范。

1. 乘车前

（1）如在网上购票，需提前 30~50 分钟前往车站换票。

（2）主动出示有效证件和车票，有序排队进入车站。

（3）主动配合车站工作人员进行行李的安全检查。

（4）前往候车大厅等待检票通知时，不能躺睡在多个座椅上，不用行李霸占座位。

（5）不可在候车大厅内高声喧哗，随地乱扔果皮纸屑。

（6）按照秩序，有序排队上车，让老、弱、病、残、孕者先行。

（7）对号入座，切忌霸占他人座位，礼貌放置行李，切忌占用通道。

2. 乘坐中

（1）讲究公共卫生。不在车厢内吸烟；不脱鞋袜，不将脚放在座位上；不可长时间占用卫生间。

（2）将垃圾置于座位前清洁袋中，当乘务员打扫卫生时，要主动给予配合。

（3）在车厢内与他人交谈时，不宜大声说笑。

（4）将电子通信设备调至静音或振动状态。接打电话时，不可大声交谈。

（5）车厢内进食时，尽量不食用带有浓郁气味的食品，或可前往餐车进食。

（6）爱护车上的设施设备。

3. 到达后

（1）收拾整理好自己的座位。

（2）有序地从置物架上拿下自己的行李，动作轻缓，拿取时切忌用力拖拽，注意过往的乘客，以免误伤他人。

（3）有序排队下车，切勿推挤他人。如果赶时间，有礼貌地向他人说"借光"。

（4）下车时可对乘务员或其他乘客礼貌道别，并礼让老、弱、病、残、孕者先下车。

（三）乘坐飞机礼仪

飞机是目前出行中最先进的交通工具。它具有快速便捷、安全可靠的特点，一方面为乘客提供轻松舒适的环境，另一方面对乘客在礼仪方面也有着更高的要求。

1. 登机前

（1）出示有效证件，在自动出票机或值机柜台，自觉排队办理登机手续和行李的托运工作。

（2）不在行李箱和随身行李中携带违禁物品。

（3）出示个人有效证件与登机牌，在黄色线以外排队等候，进行例行检查。随后主动配合接受个人安全检查，将液体和笔记本电脑最好放在最容易拿取的地方，以便安检人员检查。

（4）随身衣物和包从安检仪送出后，不要在出口处马上穿衣服，或将东西装进包内。应该拿好个人随身物品，走出安检区外，以给他人让出地方取回他们的物品，也不会造成通道的堵塞。

（5）在登机口安静等候登机指示，随后凭机票排队进行检票登机。

2. 飞行中

（1）进入客舱后，对照机票迅速找到自己的座位，不可用行李占座位，尤其是登机口的座位。头上的行李舱是用来放行李的，不能为了放自己的行李，把别人已经放好的行李搬来搬去。

（2）入座后，认真观看"安全须知"，这将在紧急撤离时发挥极为重要的指导作用。

（3）机舱门关闭后，遵从安全规定，自觉关闭电子设备，全程系好安全带（如指示灯未熄灭），配合乘务员的安全检查。

（4）将垃圾放置于前排座位椅背中放置的清洁袋中。

（5）全程禁止吸烟；文明就座，不可将鞋袜脱掉，将脚跷起搭靠于他人座位。

（6）与同行乘客交谈时，说话轻，有礼有节，不可喋喋不休。

（7）按照须知和规定使用机上设备；爱护飞机上的设施设备。排队使用机上卫生间，切忌将使用过的纸巾丢入飞机上的马桶中。

（8）尊重机上机组人员，多使用敬语与他人交谈。遵守机组人员的服务指令。

3. 落地后

（1）切勿在飞机还在滑行的时候打开行李架，待飞机滑行停止后方能起立并打开行李架。

（2）排队有秩序地下飞机，并在下飞机时对机组乘务员表示感谢，或者以微笑回敬。

（3）前往行李提取处时，自觉排队等候。

二、知识链接

关于禁止旅客随身携带液态物品乘坐国内航班的公告

一、乘坐国内航班的旅客一律禁止随身携带液态物品，但可办理托运，其包装应符合民航运输有关规定。

二、旅客携带少量旅行自用的化妆品，每种化妆品限带一件，其容器容积不得超过100毫升，并置于独立袋内，接受开瓶检查。

三、来自境外需在中国境内机场转乘国内航班的旅客，其携带入境的免税液态物品应置于袋体完好无损且封口的透明塑料袋内，并需出示购物凭证，经安全检查确认无疑后方可携带。

二、公共场馆礼仪的认知

（一）影院、剧院礼仪

进入影院观影、前往剧院观看演出时需要注意以下礼仪规范。

1. 凭票入场

对于需要凭票入场的演出，一定要凭票入场，不能擅自随便闯入，并留意场地要求是否准许携带瓜果壳类食品及含糖饮料入场。宠物不可携带入内。

2. 着正装或正式服饰

在观看正式演出时，例如歌剧、音乐会、戏剧等，应自觉穿正装或正式的服饰。不要着浅色服饰，因为演员的注意力容易被浅色服饰分散。若观看电影，着装要得体、整洁，不宜穿背心、暴露服饰、拖鞋等进入影院。

3. 排队提前入场

通常，演出场所会在开始前15分钟进行检票。同时会配有安检设施设备，需观众自觉配合进行检查。要求观众尽早到场，避免迟到入场，以免找寻座位时，妨碍其他观众观影和观看演出。如迟到，在找寻座位时，如有打扰他人需及时表示歉意，或就近找空位先坐下，或是等中场休息时再入场。不可在楼梯、过道、安全门门口就座或站立。

4. 寄存物品

有些演出场所为了客人方便、场内安全，会为观众提供或是要求观众寄存个人物品。

5. 对号入座

入场后，依据票面信息找到自己的座位，不可随意占用他人位置。当演出的预备铃响起时，应当立刻在自己的座位上坐好，不可在场内来回走动。

6. 交际适度

观影和看演出期间，需要和他人进行言语上的交流时，切忌高声喧哗或肆无忌惮地侃侃而谈，对影片或演出进行点评，避免过多交谈而影响到他人观看。

7. 遵守秩序

观影和看演出期间，要自觉维持场内秩序。文明观看，不可阻挡他人视觉，不拍照、摄像，不随意走动，不扔废物，不交头接耳，不玩手机或接打电话，应将手机关闭或调成静音状态。不吃带气味的、带皮、带壳和其他进食时会发出声响的食物。在观影时，即使吃爆米花或薯片，也不可一直吃不停，或咀嚼不停而影响他人。

8. 尊重演出人员

观看表演时，每个节目、每个乐章终了或一幕结束后，或是精彩之处应报以热烈的掌声。当演出人员有失误时，不可以嘲笑、喝倒彩、鼓倒掌。演出结束后，切

忌立即离场，应当起立鼓掌。演员谢幕后，有序地离开，同时携带好自己的随身物品和垃圾。

案例 6.10

不清净地观影

小高和朋友相约一块去看电影，由于出门晚了，电影开场5分钟后，小高和朋友赶到了放映厅门口。由于此时电影已开始，放映厅灯光较暗，小高打开手机电筒找寻着座位，并和朋友在过道边大声地说着："走错边儿了，位置在那边。"期间不小心将灯光照射到了其他观影者的眼睛。小高和朋友踉踉跄跄地从一个个观众面前侧身挤过，好不容易坐到了自己的位置上。由于路途中没来得及吃饭，小高从包里拿出两个包子分了一个给朋友，两人就一边看电影一边愉快地吃起来，不时发出咀嚼食物的"吧唧"声。顿时，小高周围就飘逸着浓郁的包子味，坐在他旁边的一位女士只好用手捂住自己的鼻子。小高与朋友观看的是侦探悬疑片。看着看着，小高不自觉地与朋友讨论起剧情，开始推敲起谁才是真正的凶手。这时小高朋友的电话突然响了起来，他连忙按住静音键，然后接了电话和对方寒暄了几句。小高因在座位上坐得不安分，老是抖脚，看得激动之余还蹬踹了前面观众的座椅，招来了旁边与前排观众的不满。影片快接近尾声时，发现凶手果然如小高猜测一样，小高激动地喊着："看吧看吧！我就说他有问题嘛！"影片结束了，放映厅的灯光还没有亮，小高起身说："快走，不然等会儿人多了不好出去，厕所排队的人也多。"于是二人摸着黑地往外走，这排靠外还没起身的观众只好赶紧收好自己的脚，侧身让他们先走，其间有一位观众的脚被小高朋友踩了一下，并没听到他对这位观众说声抱歉，便扬长而去。这两人走后，周围的观众都表示受不了这两个人。

思考：
1. 为什么小高和朋友的行为遭到了周围人的不满？
2. 在电影院观影时，我们应该注意哪些礼仪礼节？

（二）图书馆礼仪

图书馆是知识的殿堂，是获取知识、交流信息的公共场所。遵守图书馆的礼仪，需要谨记六个字：洁、静、轻、净、雅、敬。

1. 洁

个人形象的整洁，包括手的清洁，以免弄脏书籍。切忌披衣散扣，穿拖鞋背心进入图书馆。

2. 静

保持场所的安静，学习和探究知识的过程需要专注，不被打扰。因此经常会在图书馆中看到贴有"静"字的警示标语。

3. 轻

在图书馆内需要走路轻、入座轻、起身轻、翻书轻、交谈轻。尽量减少与他人交谈，如果非要讨论可以前往讨论区域或者室外。

4. 净

保持馆内卫生的整洁与干净，不携带食物进入图书馆食用。如遇下雨天，需将雨具收好放在指定位置，在进门的地垫上弄干水渍与泥土再进入馆内。保持借阅书籍的干净，不在书籍上进行批阅与涂画。查阅目录卡片时，不可把卡片翻乱或撕坏，或用笔在卡片上涂抹画线。不可因获取资料，撕掉书籍。在使用图书馆内的设施设备时要爱护，不可随意刻画与破坏。离开时，需清理好自己的座位，带走垃圾。

5. 雅

做到举止优雅，在借阅与按时归还书籍时，需自觉排队。不为自己或是他人抢占座位，即使中途离开，在座位上留下书籍，回来后发现自己的位置被坐，也要说明情况，友好协商。

6. 敬

对他人恭敬。尊重图书管理人员，多使用敬语"请""您好""谢谢"等礼貌用语。

案例 6.11

来自博物馆的回应

2019年暑假期间，博物馆迎来了人流高峰。在广东博物馆发生了这样一件事，有人在广东博物馆留言本上质疑工作人员"管得好多啊"，表示："不让孩子解放天性吗？跑怎么了？跳怎么了？碰恐龙又怎么了？"对此，广东省博物馆回应："在博物馆遵循相关的礼仪规范，也是对他人的尊重。"触摸传统文化，本是一件令人高兴的事。故宫博物院、敦煌莫高窟、国家博物馆等热门博物馆吸引了大量观众，门票早早被订光。但时常有些不文明行为，令人扫兴。

一些参观者认为"顾客就是上帝"，买票进了馆，自己想怎样就怎样。据博物馆现场管理人员反映，有参观者触摸展品、随意使用闪光灯，甚至还有观众在博物馆食用自带的面条、粥。博物馆内孩子蹦跳打闹，尤其令人头疼。四川博物院发起"逛博物馆，你最不能忍的参观不文明行为是什么？"的调查中，大声喧闹、四处跑动、孩子打闹等行为都"榜上有名"。

（摘自：《人民日报海外版》）

思考：
1. 上述案例反映了什么现象？
2. 请谈谈你在参观博物馆或展览馆时的经历。

（三）博物馆、展览馆礼仪

作为相对特殊的社交场所，展览馆、博物馆一般展出的都是具有很高纪念价值的文物或艺术品。因此，与其他公共场所相比较，展览馆、博物馆对参观者有着更高的礼仪要求。

1. 着装

由于馆内的陈设与氛围都给人一种高雅高尚的美感，因此参观者衣冠不整，就会和馆内环境产生不协调的冲突。例如，不少游客都喜欢在夏天到博物馆里来参观，博物馆清幽的环境，也被他们视为纳凉的好去处。因此有些参观者一副"乘凉"的样子，穿着背心和拖鞋进入展馆。实际上，这是一种对博物馆里的其他参观者、工作人员以及展品不尊重、不礼貌的行为。

2. 肃静

展览馆、博物馆同图书馆一样，是一个十分讲究安静的场所。参观者需要静下心来欣赏展品，才能享受艺术品带来的独特美感。所以，参观者尽量不高谈阔论，不能大声喧哗。有些参观者常常会兴奋地招呼同伴来看展品，或是与同行伙伴分开了，在远处大声地呼喊同伴的名字。这样都会影响他人参观的情绪，分散他人的注意力。

3. 动眼不动手

因展览馆、博物馆里展出的艺术品一般都是十分珍贵的，具有极高的艺术价值和经济价值，我们会看到展馆内经常会贴有"请勿触摸"的警示标语。但有些参观者一定要过过"手瘾",这种做法对展出的艺术品是一种极大的"伤害",甚至会起到破坏作用。

4. 爱护设施设备

禁止在展馆中的墙壁、门框或其他地方进行刻画,留下"到此一游"等信息。在租赁电子导览设备时,按照说明书指示文明使用,爱护设备,在离开后主动完好归还。

案例 6.12

球迷们带来的"幸福"烦恼

丁俊晖在本土的比赛,场馆内总是座无虚席,他总能获得全场观众的助威。但有时,主场作战也会成为"幸福的烦恼"。

2018年在江西玉山进行的世界斯诺克公开赛,丁俊晖在第二轮就被米尔金斯淘汰。那场比赛,主裁判至少20次提醒场边观众保持安静,甚至有观众会在丁俊晖即将出杆时大声助威。虽然小丁在赛后并未提及观众的干扰,但在嘈杂的环境中,两名球员失误不断,最高单杆也只有55分。

2012年,李娜对阵佩特洛娃,12点半开赛后还有球迷边吃泡面边讨论,嘈杂的赛场给选手带来了极大的干扰,主裁不得不用中文喊出:"请坐下,请安静。"

2016年,中国选手张帅迎战孔塔,一名观众在看台上走动,主裁反复提醒后仍不坐下,比分落后的张帅也有些急躁,对着观众席大喊:"比赛开始了,你就不要站起来了!"拥有140年历史的温网,在观赛规则礼仪上非常严格:5岁以下的小孩不允许进场,男观众不能穿短裤,甚至球员都不能在休息室里吃东西。

(摘自:腾讯新闻)

思考:
1. 请试着分析上述案例反映了什么现象。
2. 请结合自身情况,谈谈你的感受。

✈ (四)赛事场馆礼仪

在赛场中如果没有文明礼仪的保障,就会给参赛选手和其他观赛观众造成影响。因此需要做到文明观赛,遵守赛场规则。

1. 有序入场

对于观赛时的服饰要求，并不像在剧院那样严苛。但也需要做到服装整洁，不穿背心、短裤、暴露和不适宜场合的服饰。进入赛场前应检查好自己的门票，自觉配合安检，有秩序地排队进场；如果迟到，从他人身前经过要礼貌地说声"借光"（即请他人给予自己方便）；当不小心踩到他人时，要说声"对不起"。

2. 文明观赛

入座后遵守赛场秩序，不起身随意走动。不抽烟，不吃带皮带壳的食物，或气味较大的食物，不乱扔纸屑杂物。

比赛进行到精彩之处时，可恰当地叫好为参赛运动员加油助威；当比赛选手失手或裁判员误判时，不要起哄、吹口哨，更不应该使用带污辱性的语言辱骂裁判和选手。对领先一方的精彩表演，要以热烈的掌声表示祝贺；对于落后的一方，也要为其加油，让他们感受到来自观众的温暖，在掌声中和呐喊声中受到鼓舞，不可对落后一方嘘声不止。做到对赛事工作人员的尊重和对参赛人员的尊重。

赛场上的氛围有很强的感染力，观众需要做到较好地控制自己的情绪，不能因为欣喜若狂或失落而做出一些过激的行为，如辱骂对方助阵观众、向场内投掷矿泉水瓶、翻越场地围栏、在赛场上裸奔都是没有涵养与修养的表现。

案例 6.13

来自球迷的一封道歉信

北京时间2019年6月12日，据NBC体育报道，针对11日总决赛第5场的一些不理智的猛龙队球迷，一位加拿大球迷给勇士队寄了一封道歉信，并且向受伤的凯文·杜兰特表示慰问。

在11日的比赛中，复出的杜兰特在第二节不幸右腿再次受伤并退场。当时现场一些不理智的猛龙队球迷居然起哄欢呼，而一位带头起哄的猛龙队球迷被现场保安请出了球馆。针对这些猛龙队球迷的不理智行为，一位不愿意透露姓名的加拿大球迷给杜兰特寄出了一封道歉信。

这位加拿大球迷在信中写道："亲爱的KD（杜兰特）和勇士队，我真不敢相信，那些愚蠢的猛龙队球迷在看到你受伤之后居然欢呼。我当时正在看这场比赛，我感到很糟糕，真的太丢人了。我在这里代表加拿大向你道歉，并祝你早日康复。"

（摘自：新浪体育）

思考：

1. 为什么这几位不理智球迷的做法，让这位写信球迷感到糟糕，并要代表加拿大向杜兰特道歉？

2. 请你谈谈对这位写道歉信球迷的看法。

3. 礼貌退场

比赛结束，应报以热烈的掌声对参赛选手们呈现的精彩表演表示感谢。自己支持的一方胜了，不要得意忘形、手舞足蹈，而挑衅对方的支持者；自己支持的一方败了，也不要埋怨运动员、教练，更不要冷嘲热讽，甚至出言不逊。

比赛结束离开座位时，请将自己产生的垃圾带走。不要争先恐后，特别是在人流涌向出口时，更不要向前拥挤或推搡他人，应随着人流缓慢前行。出场后不要围观运动员，运动员的车辆从身旁通过时，要主动让开通道，可以招手致意。

知识链接

花样滑冰观赛礼仪

当运动员的比赛节目音乐停止后，如果观众对他的节目非常喜爱或者满意，可以起身站立鼓掌，这在花样滑冰比赛中被称为 Standing Ovation。如果运动员能得到全场观众的起立鼓掌，那便是最高的荣誉了。当运动员全部比赛结束之后，不管他们是否有出色的表现，观众都应该给予掌声，对各国选手一视同仁，给予鼓励和赞赏。

值得一提的是，有别于其他运动项目，花样滑冰拥有一项特殊的观赛礼仪——抛物礼：为了表达支持和喜爱某位或某对选手，观众在他们比赛结束后，向冰面抛自己的礼物和鲜花，这已经成了花样滑冰比赛中的一种惯例。不过不管是鲜花还是其他礼物，都应该用透明的包装纸包装严密，避免花瓣散落在冰面上，影响下面的比赛。而礼物则应该是柔软的，这样不会对冰面造成破坏，所以毛绒玩具往往是礼物的首选。正因如此，在花样滑冰比赛结束后，有魅力的选手收到从观众席四面八方飞来的毛绒玩具，已经成了花样滑冰比赛中的独特风景。需要注意的是，观众在抛掷鲜花和礼物时，最好走到场边，以免因距离太远而包装散开或砸到他人。

(摘自：《东方体育日报》)

活动与训练

公共场所礼仪

进行公众关于乘坐某一特定公共交通工具,或参观某一特定公共场馆的礼仪认知与行为的调查。

1. 活动要求

利用休息或周末时间,以小组为单位,选定一个公共场所(如食堂、图书馆、公园等)或乘坐某类交通工具(公交车、地铁、动车等),运用观察法、问卷调查法或面对面采访法,调查公共场所礼仪行为和公众对公共礼仪的认知,并进行数据分析,形成报告,用PPT进行陈述与展示。每个小组主题尽量做到不重复。

2. 活动成果展示

报告、PPT陈述与展示,分小组进行汇报。

3. 活动成果展示

以小组进行汇报。

4. 活动成果测评

请自行按表6-5所示的内容和步骤对活动成果进行测评。

表6-5 公共场所礼仪认知调查报告与陈述评分要求

小组序号	调查主题	准备工作(5分)	调查过程(10分)	数据收集(10分)	汇报陈述(40分)	调查报告(25分)	小组成员默契(10分)	总分(100分)
1								
2								
3								
4								
5								
6								

课后思考

丁俊晖犯规却获观众掌声

近日,2019年斯诺克大师赛1/4决赛正如火如荼地进行着,在最新的一场比赛中,我国选手丁俊晖对战比利时斯诺克职业球员布雷切尔,布雷切尔在赛场的表现优异，他被世界上的专业人员认为是最有前途的斯诺克新星之一，曾在2017年斯诺克中国锦标赛上夺得冠军。丁俊晖是国内最强的斯诺克选手，对战初出茅庐的布雷切尔是一场没有悬念的比赛，但是在比赛中，丁俊晖出现了一次"意外"。

在最新的比赛中，丁俊晖对战布雷切尔，丁俊晖在出杆时瞄球不慎，球杆碰到了白球，这样细微的动作，不论是裁判还是现场观众都没看到，没想到丁俊晖主动提醒裁判自己犯规，并放弃击球，这样的一个举动获得了全场观众长达20秒的掌声。从对手布雷切尔的表情可以看出，布雷切尔也没有察觉丁俊晖犯规，更没想到丁俊晖主动承认犯规。在经过这个意外以后，丁俊晖依旧以6∶5的成绩赢下比赛。

（资料来源：https://baijiahao.baidu.com/s? id=1623051681101971791&wfr=spider&for=pc）

问题：

1. 丁俊晖的这一举动赢得了全场20秒的掌声，说明了什么？
2. 在观看此类比赛时，作为观众我们应该怎么做？

综合训练六

名人名言

学礼完善自我，懂礼形神俱佳，守礼诚信社会，用礼耀我中华。

——赵书

礼貌之风为每个人带来文明、温暖和愉快。

——诺·文·皮尔

训练目标

知识目标	1. 强化在酒会和宴会场景中的礼仪知识和行为规范； 2. 强化在公共场所应遵循的礼仪知识和行为规范
能力目标	1. 能较好地分析任务，将酒会、宴会及公共场所礼仪知识，熟练地运用于情景任务中； 2. 能较好地通过行为与语言，展示出相关的礼仪规范
情感目标	1. 树立和培养学习者在社交场合服务他人和被服务时注重礼仪礼节的意识； 2. 进一步提升学习者在主要社交场合中的综合社交礼仪素养，更好地感知与体会社交礼仪的魅力

重点和难点

1. 重点：强化酒会、宴会和公共场所的礼仪知识和行为规范。

2. 难点：在场景任务中，能熟练自如地对酒会、宴会和公共场所礼仪行为规范进行综合运用。

案例 6.14

飞机上的风波

一位乘客在飞机刚起飞不久，按下呼叫按钮，要求空姐提供开水。空姐称因飞机处于爬升阶段，为了安全暂停服务。随后，这位乘客非常不悦，连按几次呼叫键。因索要开水遭到拒绝，将所食果壳倒在过道上，周围乘客劝阻，却遭到辱骂。当飞机行驶平稳后，空姐端来开水，要求这位乘客付费。因廉价航空一般只提供矿泉水和面包，如需其他饮食服务需要乘客以现金的形式支付。该乘客认为区区一杯开水居然要收费，觉得是空姐故意刁难。结果抢走水杯，将水泼在空姐的身上，最后还辱骂这名空乘人员。旁边的乘客进行劝阻，该乘客骂得更加厉害，还扬言要"炸飞机"，最后与阻止他的这位乘客扭打起来。机长见此事态，为了保证飞机安全，不得不返航。

最后涉事乘客被警方带离调查，并被罚款，这位乘客被纳入航空"黑名单"。

思考：

1. 该乘客在飞机上有哪些不妥当的行为？
2. 在乘坐公共交通时，应该注意自身哪些礼仪行为？

案例 6.15

热情的老李

老李是某企业的高级工程师，他热情开朗，乐于助人，对工作认真负责。但他有个习惯，就是在餐桌上特别喜欢给他人夹菜和劝酒，生怕其他人吃不饱，并且对别人的敬酒也"来者不拒"，所以一顿饭下来，经常酩酊大醉，同行的朋友每次都要把他抬回家才行。因此，单位里的同事聚餐时特别害怕和他坐一桌，有时甚至不邀请他参加聚会。老李也经常纳闷，他自己和同事们都关系融洽，为什么同事们在聚餐时都对他"敬而远之"呢？

思考：

1. 请分析上述案例为什么同事都对老李"敬而远之"？
2. 请谈谈在中餐宴会中应该注意怎样的礼仪礼节？

一、任务介绍

今年你所在公司的业绩突出，作为奖励，公司将派你和几位同事前往国外，参加总部的年会。在年会上你结识了盖瑞先生及其夫人安娜女士，你们很聊得来，并且你盛情邀请盖瑞先生一家来中国游玩。回国后，你收到盖瑞先生一家在下月将来中国度假几天的邮件，因此你将接待他们一家。

二、任务提示

（一）国外篇——公司年会

（1）乘坐飞机前往奥地利。
（2）参加公司总部举办的鸡尾酒会，酒会上结识了盖瑞先生及其夫人安娜女士。
（3）歌剧院欣赏音乐会。
（4）参加欢送会——西餐晚宴。

（二）国内篇——盖瑞先生来访

（1）迎接盖瑞先生一家的到访。
（2）乘坐地铁前往本市著名历史文化景点参观。
（3）邀请盖瑞先生一家看川剧"变脸"，品茶。
（4）中餐宴会款待。
（5）机场送别。

三、任务要求

请将模块六的社交礼仪知识综合地运用在情景任务中，可利用服饰道具、音乐、PPT等进行辅助展示。

四、任务成果展示

以小组为单位，进行情景剧的展示。

五、任务结果测评

任务结果测评可以按照表6-6所示进行。

模块六 社交礼仪

表6-6 任务结果测评

评价依据	得分区间	得分
情景创设流畅，很好地体现和注意了在酒会、宴会和其余社交场所中得体的言谈举止和相应的礼仪规范；很好地利用了各种道具进行辅助展示；很好地达到了训练效果	90分以上	
情景创设较流畅，较好地体现和注意了在酒会、宴会和其余社交场所中得体的言谈举止和相应的礼仪规范，但其中有一些小的失误；有道具进行辅助，较好地达到了预期训练效果	75～90分	
情景创设基本流畅，体现和注意了在酒会、宴会和其余社交场所中得体的言谈举止和相应的礼仪规范，但其中有一些失误；有道具进行辅助，基本达到了预期训练效果	60～75分	
情景创设不完整，没有很好地体现和注意在酒会、宴会和其余社交场所中得体的言谈举止和相应的礼仪规范，失误较多；不能达到预期训练效果	60分以下	

六、训练提示

（1）礼仪是一个人乃至一个民族、一个国家文化修养和道德修养的外在表现形式，礼仪是做人的基本要求。

（2）中国自古以来有句话叫"无以规矩，不成方圆"，行事处事有规矩，吃饭喝酒有规矩，乘车出行有规矩。通过本部分学习与练习，培养学习者在餐桌上的为人处事能力，做到有礼有节；在公共场所懂规守礼是对自己行为最好的规范和对他人最好的尊重。

（3）通过中西方餐桌礼仪的学习，培养学习者吸纳和接受多元文化的意识，使其对文化的多元性有开放的态度和包容之心，同时建立对自己国家文化的自信，培养国际化的礼仪素养，在社交场所更好地展现自身风采。

（4）"礼让"是中华民族的传统美德。在公共场所需要一种"礼让"精神。它会使得人与人之间更好地相互尊重、相处变得更和谐，让大家感知和体会由"礼"带来的美好祥和的生活环境。

思考与讨论

让座风波

事件一：

前段时间，地铁上有个小学生被要求给老人让座，小学生不乐意，开口说的一番话却让在场人都沉默了。事情经过是这样的，当时地铁上本来人就多，小学生坐在最边上的位置，旁边留有空隙，但是坐一个人又坐不下。这时候上来了一位大爷,直接就挤在了小学生旁边,甚至坐到了小学生的腿上。孩子人小,被这么一坐就觉得疼了。大爷还颐指气使地让小学生起来让座,骂人家不懂礼貌、没家教。

小孩直接怼回去了:"老师教导我们要给老人孕妇残疾人让座,但那是出于礼貌谦让,因为我们有这样的文化传统,而不是理所当然我们必须这样做,更不是让您直接过来抢。我背着好几个包,一点儿都不方便,本来还想着给您让座,谁想到您直接过来坐我腿上,凭什么要我让座?您作为长辈,根本就没给我们树立榜样,您不是好爷爷!"

(摘自:搜狐新闻)

事件二:

事发在兰州的一辆公交车上,当时车上的乘客并不是很多,大家几乎每个人都有座位,而且公交车车厢后面还有几个空座。这时一位大爷上了车,他没有走向车厢后面找座位坐下,而是想要坐在驾驶员后面的座位上,但是这个座位上已经有人了。这时这个座位上的女子根本没有在意老人。老人刚走到女子面前,就用很凶的语气说道"下来,赶紧起来",女子也是被老人喊得一愣一愣的,自己貌似没有惹到老人。反应过来后,女子也生气了,表示自己本来可以不坐这个位置,但是老人的态度太嚣张了,自己今天就是不打算让了。老人听完女子的话后直接说了一句"你不起来我也要坐",说完老人便直接坐在了女子身上,因为女子没有防备,竟被对方得逞地坐了下来。女子很气愤,想要将老人推开,老人死赖着就是不愿意起来。这时老人开始用手拽女子的头发,公交车司机为了保障全车人安全,赶紧把车停下来拉架。

(摘自:百度快照)

思考:尊老爱幼是中华民族的传统美德,礼让座位本是自发行为,自时却被强行逼让,让公交与地铁上的让座成为一个饱受争议的话题。就上述事件你如何看,如果你是当事人被逼让座,你会怎么做?

模块七　涉外交往礼仪

模块导读

　　涉外交往礼仪模块主要涉及的项目有：涉外礼仪的认知、涉外服务礼仪的认知和涉外商务礼仪的认知。学完这部分内容后能做到：第一，对涉外礼仪的内涵和涉外通则有认知；第二，掌握涉外宴请服务的礼仪规范；第三，学习涉外商务接待礼仪知识及出国考察等的涉外礼仪知识。

　　为帮助学习者达到以上目标，本模块设计了三个学习任务。第一个任务——涉外礼仪的认知，主要涉及的内容有：涉外礼仪的概念、东西方的礼仪文化差异、涉外礼仪通则。第二个任务——涉外服务礼仪的认知，主要涉及的内容有：涉外宴请组织礼仪的认知、涉外宴请现场服务礼仪的认知。第三个任务——涉外商务礼仪的认知，主要涉及的内容有：接待准备礼仪的认知、接机礼仪的认知、陪同礼仪的认知、送别礼仪的认知、出国商务考察礼仪的认知。

任务7.1 涉外礼仪的认知

名人名言

礼貌是人类共处的金钥匙。

——松苏内吉

国尚礼则国昌，家尚礼则家大，身有礼则身修，心有礼则心泰。

——颜元

训练目标

知识目标	1. 了解涉外礼仪的概念和重要性； 2. 熟悉东西方文化的主要差异及其导致的礼仪差异； 3. 掌握涉外礼仪的通用原则
能力目标	1. 能运用文化差异知识分析涉外交往中的礼仪现象； 2. 能正确运用涉外礼仪通则，自觉遵守涉外交往中的礼仪规范
情感目标	1. 具备国际化视野，承认和尊重不同文化的差异，增强跨文化交际的能力； 2. 培养全民外交的意识，形成自觉维护国家形象的意识

重点和难点

1. 重点：掌握涉外礼仪的通用原则，尤其是以人为本原则、维护形象原则、不卑不亢原则和入乡随俗原则。

2. 难点：针对不同国家的文化差异，恰当运用涉外礼仪通则。

案例 7.1

大嗓门的中国人

春天的日本，樱花烂漫，前来赏樱的中外游客络绎不绝，人们纷纷在漫天飞舞的樱花花瓣中拍照留念，此时一阵阵喧闹让人为之侧目。"快！这里有空位！""赶快帮我摇一摇樱花树，我要拍那种樱花满天的效果！""听我口令，1、2、3，跑！"一群中国大爷大妈们生动地向全世界诠释着"声如洪钟"这个词。可惜，这一次，却是贬义的。

泰国清迈，历史悠久，文化古迹众多，大大小小的寺庙遍布古城四周，吸引着全世界的游客。游客们像当地人一样，脱鞋入殿，席地而坐，或聆听梵音，或静心沉思。一片安宁中，一位中国导游的声音如魔障般刺耳："这就是帕辛寺，佛塔在后面，这里只给你们 30 分钟参观时间，参观完后回到刚刚下车的地方。一定要准时啊！"紧接着成群结队的中国游客们好奇地对着殿内参拜的泰国人一顿猛拍。

维也纳金色剧院，音乐会开始前，扬声器用各种语言轮流播放着提示，请观众在演出期间不要拍照、不要录像、手机调为静音、不要干扰他人观看。然而音乐会开始不一会儿，几位中国游客发现前面的位置没人坐，就赶紧跑到了前面，工作人员不得不跑来干涉，只见年轻的中国人操着一口流利的英语据理力争："反正前面也没人坐！"激烈地争执竟然压过了小提琴的声音，音乐会被迫中断，而这几位中国游客也被请出了剧院。

2018 年，中国公民出入境人次已经达到了 5.6 亿，抢座、插队、公共场所大声喧哗，这些国人的"小毛病"，直接损害了中国人的形象。泰国、日本的寺庙纷纷竖起了针对中国游客的中文告示牌"请勿喧哗"，马来西亚、韩国的机场纷纷贴上中文提示"请用耳机"。对此《人民日报》曾发表文章《出境旅游者有义务维护国家形象》。

请记住，你走出去看世界的同时，世界也在通过你看中国。

思考：
1. 文中的中国人哪些地方做得不够好？
2. 在国内国外的旅行中，你最不能忍受的不文明现象还有哪些？

提到涉外礼仪，许多人都会想到新闻节目中各国领导人正襟危坐，或一行人边交谈边行走，或者在机场等地，一行笑容满面的领导人恭迎外宾。这些镜头所展现的是典型的国事涉外交往。其实国家领导人进行国事访问、正式访问，国内体育、文艺团体出访外国，国内企业与国外企业进行合作交流，个人对外国友人进行私人访问，或者我国政府机关、企事业单位、各种团体、个人接待国外来宾的访问，都是涉外交往。十八大以来，我国更是提出了"扎实推进公共外交和人文交流"的要求。"一带一路"倡议的提出，也为中国公共外交的全面开展创造了有利的历史条件和机遇。杭州G20会议、厦门金砖峰会、上海进出口博览会、武汉世界军人运动会、成都世界大学生运动会等重大活动的开展让更多普通人也参与到了国际交往中来。与此同时，无论是政府、企业，还是院校、社会团体以及个人，越来越多的国人敢于走出去，和世界其他国家开展交流与合作，增进对话，加强了解。中国与世界的交流达到前所未有的密切程度，而涉外礼仪作为国际交往的通行证，对公共外交的开展发挥着非常重要的作用。

一、涉外礼仪的概念

涉外礼仪是涉外交际礼仪的简称，是用于涉外活动中的礼仪，是中国人在对外交往中所必须遵守的、用以维护自我形象，同时用来对外国友人表示尊重友好的一系列的惯例和形式。它是在继承和发扬我国传统礼仪的基础上，以世界上通行的国际礼仪为核心的礼仪惯例。

对国家而言，涉外礼仪的规范使用，能更好地向世界展示国家形象，扩大国家影响力，促进国际相互了解，消除不必要的误解，得到他国的信任和世界的肯定，获得更广阔的发展空间。

对企业而言，涉外礼仪的规范使用，能有效避免跨文化冲突，实现有效沟通与合作，创造和谐的多元文化工作环境，促进企业经济效益的提高。

对个人而言，涉外礼仪的规范使用，能提高涉外活动者的自身修养，塑造良好的个人形象，与外国友人和谐相处，增进友谊。

二、东西方的礼仪文化差异

礼仪与文化是密不可分的，文化影响着礼仪，而礼仪又是文化的一种表现形式。但是由于社会条件、自然环境、历史发展等方面的限制和影响，东西方出现了差别明显的礼仪文化和礼仪形式。因此了解东西方礼仪差异的前提，是了解东西方礼仪文化的差异。东西方的主要礼仪文化差异有以下几个方面。

（一）外向性格与内向性格

由于西方特定的地理环境和资本主义发展的特定规律的影响，西方人的民族性格更多呈现的是自信、外向的特点。而东方人则更多地呈现出谦卑、含蓄、内敛的民族性格，"满招损，谦受益"被中国人视为一种美德，"动于心，发于情，止于礼"也被视为有良好道德修养的表现。因此西方人所习惯的拥抱礼、亲吻礼、吻手礼等见面礼会使东方人觉得尴尬，而东方人习惯的"东方式自谦"也往往让西方人觉得无所适从。例如：在工作中取得了一定的成绩，面对他人的赞美，中国人往往习惯于说"这要归功于上司的领导和同事的配合"，而这句话在西方人听来就过于虚伪，因为西方人在面对他人的赞美时往往会欣然接受，然后真诚地说一句"Thank you"表示感谢即可。

(二) 直接式思维与间接式思维

西方社会强调个人价值，对西方人而言重要的任务是成为独一无二的个人，因此西方人往往毫无顾忌地表达自己，直截了当地提出自己的想法。而对于强调集体的东方人，重要的任务是建立群体内和谐的关系，与周围的人始终保持恰当得体的交往，因此东方人说话往往含蓄而隐约。例如，在道别的时候，西方人往往一句"Good Bye"就表达了再见的意思，如果说"See you soon/See you later（一会儿见）"则指的是隔几小时他还会回来，大家马上还会见面。而中国人道别往往会说"我们改日再约"。此时较真的西方人一定会追问："改日是哪一日，是上午、下午还是晚上呀？"其实中国人只是委婉地表达希望再见的意思，并不是真的要预约下一次见面。

三、涉外礼仪通则

由于各个国家和地区在语言、文化背景、风俗习惯和宗教信仰等诸多方面都存在着差异，因此中国人在接触外国人时需要遵守一系列有关国际交往惯例的基本原则，这就是涉外礼仪通则。涉外礼仪通则是对国际交往惯例的高度概括，对参与涉外交际的中国人有普遍的指导意义。涉外礼仪通则主要包括以下十二个方面。

(一) 以人为本

在对外交往中，中国的每一名涉外人员均应高度自觉地以自己的实际行动去贯彻落实"以人为本"的外交理念，高度重视人权问题。在人权问题上，中国政府的基本立场是：人权必须作为一个完整的概念被理解。对任何一项人权的剥夺，实质上都是对人权整体的剥夺；对任何一项人权的促进，实质上都是对人权整体的促进。因此，涉外人员在对外交往中具体涉及人权问题时，必须坚持以下基本立场：

（1）中国是尊重和保障人权的。

（2）中国对人权有着自己的理解。

（3）中国历来反对某些国家将自己的人权观强加于人，或者借所谓"人权问题"

干涉中国内政。

（二）维护形象

维护形象主要是指在对外交往中维护国家形象和个人形象。国家形象是一个国家综合国力的具体体现，是民族文化与精神的一种外化，更是一个国家的"软实力"。从国民个人的一言一行，到企业、机构等对外经贸往来的一举一动，乃至一件出口商品质量的优劣，都影响着世界人民对一个国家的国际形象的认知与评价。近年来，中国的发展令世界瞩目，中国逐渐以一个负责任的大国形象赢得了世界的尊重。中国的每一位公民都对维护和提升自己的国家形象负有不可推卸的责任，每一位公民都不能做与国家利益相悖的事情。

除维护国家形象之外，在涉外交往中，每个人的个人形象往往如实地展现了其对交往对象的重视程度，因此还需要按照规范得体的方式塑造和维护自己的个人形象。个人形象不仅是外貌，更是一个人的修养、谈吐、气质等诸多方面的综合体现。因此生于礼仪之邦，当为礼仪之民，在对外交往中落落大方、衣着得体、谈吐优雅、举止文明、以诚待人、彬彬有礼才是大国公民应有的个人形象。

知识链接

出境旅游文明行为指南

中国公民，出境旅游，注重礼仪，保持尊严。
讲究卫生，爱护环境；衣着得体，请勿喧哗。
尊老爱幼，助人为乐；女士优先，礼貌谦让。
出行办事，遵守时间；排队有序，不越黄线。
文明住宿，不损用品；安静用餐，请勿浪费。
健康娱乐，有益身心；赌博色情，坚决拒绝。
参观旅游，遵守规定；习俗禁忌，切勿冒犯。
遇有疑难，咨询领馆；文明出行，一路平安。

（三）不卑不亢

不卑不亢包含两方面含义：一方面要自尊、自信、自重、自爱，努力做到"不卑"；另一方面要谦虚谨慎，无论对大国小国、强国弱国、富国穷国都一视同仁，努力做到"不亢"。因此，在涉外交往中，我们既要自尊、自信、自爱，充分展现中华民族自信、自强、自立的精神风貌，又要平等待人、礼貌待人，发自内心地尊重他人。

案例 7.2

跨越太平洋的握手

1972年2月21日，美国总统尼克松访华，周恩来总理前往机场迎接。当时的中国与苏联交恶，与中国建交的国家只有18个，而美国是当时的超级大国，在1954年的日内瓦会议上，美国国务卿杜勒斯甚至严禁美国代表团成员与中国代表团成员握手。因此如何处理尼克松访华的欢迎基调成为中方的头等大事。最终，周总理亲自敲定"不卑不亢"成为北京欢迎仪式的主基调。当尼克松走下飞机悬梯大步向周恩来总理走来的时候，周总理却并没有像欢迎柬埔寨西哈努克亲王时那样主动迎上去，而是等着尼克松总统主动伸手。在此后的欢迎宴会上，向尼克松敬酒时，周总理也特意改变了平时让自己的酒杯上沿去碰对方杯子中间部分的习惯，特意将自己酒杯的杯沿与尼克松的酒杯持平后再碰杯。西方媒体在后来报道本次中美破冰之旅时称赞道："中国总理彬彬有礼却有节制，中国人贫穷却有志气。"

思考：
哪些细节体现出周总理的"不卑不亢"？

（四）求同存异

世界各国的礼仪和文化是存在着一定程度的差异性的，所谓"求同存异"是指在涉外交往中为了减少麻烦，避免误会，最为可行的做法是不仅对交往对象所在国的礼仪与习俗有所了解并予以尊重，而且要对国际上所通行的礼仪惯例认真地加以遵守。例如见面礼，我国传统见面礼是揖礼和拱手礼，日本常用鞠躬礼，泰国、印度等东南亚国家常用合十礼，法国常用贴面礼，英国习惯于吻手礼和拥抱礼。它们都各有讲究，不了解的人稍不注意就会在行礼时冒犯对方，这些就属于礼仪的"个性"。为了把误会降到最低，消除礼仪的个性所带来的可能的冲突，现在世界各国都将握手礼作为"共性"的见面礼进行普及，与泰国人见面，你既可以按照泰国习俗行合十礼，也可以按国际惯例行握手礼，这就是"求同存异"。

（五）入乡随俗

入乡随俗就是要充分了解与交往对象相关的习俗，并对对方的习俗无条件地尊重。在与外国人士的交往中，既不盲目模仿、全盘照搬对方的习俗，也不少见多怪、妄加评论。在涉外交往中，当自己身为东道主时，讲究"主随客变"，例如在宴请禁酒国家的客人时，即便东道国信奉"无酒不成席"，饮宴时也应当避免提供含有酒精的食物和饮品。而当自己的身份是客人时，又必须讲究"客随主便"。例如当拜访伊朗、文莱等国家的时候，外国女士虽然不必像当地女性一样从头到脚裹黑袍并用黑纱蒙面，但是无论多热都需要以头巾遮住发丝，并穿着长袖衣物，以表示对当地风俗的尊重。无论是"主随客变"还是"客随主便"，都是对"入乡随俗"原则的具体落实。

（六）信守约定

信守约定指在一切的国际交往中，要从以下几个方面身体力行：一是许诺要谨慎，也就是在做出承诺前要深思熟虑，量力而行。二是承诺要兑现，对已经做出的承诺应努力遵守实现。尤其是在讲求效率的当代社会，时间对于每个人来说都是非常宝贵的，有关时间的约定都应严格遵守。如果一个人连简单的准时赴约都做不到，别人如何相信你的其他承诺呢？三是失约要道歉，由于某种不可抗因素使自己失约，应首先尽可能地采取措施进行补救，若确实无法实现，应向有关方面解释致歉，必要时还要赔偿其损失，敢于承担责任。

（七）热情有度

自古就讲究"有朋自远方来，不亦乐乎"的中国人给全世界都留下了"热情好客"的印象，但有时热情过度会给对方带来困扰。生活在广西的一对俄罗斯夫妇就曾经在自己的社交网站上公布过这样的求助："虽然走到哪儿都有人求合影让我们感受到了明星般的待遇，大家对孩子的夸赞让我们很开心，但请别抱我的孩子拍照，她们只是普通孩子。"

在国际交往中，人们默认待人接物是需要"热情有度"的，也就是在待人热情友好的同时，还需要把握好以下四个方面的分寸。

1. 关心有度

在涉外交往中，对待外宾理应表示出必要的关心，但没必要"无微不至"，而应有意识地加以一些限制。其主要体现在不令外宾感觉不便、不使外宾勉为其难、不影响外宾的个人自由。

2. 批评有度

由于中外文化差异、习俗差异，双方在很多方面是非曲直的标准未必一致，哪些地方可以批评、哪些地方不能批评，实在很难判断。因此批评要讲究内容、讲究方式、讲究场合。

3. 距离有度

根据国际礼仪惯例，人与人之间的正常距离可以分为私人距离0.5米、交际距离0.5~1米、礼仪距离1.5~3米、公共距离3米以外四种，在涉外交往中应视具体关系的不同与外宾保持适宜的空间距离。

4. 举止有度

在与外宾交往时，要多检点自己的举止动作，不要有某些过分热情的动作，也不要有不文明、不礼貌的动作。行为举止以不妨碍对方的工作、不妨碍对方的生活、不妨碍对方的休息为原则。

(八) 不必过谦

一位外国人在中国参加婚礼，他礼节性地对新郎夸奖说："你真幸运，你妻子真漂亮！"

新郎一边笑，一边随口说："哪里哪里！"外国人一愣，然后回答说："皮肤很白，眼睛很大，嘴巴很小巧，鼻子很挺……哪里都很漂亮啊！"旁人听了哈哈大笑。很明显，之所以会闹出这样的笑话，是因为外国人不懂中国人"东方式自谦"。在涉外交往中，当需要进行自我介绍，或者对自己的工作、学习、生活、特长、能力等进行介绍时，要敢于并且善于实话实说。当外国友人称赞自己的工作、技术或服务时也应当大大方方予以认可并真诚致谢。

(九) 不宜先为

1896年，李鸿章代表清廷出使八个欧美国家，在与俾斯麦的交谈过程中，侍从端来了一只精美的银碗，李鸿章接过便一口喝了碗中的水，随后却看到俾斯麦的表情变得古怪，原来这是用于洗手的水。俗话说"十里不同风，百里不同俗"，在信息发达的今天，即使事先了解过交往对象的风俗礼仪，也不可能成为事事通晓的"某国通"，因此遇事"不宜先为"，最好多注意当地人的具体做法，再悄悄跟进，或者诚恳求教，才能避免闹笑话。

(十) 尊重隐私

隐私是指一个人出于个人尊严或其他某些方面的考虑，而不愿为别人所知道的个人事宜。在国际交往中，人们普遍讲究尊重个人隐私，并且将是否尊重个人隐私作为衡量一个人是否有教养、是否尊重他人的重要标志之一。而中国人习惯于把一些被外国人视为隐私的问题看作普通家常，并以此为话题拉近距离，殊不知这犯了涉外交往的大忌。

知识链接

隐私八不问

1. 不问收入支出

在国际社会里，人们普遍认为，任何一个人的实际收入，均与其个人能力和实际地位直接存在着因果关系。所以，个人收入的多少，一向被外国人看作自己的脸面，十分忌讳他人直接或间接地打听。除去工薪收入之外，那些可以反映个人经济状况的问题，例如，纳税数额、银行存款、股票收益、私宅面积、汽车型号、服饰品牌、娱乐方式等，因与个人收入相关，所以在与外国人交谈时也不宜提及。

2. 不问年龄大小

在国外，人们普遍将自己的实际年龄当作"核心机密"，轻易不会告之于人。特别是外国妇女，最不希望外人了解自己的实际年龄。所以在国外，有这么一种说法：一位真正的绅士，应当永远"记住女士的生日，忘却女士的年龄"。

3. 不问恋爱婚姻

中国人的习惯是对于亲友、晚辈的恋爱、婚姻、家庭生活时时牵挂在心，但是绝大多数外国人对此不以为然。他们认为，面对交往不深的朋友，老老实实地交代自己的婚恋情况是非常难堪的。在一些国家里，跟异性谈论此类问题，极有可能被对方视为无聊之至，甚至还会被对方控告为"性骚扰"。

4. 不问身体健康

中国人相遇后彼此打招呼时，大家经常会相互问候对方："最近身体好吗？"也会在看到对方感冒的时候叮嘱对方："多喝水，早点睡。"可是在国外，人们在闲聊时一般都非常反感他人对自己的健康状况关注过多。

5. 不问家庭住址

外国人大都视自己的私人居所为私生活的领地，非常忌讳别人无端干扰其宁静。在一般情况下，除非知己和至交，他们一般都不大可能邀请外人前往其居所做客。为此，他们都不喜欢轻易地将个人住址、住宅电话号码等纯私人资讯"泄密"。

6. 不问个人经历

初次会面时，中国人之间往往喜欢打听交往对象"是哪里的人""哪一所学校毕业的""干什么工作的"，然而外国人大都将这些内容看作"商业秘密"，并且坚决主张"英雄莫问出处"。

7. 不问信仰政见

在国际交往中，由于人们所处国度的社会制度、政治体系和意识形态多有不同，所以要真正实现交往的顺利、合作的成功，就不能以社会制度划线，抛弃政治见解的不同，超越意识形态的差异，处处以友谊为重，以信任为重。动不动就对交往对象的宗教信仰、政治见解品头论足，甚至横加责难、非议，或是将自己的观点、见解强加于人，都是对交往对象不友好、不尊重的表现。最为明智的做法，就是在涉外交往中对此避而不谈。

8. 不问所忙何事

在国内，熟人见面之际，免不了要相互询问"忙什么呢""上哪儿去"之类的问题，但是，外国人认为这些都是个人私事，"不足为外人道哉"，而向别人探听这些问题的人，不是好奇心过盛就是别有用心。因此被问及这类问题时，外国人往往会"顾左右而言他"。

（十一）女士优先

女士优先是国际社会公认的一条重要礼仪原则，是欧美等西方国家传统的文化观念，其核心是尊重妇女、照顾妇女、体谅妇女、保护妇女。但需要注意的是男士千万要在"女士优先"这个社交礼仪中把握好一个"度"。当有女性需要帮助时，男士应热诚而主动为她效劳，但是男士的服务必须适中，切忌热心过度。例如，男士可以帮女士拿行李、拿外套等物品，但不必替她拎随身小包或手袋、遮阳伞等物品。

此外，还需注意该原则的使用场合，"女士优先"主要适用于社交场合；在公务场合，还是强调"男女平等"。

（十二）以右为尊

以右为尊原则是指在涉外交往中，依照国际惯例，在并排排列的时候，应该以右为上位，左为下位；以右侧为尊，左侧为卑。在各种类型的国际交往中，大到政治磋商、商务往来、文化交流，小到私人接触、社交应酬，但凡有必要确定并排列具体位置的主次尊卑，"以右为尊"都是普遍适用的。具体而言，在并排站立、行走或者就座的时候，为了表示礼貌，主人要主动居左，而请客人居右。男士应当主动居左，而请女士居右。晚辈应当主动居左，而请长辈居右。未婚者应当主动居左，请已婚者居右。职位、身份低者应当主动居左，而请职位、身份高者居右。

案例 7.3

左右谁为尊　中外各不同

我国自古流行以左为尊，古籍《易经》中就有"男为阳，女为阴；背为阳，腹为阴；上为阳，下为阴；左为阳，右为阴"。司马迁《史记·魏公子列传》说，魏公子无忌驾车去请隐士侯赢，"坐定，公子从车骑，虚左，自迎夷门侯生"。车上空着左边的尊位，等待侯赢就座。"虚左"，如今已经成为我们常用的成语"虚左以待"。

而现今国际上流行的礼节却完全不同，与我们正好相反，大多数国家都是以右为上。新中国的外交礼仪，一开始就与国际接了轨，采纳了以右为上的做法，主方座位在左，客方座位在右。悬挂两国国旗时，也是客方国旗在右，主方国旗在左。

但这里需要说明的是，美国及其他一些国家比较特殊。他们在接待贵宾需要悬挂国旗时，往往把本国国旗挂在上位，即右边，而把客方国旗挂在左边。而他们在安排主人客人座位时，却遵照国际惯例，把客人座位安排在右边。因此在美国，其总统会见外国领导人时，外宾身后是美国国旗，而美国领导人身后却挂来访国的国旗。

这种不协调状况曾数次发生在中美领导人会晤时。当年美国总统克林顿曾数次会见我国家主席江泽民，美方礼宾安排往往是：克林顿作为主人，坐在左边，江泽民则被安排坐在右边（这是国际上的习惯做法），而江泽民身后是美国国旗，克林顿身后则是中国国旗。

我们礼宾司的同人们，曾多次就此事与美方交涉，而他们的答复是，1942年制定的美国国旗法就是这样规定的，美国国旗应当永远处于上首，即在右边，没法改动，若改动，就是违法。我礼宾司人员开动脑筋，找机会继续同美方磋商。

1999年5月，美国战机轰炸我驻贝尔格莱德使馆，引起世界公愤，美总统、国务卿、驻华大使一个接一个向我国道歉。那年11月，在新西兰举行APEC会议时，克林顿总统希望会见江泽民主席，在礼宾安排上，美方接受我方建议：在两位领导人身后挂中、美两国多面国旗，使其相间，虽然右边仍是美国国旗，但是多面国旗在一起，就很难辨别谁上谁下了。

选自《人民日报海外版》

思考：

为什么我国礼宾司会不断与美方交涉国旗的悬挂位置呢？

模块七 涉外交往礼仪

课后思考

地主之谊

Lucinda 是英国一家企业的采购部经理，因工作需要她被派往中国考察合作企业。Lucinda 对自己首次来华之旅感到很兴奋，中方企业领导亲自到机场迎接她，安排她在酒店住下，并在当地餐厅为她接风。面对满满一桌子菜，Lucinda 感到受宠若惊，真诚地向中方表达了感谢，并表示自己吃不了那么多。中方领导一边热情地给她夹菜，一边说："没几个菜，难得来一次中国，就让我们略尽地主之谊吧。"Lucinda 为难地吃下了碗里的菜。

晚宴后，Lucinda 拿到了一份以后几天的日程表，除了参观工厂、拜访企业等常规商务活动外，Lucinda 的所有时间都被安排得满满的，包括晚上看文艺演出、采购特色纪念品以及到附近景点的游览，而且费用都由中方企业包了。Lucinda 原本打算自己到城里四处看看，但这样的安排使她完全没有了私人时间。

直到 Lucinda 回国，中方企业领导才松了一口气。为了尽到地主之谊，这几天来他把自己大部分的时间都用到了 Lucinda 身上，以确保她的访问万无一失。

而 Lucinda 走时却不知道说什么才好，她知道自己应该感谢中方为她所做的一切，但同时她也觉得很失落。回国后，同事问起 Lucinda 的中国之行，Lucinda 叹了口气说："在中国，有时候我觉得自己就像在监狱一样。"

问题：
1. 案例中展现了哪些东西方礼仪文化差异？
2. 请给中方企业领导提一些涉外交往的合适建议。

任务 7.2　涉外服务礼仪的认知

名人名言

礼仪周全能息事宁人。

——儒贝尔

礼貌像只气垫，里面什么也没有，却能奇妙地减少颠簸。

——约翰逊

训练目标

知识目标	1. 熟悉涉外宴请的 5M 原则； 2. 掌握涉外宴请组织流程与组织礼仪； 3. 掌握涉外宴请现场服务礼仪
能力目标	1. 能用辩证的眼光看待各国的餐饮礼仪习俗差异； 2. 能根据不同国家外宾的特点有针对性地安排涉外宴请活动； 3. 能正确运用涉外宴请现场服务礼仪做好涉外服务工作
情感目标	1. 培养学习和运用涉外服务礼仪知识的积极性； 2. 增强主动服务的意识，树立尊重他人、关注细节的服务理念

重点和难点

1. 重点：掌握涉外宴请组织礼仪，包括涉外宴请 5M 原则、涉外宴请形式、涉外宴请邀约礼仪和涉外宴请座次礼仪等。

2. 难点：根据不同国家外宾的特点有针对性地安排涉外宴请活动并完成现场服务工作。

案例 7.4

困惑的徐秘书

宝华公司是一家跨国企业在中国设立的分公司，这天总经理接到美国总部的通知，新上任的亚太区总裁Eddie即将前往中国市场考察，总经理高度重视本次考察，要求王助理全力以赴做好美国总裁的接待工作。

美国客人的航班上午11：00到达机场。为表示重视和诚意，总经理决定亲自去机场迎接。王助理让徐秘书去买一束花，在机场迎接时献给美国客人。徐秘书去花店买了一束红玫瑰，让花店老板扎成漂亮的一束。徐秘书拿着花束回到公司向王助理交差，王助理一看马上说："这花不行，马上去花店重订，要黄玫瑰。"徐秘书很纳闷儿，心想：这红玫瑰不是很漂亮、很喜庆吗？怎么说不行呢？但还是去重订了一束黄玫瑰。总经理在机场迎接到美国客人后，王助理送上了鲜花，客人非常高兴。

晚上要正式宴请美国客人，王助理忙于其他事情，就让徐秘书去安排，徐秘书对王助理说："美国人爱吃西餐，我知道一家法国餐厅，那家餐厅的甜点做得棒极了。美国客人一定会喜欢的。"王助理说："既然来到了中国，还是入乡随俗，请他们尝尝中国菜的丰富和美味，还是吃中餐吧。选一家有中国特色的、环境幽雅的餐厅，再让餐厅额外给每人准备一套刀叉。还有你点餐的时候要注意不要点得太多了，也不要点山珍海味。"徐秘书有点困惑，问道："如果不点山珍海味，不是显得不够档次吗？"王助理语重心长地说："小徐，宴请外宾是有很多讲究的，看来你得好好学习涉外礼仪的一些知识呀。"

思考：

1. 请你点评一下在接待美国客人的过程中，王助理的表现如何？
2. 为什么要重新订花？为什么不能点山珍海味？你能解答徐秘书的困惑吗？

由于社会条件、自然环境、历史发展等方面的限制和影响，各个国家和地区在语言、文化背景、风俗习惯和宗教信仰等诸多方面都存在着不同，因此，在涉外交往中既需要掌握以人为本、维护形象、不卑不亢、求同存异、入乡随俗、信守约定、热情有度、不必过谦、不宜先为、尊重隐私、女士优先、以右为尊等涉外礼仪通则，又需要深入了解交往对象的礼仪习俗、礼仪禁忌。

一、涉外宴请组织礼仪的认知

（一）涉外宴请的 5M 原则

按照国际商务礼仪的惯例，安排涉外宴请的商务礼仪主要应遵守所谓的 5M 原则。5M 原则是指在商务交往中安排宴会时有五大基本问题需要兼顾，因这五大基本问题的英文第一个字母都是 M，所以称为 5M 原则。

1. 约会（Meeting）

在涉外商务宴请的安排上，首先需要确定宴请的具体时间与宴请对象。

宴请对象是指邀请哪些方面的人士出席，请多少人出席。范围过大，造成浪费，范围太小，则会得罪某些人。总的原则是在兼顾各方面关系的前提下，尽量控制范围，减少人数。

至于宴请时间的确定，则最好先征求主宾以及东道主的意见，选择双方都适宜的时间，以示尊重。不要选择对方工作繁忙的时间，也应避开对方国内重大节假日。此外，还需要考虑到宴请对象的一些特殊的习俗以及礼仪禁忌。例如，宴请西方国家客人，西方文化对"13"这个数字极其敏感，就应该尽量不安排在 13 日这天，尤其是恰逢 13 日的星期五更是被西方人视为"黑色星期五"，必须回避。宴请信奉伊斯兰教的穆斯林客人，则应该了解其特有的斋月习俗，在斋月期间，一切宴请活动都只能安排在日落之后。对于一些特定的节日、纪念日的宴请，只能在节日、纪念日之前或当日举行，不能拖到节日、纪念日之后。

2. 环境（Media）

宴请地点恰当与否，体现着主人对宴请的重视程度。宴请地点可依据宴请目的、规模、形式和经费能力来确定。通常应选择环境优雅、卫生方便、服务优良、管理规范的餐厅或宾馆。落实宴请地点时应注意：

（1）按客人多少确定宴请地点。客人多，在大宾馆；客人少，则可在小酒楼。

（2）按宴请形式确定宴请地点。宴会可安排在饭店、宾馆，冷餐会、酒会则可安排在大厅或花园。

（3）宾主熟悉程度、关系深浅也是选择宴会地点的依据。

（4）注意按来宾的意愿和地方特色选择宴请地点。

（5）尽可能选择举办者所熟悉的、有声誉的饭店或宾馆。

（6）为避免外宾找不到宴请地点，宴请地点应尽量靠近外宾下榻的酒店。

3. 费用（Money）

在费用的使用上，既要热情待客，又要量力而行，反对浪费。商务交往既要有档次，又不主张奢侈浪费，所以要注意少吃少餐，少餐而精，也就是说既要强调宴请内容的少而精，又要避免大吃大喝、铺张浪费的做法。

4. 菜单（Menu）

在菜单的安排上关键是要了解客人尤其是主宾不能吃什么，排除个人禁忌、民族禁忌与宗教禁忌，而不是问之爱吃什么。具体安排菜单时，尽量事先了解来宾的习惯，既照顾客人口味，又要体现特色与文化，即吃文化、吃特色。具体注意事项如下：

（1）拟订菜单时要考虑宴请对象的喜好和禁忌，既要考虑到宗教、民族的禁忌，又要考虑到个人的禁忌。例如，穆斯林客人不吃猪肉和含酒精的食物，佛教徒不吃荤腥，印度教徒不吃牛肉，这些是宗教禁忌。西方国家客人一般不吃动物内脏和动物头、爪，日本客人一般不吃羊肉，韩国人不吃香菜，这些是民族禁忌。此外，还要考虑到，一些特殊的菜品，比如牛蛙、蛇、甲鱼、狗肉、鱼翅、鳝鱼等，外国人通常都很难接受。

（2）拟订的菜单既要注意通行的常规，又要照顾到地方的特色，像炸春卷、红烧狮子头、宫保鸡丁、北京烤鸭等虽然不是名贵菜品，但因为具有鲜明的中国特色，所以受到很多外国人的推崇。但是如果拟订菜单中有鸡鸭鹅一类，一定要在上菜前提醒服务员去头去脚再端上桌。

（3）应考虑开支的标准，做到丰俭得当。中餐可以按照人均一菜的原则点餐，如果男士较多，则适当增加一两个荤菜。

（4）宴席的菜单，应安排有冷有热，有荤有素，有主有次。在涉外宴请中，由于种种原因，往往很难提前探知外宾的健康禁忌。例如，有的人对海鲜过敏，有的人对花生过敏，有的人对豆类过敏，因此在安排菜单时要注意食物的多样性，食材尽量不要重复，给外宾更多的选择。另外，还需要注意，西方国家客人一般很少将吃到嘴中的食物再吐出来，所以尽量少点生硬需要啃食的菜肴。

（5）菜单以营养丰富、味道多样为原则。不同国家和地区对味道的偏爱是不一样的。例如，中东地区客人喜欢吃酸的，美国客人喜欢吃酸甜的，泰国客人喜欢吃酸辣的，日本客人喜欢吃咸鲜的，等等，因此提前了解宾客的喜好，适当辅以地区特色口味，是宾主尽欢的秘诀。

（6）按照国际惯例，晚宴比午宴隆重，所以菜的种类也应更加丰富一些。

5. 举止（Manner）

在餐桌上，宾主均应举止优雅、文明、规范。

餐桌举止有五忌。

（1）不布菜。在餐桌上可以把自己所欣赏的或者餐桌上有特色的菜肴推荐于人，但是不可为客人布菜。

（2）不劝酒。如果碰上志同道合者可以一醉方休，如果对方不喜欢饮酒，不要勉强于人，这是有教养者的基本表现。

（3）不出声。无论是喝汤还是吃面，都尽量不要发出声音。在一些西方客人看来，吃东西发出声音是粗鲁而没有教养的表现。

（4）不乱吐。进了嘴的东西，原则上是不应该当众再吐出来的。但是中餐中难免有需要吐骨头的菜品，此时，应用餐巾加以遮掩，且不可以吐到地上。

（5）不整理服饰。任何一个有教养的人都不能够当众宽衣解带，脱鞋或卷袖子。

知识链接

东盟国家的餐饮礼仪及禁忌

东盟（ASEAN）是指东南亚国家联盟，现有10个成员国：文莱、柬埔寨、印度尼西亚、老挝、马来西亚、缅甸、菲律宾、新加坡、泰国、越南。由于历史、地理原因，东盟国家大都深受中国文化影响，在饮食习惯上与中国人有很多相似之处，普遍喜食大米，能接受辣味的菜品，对中餐的认同度很高。其主要的餐饮礼仪及禁忌有以下几方面：

1. 忌用左手

东盟各国普遍认为左手是不洁净的，相当忌讳用左手拿取食物或是递送餐具，若右手残疾不便使用，或天生左撇子，则在用餐时需先向同桌人打声招呼，表明歉意。有时，即使右手正在抓取食物，挪腾不开，就用左手去取汤匙、朴盘等餐具，也要向众人道一声歉意。

2. 过午不食

受佛教影响，缅甸、老挝、柬埔寨等佛教徒众多的国家，形成了"过午不食，日进二斋"的习惯。一般习惯一天吃两餐，大约在上午九点和下午五点各一餐，食物也大都比较简单且很多人是素食主义者。但老挝的佛教徒是可以吃一些肉的，只是忌食"十肉"（人、象、虎、豹、狮、马、狗、蛇、猫、龟）。

3. 手抓进食

马来人、柬埔寨人、老挝人、印尼人都惯用右手手抓进食，但在正式场合进食时一般都习惯使用刀叉或勺子。值得注意的是老挝人在正式场合会使用筷子，但是是用同一双筷子的一头夹菜，另一头夹饭。

4. 禁酒及猪肉

受伊斯兰教影响，按照《古兰经》的训诫，文莱、马来西亚、印度尼西亚等主要宗教信仰为伊斯兰教的国家普遍禁酒，不吃猪肉、自死的动物和血液，且在每年伊斯兰历的9月有大概一个月左右的斋月，斋月期间，在日出和日落之间是禁止进食、饮水或吸烟的。

（二）涉外宴请形式

国际上通用的宴请形式有宴会、招待会、工作餐、茶会等。举办宴请活动采用何种形式，通常根据活动目的、邀请对象以及经费开支等各种因素而定。

1. 宴会

宴会指比较正式、隆重的设宴招待。宴会是正餐，出席者按主人安排的席位入座进餐，由服务员按专门设计的菜单依次上菜。按规格又可以分为正式宴会和非正式宴会。

正式宴会是一种隆重而正规的宴请，往往是为宴请专人而精心安排的、在比较高档的饭店或是其他特定的地点举行的、讲究排场及气氛的大型聚餐活动，对于到场人数、穿着打扮、席位排列、菜肴数目、音乐弹奏、宾主致辞等，往往都有十分严谨的要求和讲究。

非正式宴会中常见的有便宴和家宴两种形式。

便宴，通常都形式从简，并不注重规模、档次，但同样适用于正式的商务交往。一般来说，便宴只安排相关人员参加，不邀请配偶，对穿着打扮、席位排列、菜肴数目往往不做过高要求，而且也不安排音乐演奏和宾主致辞。

家宴是在家里举行的宴会，相对于正式宴会而言，家宴最重要的是要创造亲切、友好、自热的气氛，使赴宴的宾主双方轻松、自然、随意。通常，家宴往往由主妇亲自下厨，家人共同招待客人。西方人比较喜欢以这种形式增进彼此之间的感情，加深了解，促进信任。

2. 招待会

招待会是指各种不备正餐，安排较为灵活的宴请方式，常见的有以下两种形式。

（1）自助餐会。

自助餐会的主要特点是不排席位，酒菜均需客人自取，客人可自由活动，可多次取食。可设桌椅，自由入座；也可以不设座椅，站立进餐。根据主、客双方身份，招待会规格隆重程度可高可低，举办时间一般在中午12点至下午2点、下午5点至7点。这种形式常用于官方正式活动，以宴请人数众多的宾客。

（2）鸡尾酒会。

这种招待会形式较活泼，便于广泛接触交谈。招待品以酒水为主，略备小吃。不设座椅，仅置小桌，以便客人随意走动。酒会举行的时间也很灵活，中午、下午、

晚上均可，请柬上往往注明整个活动持续的时间，客人可在其间任何时候到达和退席，来去自由，不受约束。

3. 工作餐

工作餐是在商务交往中具有业务关系的合作伙伴，为进行接触、保持联系、交换信息或洽谈生意而用进餐的形式进行的商务餐会。工作餐重在一种氛围，意在以餐会友，创造出有利于进一步进行接触的轻松、愉快、和睦、融洽的氛围，是借进餐的形式继续进行的商务活动，把餐桌充当会议桌或谈判桌。

工作餐一般规模较小，通常在中午举行，时间、地点可以临时选择。在用工作餐的时候，还会继续商务上的交谈，但这时候应注意，不要像在会议室一样，进行录像、录音或专人记录。

4. 茶会

茶会是一种简便的招待形式，一般在下午4点左右举行，也有的在上午10点左右举行，以茶和咖啡为主，另备果汁点心，是欧美国家常见的宴请聚会方式。用于商务活动中，茶会显得温馨高雅。

（三）涉外宴请邀约礼仪

确定好宴请形式以及宴请时间、地点之后，即可草拟具体邀请名单。正式宴请活动需要提前至少一至两周进行邀约，非正式宴请活动也需要提前至少三天进行邀约。如果有一系列的客人需要邀请，可以将他们的名字按照最重要到最不重要的顺序列出，并在后面标注邀请的理由，这样列出来的目的是方便进行准确的沟通交流。主要的邀约方式有以下两种。

1. 电话邀约

电话邀约时，可以从最不重要的客人开始打起，这样做的目的是在预约过程中不断地练习积累经验，避免在同最重要的客人打电话邀约时出错。当然客人拒绝邀约是非常正常的事，如果客人没有提及拒绝原因，那么万万不可追问对方为什么不接受邀请。打电话邀约的时间最好提前几天，而且最好是在早上接近中午的时间进行，因为在那个时间，大部分的人正在寻思着午饭到底该吃什么，潜意识里更容易接受邀请。在邀约时注意一定要把餐厅的地址、餐厅联系电话和接待人员个人的联系电话说清楚，以免客人对餐厅不熟悉而找不到地方。如果可以的话，宴请的地点尽量选择在外宾下榻地点附近的餐厅。

2. 书面邀约

正式的涉外宴请活动，一般需要发邀请函进行书面邀约。这不仅是礼貌的表现，对客人也能起到提醒、备忘的作用。便宴口头邀约后，可不发邀请函，但如果邀约的是一位非常重要的客人，或者对方相当重视礼仪，那么电话邀约之后，还需要发送一张正式的邀请函到客人的电子邮箱中，以示尊重。邀请函上应用中英文或客人母语详细标注宴请的地点、宴请的穿着要求、参与人员等信息。如果是提前排定桌次、座位的宴请，还需在信封下角注明席次号。

正式宴请的邀请函范本如图7-1所示。

```
              Consulate General of the Czech Republic                    1918
              in Chengdu                                                 100
                                                                         2018
                                                                   CZECH AND SLOVAK
                                                                        CENTURY

        ON THE OCCASION OF THE CELEBRATION OF THE 100TH ANNIVERSARY
                    OF CZECHOSLOVAKIA'S ESTABLISHMENT
              THE CONSUL GENERAL OF THE CZECH REPUBLIC IN CHENGDU
                          MR. AND MRS. KAREL SROL
              REQUEST THE PLEASURE OF YOUR COMPANY AT THE RECEPTION ON
                    TUESDAY, 9TH OCTOBER, 2018, 18:00-20:00
                              AT SHANGRI-LA, CHENGDU

    SHANGRI-LA HOTEL CHENGDU                          R.S.V.P.
    YAAN HALL AND MIANYANG HALL, 2ND FLOOR            EMAIL: RSVP_CHENGDU@126.COM
                                                     TEL: +86-28-81476890
              DRESS CODE: BUSSINESS ATTIRE/NATIONAL DRESS
              KINDLY PRESENT THIS INVITATION UPON ARRIVAL
```

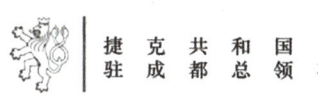

```
              捷 克 共 和 国                                              1918
              驻 成 都 总 领 事 馆                                          100
                                                                         2018
                                                                   CZECH AND SLOVAK
                                                                        CENTURY

                    值此捷克斯洛伐克成立100周年之际
                         捷克共和国驻成都总领事
                         卡雷尔·史诺先生及其夫人
                              诚挚邀请您
                    出席2018年10月9日周二18：00-20：00
                 位于成都香格里拉酒店的捷克共和国国庆招待会

    成都香格里拉酒店                         盼复：
                                            邮箱：RSVP_CHENGDU@126.COM
    二楼雅安厅和绵阳厅                       电话：+86-28-81476890
                  着装要求：商务正装/民族服装
                  敬请到场时出示此邀请函
```

图7-1 涉外宴请的邀请函

总之，无论运用哪种邀约方式，都应该做到：内容明确、称谓正确、态度亲切、热情大方。

（四）涉外宴请座次礼仪

1. 桌次安排

较大规模的中式宴会的桌次是有讲究的。目前的中式宴会多用较大的圆桌，桌上习惯放转台，一般设8～12个席位，也有的主桌设14～20个席位。按照"面门定位""以右为尊""以远为上"的原则，一般把主桌放在面对正门，背向厅壁的显赫位置，然后按照其他各桌与主桌的远近安排桌次，通常按照近主桌为高、远为低，右为高、左为低的原则安排。

2. 席位安排

除桌次外，每张餐桌的具体位次也有主次尊卑之分。面朝正门处的座位为主人座位；主人对面是副主人位置；主人的右边为主宾，左边为第二副主宾或主宾夫人；其余按先右后左顺序依次类推。但需注意，在涉外宴请中，往往还有翻译人员，在重大的宴请场合，例如国宴，翻译是不上桌的，坐在外宾身后。而在普通的商务宴请活动中，如果只有一位翻译，则坐在主人和主宾之间，如果双方都各自带有翻译人员，则翻译人员坐在各自服务对象的右侧。

案例 7.5

"国宴"揭秘

国宴是一个国家规格最高的宴请，是用以欢迎外国国家元首的正式欢迎宴会，宴会彰显出一国优良的风范和鲜明的民族特色。根据公开报道，记者统计了近年我国举办的国际性大型活动欢迎宴会发现，国宴一般为一道冷盘、三到五个热菜，并配以甜点、水果和酒水。而国宴的菜肴也并非奢华的山珍海味、鲍参翅肚，而是生活中常见的鱼虾、牛肉等"家常"食材。外交部礼宾司前代司长鲁培新介绍说，国宴不一定上山珍海味，菜品主要是突出中国特色，基本上以各方都可以接受的中餐为主。在国际会议上，为照顾各方的宗教信仰和文化习惯，一般不会使用猪肉。

座次的排序也颇为讲究。主办方必须制定一个符合各方需求的安排，同时注意不要让任何关系不好的客人相邻。鲁培新表示，2008年奥运会的宴请，9张桌子上没有写数字桌号，而是为每桌冠以一个花名，这样就回避了数字显得有高低的问题。

模块七 涉外交往礼仪

在国宴上，演奏乐曲也是一个中国特色。鲁培新介绍称，若在北京举行国宴，一般会请解放军军乐团演奏中国和来访国家的民歌。在一对一的国事访问中，一般要演奏十二三首席间乐。这可以说是一个中国特色，充满了热情洋溢的友好气氛。

选自《法制晚报》

思考：

在2008年的奥运会国宴上，我国用花名替代了数字桌号，这样做有什么好处呢？

活动与训练

涉外宴请演练

1. 任务介绍

成都威盛新能源汽车有限公司是一家生产新能源电动客车的企业，与"一带一路"沿线多个国家的企业都有业务往来。作为该公司新聘用的公关部经理，你接到的第一个任务就是协助总经理宴请一批来自文莱的客人。你应该做哪些方面的准备呢？请积极学习与思考。

2. 任务成果展示

以小组的形式完成思维导图的绘制，并进行小组演示。

3. 任务评价

请自行按表7-1所示的内容和步骤对任务完成情况进行评价。

表7-1 涉外宴请组织礼仪完成情况评价

评价项目		评价依据				得分
		90分以上	80~90分	70~80分	60~70分	
涉外宴请组织礼仪	宴请地点宴请时间	宴请形式恰当、宴请时间恰当；宴请地点环境优雅、安全卫生，服务优良，有中国特色	宴请形式恰当、宴请时间欠妥；宴请地点环境优雅、安全卫生	宴请形式、宴请时间的选择较为随意，宴请地点选择恰当，但仍有些许不足	宴请形式、宴请时间、宴请地点的选择均较为随意	
	菜单拟订	照顾到客人的喜好和禁忌；菜品丰富多样，口味多变，丰俭得当，能体现当地与当季特色	能够照顾到客人的禁忌，菜品丰富，口味多变	菜品丰富，但还有进步的空间	菜品的选择较为随意	

273

续表

评价项目		评价依据				得分
		90分以上	80~90分	70~80分	60~70分	
涉外宴请组织礼仪	席位安排	熟悉席位安排原则，席位安排恰当	主人与主宾席位安排正确，其他人员席位安排有误	主人席位正确，其余人席位安排有误	席位安排随意	
	邀约方式	能选择恰当的邀约方式提前进行邀约，且邀约内容明确、称谓正确、邀请函撰写规范	能选择恰当的邀约方式，邀约内容明确、称谓正确，但邀请函的撰写有进步空间	邀约方式随意，邀约内容不够完善	邀约随意或临时邀约	
上台演示礼仪	个人仪态	着装大方得体，举止有礼，自信从容，肢体语言恰到好处	着装恰当，但比较紧张，肢体语言过多	着装一般，举止局促，比较紧张	非常紧张，手足无措	
	语言表达	声音大小适中，语速合适	音量合适，但较为平淡，没有抑扬顿挫	声音过大或过小	声音听不清楚	
	思维导图	思维导图清晰，环节完善	思维导图较为清晰，但环节有所欠缺	思维导图略显混乱，环节安排较为凌乱	思维导图凌乱，环节安排无序	

二、涉外宴请现场服务礼仪的认知

涉外宴请涉及许多具体的内容，包括现场布置的检查工作、陪领导迎接外宾、向领导介绍外宾、安排陪同工作人员就餐、宴请中的气氛调节、服务员遗忘事宜的提醒与弥补、餐后送客的安排，等等，工作细致且复杂，环节较多且马虎不得，必须一一安排好。大体而言，涉外宴请当天主要环节有三个：热情迎客、礼貌待客、恭敬送客。

（一）迎客礼仪

1. 现场布置

负责涉外宴请的工作人员，应该在宴会开始前1小时到现场检查准备工作，检查的主要内容是席位安排和现场布置。对席位卡、菜单的摆放进行核对确认，席位卡置于酒杯或平摆于餐具上方，勿置于餐盘内，菜单一般放在餐具右侧。需要注意的是，涉外宴请时如果是中餐宴请，需要提醒餐厅服务人员为外宾准备刀叉。

2. 迎客礼仪

接待工作人员应提前做好准备，迎接参加宴请的主方领导。主方领导到位后，工作人员随同主方领导在休息厅或包间门口迎客。对于住宿的客人，接待人员应到所下榻的房间或酒店将客人请到餐厅。客人到达后，工作人员应主动向客人介绍主方领导，主方领导同主宾握手寒暄后，主方领导请主宾入座，再从左边入座，待主人和主宾入座后，其他宾客和陪客人员入座。一般而言，当邻座的女士或长辈入座时，男士应主动上前帮他们拉开椅子并帮其入座，然后再从自己行进方向的左侧入座。落座后椅子与餐桌之间不要过近或过远，双手不宜放在邻座的椅背或餐桌上，更不要用两肘撑在餐桌上。此时如尚有其他客人未到，还需安排主方工作人员代表主人在门口迎接。

（二）待客礼仪

1. 致辞礼仪

涉外宴请中，主人往往会先致祝酒词再开席，此时一定不能与他人交谈，要耐心倾听。主宾可能会在主人致辞之后致感谢词，也可能会在宴会途中致辞。当其致辞时，所有人应停止一切活动，尤其是停止咀嚼，耐心倾听，并示意服务员为席间众人添酒，因为致辞后往往会全体举杯共饮。

2. 进餐礼仪

（1）举止文雅。

进餐过程中，当众补妆、梳理头发、挽袖口或松领带都是不礼貌的。另外，用餐中千万不要动不动就用自己的筷子东挥西指。进餐要文雅，使用餐具要轻拿轻放，避免相互碰撞发出响声；吃东西也要注意尽量不发出"吧嗒吧嗒"的声音，不要在口中有食物时与别人说话；不要咳嗽、打喷嚏，实在不能抑制的时候，必须把头转个方向，并用手帕或餐巾纸捂住口鼻。

（2）交谈适度。

就餐期间，静食不语是不礼貌的，但用餐的整个过程要始终突出主人和主宾，以主人和主宾的话题为主，不要随意改变话题。不能随意大声说话，要注意交谈音量，注意周围环境，与人交谈时应暂停进食。进餐期间，可以主动与邻位的客人交谈，但尽量不要涉及他人的年龄、工资收入、人际关系等较为隐私的话题。

3. 祝酒礼仪

敬（祝）酒总是由第一主人或地位、身份、级别最高的人倡议；按主人、客人的先后和级别、年龄的顺序依次进行。喝酒要视自己的酒量而定，尽量避免饮酒过量而失言、失态；要先给长者敬酒，做到尊卑有序、长幼有序。如有长者给自己敬酒，要主动起立，迎上前去碰杯，并将长者送回原位。

4. 离席礼仪

席间一般情况下不要常常离席。如遇特殊情况，可说声"对不起，离开一会儿，我办点事"。如确实有事需要提前退席，应向主人说明情况后悄悄离开，也可事先向主人打招呼，届时悄悄离开。

（三）送客礼仪

当大部分人已经停止进食，在享用餐后水果或甜点时，接待工作人员应该安排送客车辆停放到位，而且哪辆车送哪些客人应提前安排好，不要临时决定引起混乱。主人和主宾起身后，应及时提醒客人带好随身物品，并随同主人在宴会厅门口做好送行准备。

送客人时，要等客人主动伸出手来握手时，再伸出手来握，否则会让客人产生一种赶他走的感觉。客人上车后，随主人一起，挥右手示意"走好"；等客人车辆消失在视野范围内再相继离开。

活动与训练

涉外宴请的现场服务

1. 活动要求

作为威盛公司新聘用的公关部经理，宴请文莱客人当天，你应该做什么？又应该注意哪些礼仪规范呢？请积极学习与思考。

2. 活动成果展示

学习结束，以小组的形式分别模拟迎客、待客、送客三个场景，进行涉外宴请现场服务礼仪的训练。

3. 活动评价

请自行按表7-2所示的内容和步骤对完成任务的情况进行评价。

模块七 涉外交往礼仪

表7－2　涉外宴请的现场服务评价

序号	姓名	评分要求							总分 (100分)
		情景设置 (15分)	个人仪态 (15分)	手势行为 (15分)	语言沟通 (15分)	工作流程 (15分)	礼仪规范 (20分)	其他 (5分)	
1									
2									
3									
4									
5									
6									

课后思考

食之有礼，春风十里

李小姐是广州一家国际贸易公司的公关部经理。广交会期间，她所在公司要正式宴请该公司在中东地区的几位大客户，以答谢他们多年来给予的支持。

她首先询问了公司负责中东市场外贸业务的王经理，详细了解了中东客人的餐饮礼仪、禁忌和喜好。王经理告诉她中东国家居民多数都信奉伊斯兰教，而且在阿联酋的宴请中，主人会先熏香迎客，熏香礼仪之后，主人便用茶水和水果招待客人。红茶、椰枣茶和薄荷茶是风行阿联酋的三大饮料。有时也用咖啡待客，但咖啡不放糖和奶，且所用的杯子很小，基本一口一杯。李小姐听后，给本市最有名的清真餐厅打电话预订晚宴，安排好了以羊肉为主的晚宴菜单，并且于一星期前送出了请柬。请柬送出后，李小姐又挨个打电话给中东客户公司的公关部经理，详细说明了晚宴的地点和时间，再次落实了参加宴会的人员名单。

宴请当天下午李小姐提前到清真餐厅检查现场的布置情况，以及晚宴的安排情况。她根据参加人员情况，安排了桌卡和座位牌，为晚上的正式宴请做准备。然后她又找到当晚的餐厅领班经理，再次讲了重点事项，又和他共同检查了宴会的准备工作。

思考：
1. 李小姐哪些地方做得好呢？
2. 你认为李小姐会跟餐厅领班强调哪些重点事项呢？

任务7.3　涉外商务礼仪的认知

名人名言

礼节是所有规范中最微小却最稳定的规范。

——拉罗什福科

世界上最廉价而且能得到最大收益的一项物质就是礼节。

——拿破仑

训练目标

知识目标	1. 熟悉涉外商务接待的流程； 2. 掌握涉外商务接待礼仪； 3. 掌握出国商务考察的礼仪
能力目标	1. 能根据不同的访问目的以及不同国家外宾的文化礼仪习惯进行涉外商务接待； 2. 能正确运用出国商务考察的礼仪树立有礼有节、得体大方的涉外形象
情感目标	培养学习者学会有意识地、正确地运用涉外商务接待礼仪和出国商务考察礼仪，提高自身的礼仪素质，在以后的实际工作和涉外交往中能表现得自如得体，从而顺利完成各种涉外商务活动

重点和难点

1. 重点：掌握涉外商务接待礼仪，包括接待准备礼仪、接机礼仪、陪同礼仪、送别礼仪等。

2. 难点：根据不同的访问目的以及不同国家外宾的文化礼仪习惯完成涉外商务接待。

模块七 涉外交往礼仪

案例 7.6

小王的"指点"

小王是天达集团的外贸业务经理，专门负责该公司国际市场的开拓和国外来宾的参观接待。这天一批来自巴基斯坦的采购商提出到中国参观工厂和样品的要求，小王与其沟通后确定了参观行程与接待方案。客人来访的日子到了，小王换上西装，带上企业介绍、产品介绍和接机牌提前半小时就到了机场等候客人。飞机抵达后，小王热情地举起了手中的接机牌。不一会儿巴基斯坦的客人就走了过来，小王主动上前与客人一一握手寒暄，并带着客人走向了停车场的接机车辆。上了商务车，小王习惯性地开始清点人数，只见他伸出食指，挨个指向客人，并小声地用汉语喃喃自语："1，2，3，4，…"巴基斯坦客人全部皱起了眉头。当小王分发产品和企业介绍材料的时候，客人们大多随意接过，并不打开。小王很困惑，刚刚还与他谈笑风生的客人，这是怎么了？

思考：

1. 为什么巴基斯坦客人突然对小王很冷淡了？你能解答小王的困惑吗？

2. 回忆一下，或搜集资料，国际航班的空乘人员是如何清点人数的？为什么要这样做？

涉外商务礼仪就是人们参与国际商务活动所要遵守的惯例，它强调交往中的规范性、对象性和技巧性。随着经济全球化速度的加快，以及我国一系列扩大开放政策的共同作用，我国在国际贸易中所扮演的角色日益重要，也获得了更高的国际话语权。跨国企业不断来华建厂，国际集团纷纷在华投资成立合资企业，各国采购商、供应商也接连来华考察，各种类型、各种层次的贸易往来和商务谈判已经成为涉外交往中重要的部分。而礼仪作为商务活动的润滑剂，能在跨文化的涉外商务活动中传递信息、规范行为、增进感情、树立形象。

与此同时，国内政府部门、国内企业出国考察、出国参观、出国参展、出国投标的项目也越来越多。要达到有效交际的目标，就必须入乡随俗、客随主便，了解跨国商务礼仪的差异。譬如有些国家，见面礼节是"握手"，有些国家，见面礼节是"亲脸"，那先握哪只手？先贴哪边脸？男人和男人之间"亲脸"吗？双手合十的时候，把手举过头顶、把手放在胸前是什么意思？这些都需要事先了解才能尊重交往对象的特殊风俗。

在涉外商务活动中，遵循国际礼仪规范，尊重交往对象的特殊风俗，不仅有利

于自身事业的发展和成功，还有利于我国国际商务活动的顺利开展，更有利于展现中国礼仪之邦的风貌。

随着国际交往的日益频繁，各国领导人、政府官员、公职人员、社会知名人士、企业家之间的互访活动大量增加。这些访问包括正式的国事访问、友好访问、工作访问、考察访问、各种业务访问，以及顺道访问、非正式的私人访问，等等。如何做好接待工作，展现有礼有节的东道主形象，向来宾表示尊重和礼貌，是涉外商务交往中的重要课题。

一、接待准备礼仪的认知

（一）接待规格

接待规格的高低，体现了对来访客人的重视程度和欢迎的热烈程度，来访者对于接待规格的高低也往往比较敏感。因此，对于来访客人的接待规格要妥善掌握。

接待规格的高低常常从各方面表现出来。例如，宴会规模的大小、出席宴会的主方人员身份、某些礼仪活动的隆重程度等，甚至住宿和交通工具的安排也是接待规格高低的反映。因此接待规格必须事先确定，才能根据接待规格草拟接待方案，并安排各个环节的接待人员与作陪人员。接待规格主要有以下几种。

1. 高格接待

高格接待，即接待人员比来访人员身份高的接待。当对方的来访事关重大或东道主一方非常希望与对方建立友好关系时，往往高规格接待。

2. 对等接待

对等接待，即接待人员与来访人员身份大体相等的接待。这是接待工作中最常见的。一般来的客人是什么级别，我方也应派相应级别的人员接待作陪。

3. 低格接待

低格接待，即主要陪同人员比客人的职位要低的接待。这种接待中要特别注意热情和礼貌。

具体采用什么接待规格，由东道主根据来访客人的身份而定，一般不可过高，也不可过低；对以前接待过的客人，接待规格最好参照原有标准。

案例 7.7

外交无小事

2018年2月底,中美贸易战刚刚开始的时候,我国国务院副总理刘鹤率队访问华盛顿,就中美贸易合作的问题与美方磋商。然而负责接待刘鹤的不是身份对等的美国副总统,而是美国财政部长姆努钦。

2018年5月,刘鹤再次访美,这一次的陪同人员除了姆努钦等美方部长外,还有美国副总统彭斯。更重要的是,美国总统特朗普突然在白宫会见了刘鹤,且会见持续了40分钟。根据新华社随后发布的通稿,特朗普还特别对刘鹤强调:"美中在经贸领域保持良好合作关系十分重要。"

美方将接待规格临时拔高,足见美方对中方代表团的重视程度,而此次会见之后,中美贸易战也确实迎来了一段时间的缓和。

外交无小事,一些看似不经意的细节,其实都透露着意味深长的信号。

思考:

2018年2月刘鹤访美,美方的接待规格属于哪一种?为什么美方会采取这种接待规格呢?

(二) 资料准备

在涉外商务接待中,既要注意遵守国际交往中的通用礼仪,又要注意不同国家、民族的风俗习惯和禁忌;既要热情周到、彬彬有礼,又要不卑不亢、热情有度,显示出我们的礼仪风范和修养。因此在接待之前,我们需要尽可能详尽地收集信息,准备资料,以避免疏漏。需要准备的资料主要有以下几方面。

1. 外宾的基本情况

主要是弄清楚来访外宾的总人数、性别、职务等情况,这些均可请对方事先提供。对于外宾的饮食爱好、宗教禁忌以及是否有其他特殊的生活习惯等也可事先向对方探询。

拟订来宾访问日程前,还需要向对方了解清楚抵离的日期和时间、交通工具和旅行路线、对参观访问的具体愿望等。

2. 文件资料

文件资料的准备:一是根据外宾需求准备正式的邀请函,协助外宾办理中国签

证，如日程需要进入藏区，还需协助外宾办理入藏许可证等旅行证件。二是需要准备详细的行程表，使外宾对每日的行程心中有数，并做好准备。三是需要以中英文或外宾母语准备好各环节所需要的资料文稿，比如产品介绍、公司介绍、工厂介绍、项目背景资料、仪式讲话资料等。

(三) 日程草拟

访问日程一般应由东道国首先提出。日程安排的好坏，对访问能否成功顺利进行具有重要的意义。日程安排太少，可能会让有些外宾感到受冷落，日程安排太多，又可能令外宾筋疲力尽，没有轻松休息的时间，因此日程安排需要松紧得当，还需要考虑以下一些因素。

(1) 访问的目的和性质：是参观为主还是磋商为主？这些都需要根据访问目的而定。

(2) 访问者的愿望：如果外宾对中国文化特别感兴趣，就应当适当安排一些历史文化古迹的游览项目。

(3) 访问者同东道国的哪些人和事有特殊的关系。

(4) 访问者过去是否曾经来访过，哪些项目过去已经看过，如何使本次访问更具特色。

(5) 来访者的年龄及身体状况能适应的活动限度。

(6) 代表团其他成员的特殊要求与安排，特别是主宾的夫人，有时可以另行安排一些有意义的活动。

除了以上因素以外，主方领导人的时间安排是一个十分重要的因素，事先应当敲定需要主方领导人出面的环节。

日程草案拟订后，可先将主要内容告知对方，包括住哪个酒店、参观哪些项目、参加哪些活动、哪些地方需要外宾讲话，等等，以便听取对方意见，并使对方有所准备。

(四) 食宿安排

外宾来访期间的生活接待十分重要。住宿问题一般有两种方法：一是由外宾自行解决住宿；二是由东道主为外宾安排住宿。在为外宾安排住宿的时候，需要注意以下问题。

1. 生活习惯

不同的国家有不同的风俗，而且每个人也有自己独特的生活习惯。一般而言，外宾都非常注重隐私，不习惯与他人合住，因此在安排住宿时尽量做到一人一间房。此外，西方人的洗澡时间与东方人不大一样，安排住宿地点时一定要注意是否24小时都能洗热水澡。

2. 交通环境

安排住宿时，还需注意拟住宿地点与有关工作地点的距离远近，以方便开展各项商务活动；拟住宿地点附近的公共交通条件，方便外宾在工作结束后私人出行。

3. 房间安排

如需要为多位外宾安排住宿，房间的具体安排可由东道主安排分配后，再征求客人意见；也可将房间位置图提前交给对方，请对方自行安排。

关于饮食，应按外宾的习惯和爱好，尽量安排好。还应按外宾习惯，在房间内准备一些饮料、水果等，供其随时取用。

二、接机礼仪的认知

接机前必须提前弄清楚总共需要接多少人、飞机的航班以及到达时间；对于有双机场的地方，还需要提前查好该趟航班是到哪个机场的哪个航站楼。

提前准备写有对方姓名的接机牌，这里需要注意一些国家的特殊称呼礼仪。例如，西方人通常名在前，姓在后，但有时候也有中间名（middle name），比如 Ronald Thatcher Reagan，名为 Ronald，中间名为 Thatcher，通常是为了纪念先辈或父母亲朋中受尊敬人士，Reagan 是姓氏。因此接机牌受大小限制一般可以用缩略语，但需注意英国人习惯上将名和中间名全部缩写，如 R. T. Reagan；美国人则习惯只缩写中间名，如 Ronald T. Reagan；也有的国家会在姓名中将父姓与母姓都加入，所以在接机之前需要与对方沟通具体的称呼称谓，以免失礼。

提前到达机场，在国际到达出口等候客人，此时可以提前将自己的衣着特征以及自己所在位置发给对方，以便对方寻找。如果是接待特别重要的贵宾，则可以准备鲜花和横幅，但需注意不同花的花语以及各国对花的禁忌，避免引起误会。

接到客人后，要与对方握手并自我介绍，主动帮助外宾提取行李。西方人此时往往会为接待人员和接机司机送上小物品以表达谢意，这些物品通常价值不高，但仍然用双手接过并真诚道谢。

三、陪同礼仪的认知

陪同外宾参观前，接待人员应向客人介绍这次参观的大致概况，如参观什么地方、大概多远、会见到什么人、午餐晚餐的安排，等等，都应提前主动和客人沟通清楚，以方便客人做好准备。

在乘车前往目的地的过程中，注意适当和客人聊天、寒暄，避免冷场，使客人尴尬，但也需要随时留意客人是否呈现疲惫状态。如果客人表现困倦则不应打扰，告知客人所需行车时间后请客人稍稍小憩一会儿。

在陪同外宾参观的过程中，根据"以右为尊"的国际惯例，接待人员走在客人左边，以示尊重。对于贵宾，有时也由主管领导甚至单位负责人亲自陪同讲解。如果是主管领导陪同外宾参观，则一般会并排与客人同行，此时其他随行人员走在外宾和主方领导后边。

在参观讲解时，陪同人员应面向客人并与客人保持适当距离，这样既方便自己看展品又方便介绍。对公司、产品的介绍应简明扼要、实事求是，既不夸大成绩，也不掩饰不足。对外宾提出的问题，应区别情况慎做简明答复，不要不懂装懂，不要轻易表态，更不要随意允诺送给客人礼品、产品、资料等，注意内外有别，遵守外事保密规定。在参观过程中，如遇到需要保密的或者因种种原因不能摄影的项目，应事先向来宾说明情况，致以歉意。此外，在陪同参观某些地点的时候，还需要注意讲解介绍的音量，如办公区、学校等，以不打扰正常的工作、学习为宜，必要的时候可使用专用讲解耳机。

在行进过程中，接待人员的速度需要照顾到客人的速度。在有多位外宾的时候，不仅要照顾好主宾，还应照顾好其他客人，防止队伍首尾不接。遇到特殊地方，如有楼梯、台阶、地滑、地不平，以及头顶上方有障碍等情况时，要有语言关照，提示客人注意安全。

案例 7.8

宣纸泄密

宣纸是中国传统的古典书画用纸，素有"纸中之王"的美称，是汉族传统造纸工艺之一，起于唐代，历代相沿。原产于安徽省泾县一带，古属宣州，因此所产的纸称为"宣纸"。

宣纸为纸中极品，具有巨大的经济价值，外界对宣纸的制造工艺垂涎已久。

20世纪90年代初，日本某企业来到宣纸的故乡参观访问。当地人虽然热情地接待了他们，但是整个参观过程不允许拍照和录像，也不允许带走纸浆。

一年后，日本代表团又访问了浙江另一家造纸厂，该厂工作人员自豪地、不厌其烦地对宣纸的生产工艺进行了介绍。从造纸的原材料采集，到每一道加工工序，最后是怎样制成优质的宣纸等过程，毫无保留地告诉了日本客人。日本代表团听得专心致志，其后又提出拍照录像的请求，该厂领导毫不犹豫就同意了。

不久日本成功制作出宣纸。国宝流失，让人扼腕叹息！

思考：

宣纸泄密的事件对我们进行涉外商务交往有哪些启示呢？

四、送别礼仪的认知

在人际交往中，送别的礼仪甚至比迎接的礼仪更不容忽视。尤其是接待外宾时，留给宾客一个良好的印象，对于以后双方的交往很有帮助。

（一）送别形式

最常见的送别形式有道别、话别、饯行、送行。

道别往往只需要送到门口，预祝客人旅途顺利或欢迎客人下次再来，等客人身影完全消失后即可返回。

话别是指在客人离去之前，主方领导专程前去探望对方，并且与对方进行离别寒暄。话别主要内容是为了表达惜别之情，听取来宾的意见，了解来宾有无需要帮忙代劳的事情，并赠送离别纪念性礼品。

饯行指在来宾离开前，东道主专门为对方举行一次宴会，以郑重其事地为对方送行。饯行不仅形式上显得热烈而隆重，还会让对方产生备受重视之感，进而加深宾主之间的深情厚谊，有利于后续的业务往来和商务关系维护。

送行是指东道主亲自前往或者特地委派专人前往来宾的住处，一路将其送至机场、火车站等地。送行是所有送别仪式中规格档次最高，也最能表达对对方的尊重。因此，送行的礼节要求是最高的，送行人员需要与来宾亲切交谈，握手作别，来宾走远后还需挥手致意，直到对方的身影完全消失，送行人员才可离去。

（二）馈赠礼仪

在涉外商务接待活动中，离别送行前，为表示友谊长存，一般都会互赠纪念性的礼品。恰当得体的馈赠可以恰到好处地向外宾表达自己的友好，增进彼此之间的情谊，促成更多的商业合作，但如果挑选的礼物不合适，就会不小心冒犯对方。馈赠礼仪一般包括下面几个问题。

1. 礼品的选择

"千里送鹅毛，礼轻情意重"的故事在我国妇孺皆知，礼品的价值不在其物质价值的高低，而在于受礼人是否喜爱，因此礼品的选择应该因事而异、因人而异、避其禁忌。

因事而异是指在不同情况下，向受礼人赠送不同的礼品。例如，探视病人，赠送对方鲜花和水果是恰当的，但若赠送蛋糕、红酒之类就不大合适。在涉外商务接待中，离别赠送一般会赠送有中国文化或民族特色、地方特色的物品。

因人而异是指由于生活环境、宗教信仰、文化背景、性格爱好等方面的不同，不同的人对同一礼品的态度是不同的，因此在选择礼物的时候需要投其所好、避其禁忌。对外宾，尤其是西方人而言，中国文化是神秘而珍贵的，因此传统的中国工艺品，比如剪纸、笛子、筷子、中国山水画、中国书法等，往往备受外宾青睐。

避其禁忌则是指选择礼品时应避开四类禁忌：民俗禁忌、宗教禁忌、个人禁忌、法规禁忌。例如：荷花在中国代表"清纯高洁"，很多书画作品都喜欢以荷花为题，但是在日本，荷花却与死亡联系在一起，所以日本人很忌讳收到以荷花为题的礼品，这就是民俗禁忌。伊斯兰教将牛视作神的使者，所以忌讳收到牛皮制品，这是宗教禁忌。各国均规定不得将现金和有价证券送给公务人员，这是法规禁忌。除此之外，送情侣表给尚且单身的人，送牛肉干给素食主义者，送鱼翅给动物保护主义者，都会触犯对方的个人禁忌。

2. 礼品的包装

精美的包装将使礼品显得更加精致、郑重、典雅，不仅能显现出赠礼人的文化和艺术品位，还表示送礼人把送礼作为很隆重的事，以此表达对受礼人的尊敬。在赠送礼品给外国友人时，尤其应当注意这点。

不论礼品本身有没有盒子都要用彩色花纹纸包装，用彩色缎带捆扎好，并系成好看的结，如蝴蝶结、梅花结等。但是在礼品包装纸的颜色、图案、包装后的形状、缎带的颜色、结法等方面，要注意尊重受礼人的文化背景、风俗习惯和禁忌，不要犯忌。例如，巴西人不喜欢紫色，认为紫色是悲伤的颜色，曾经有一批出口巴西的手表，就因为包装盒上配有紫色丝带而滞销。相比而言，黄色丝带、绿色丝带、蓝色丝带是各国都比较能接受的颜色。

3. 礼品的赠送

送礼时应先向对方致意问候，简要委婉说明送礼的意图，如"这件礼物代表着我们之间的友谊，希望您在中国度过了一段愉快的时光，以后常联系""非常感谢贵司对此次合作的重视，这件礼物代表着我们的感谢，希望以后合作愉快"。

在赠送礼品时，送礼者还应对礼品寓意、礼品使用方法、礼品特色等进行介绍。这里需要注意，中国人在送礼时往往会自谦，喜欢强调礼品的微薄，而不介绍所送礼品的珍贵，一般会说"区区薄礼不成敬意，请笑纳"。但西方人在送礼时却喜欢介绍礼品独特的意义和价值，以表示自己对对方的特别重视。所以在涉外馈赠的时候，自谦容易让对方产生不受重视的误会，这时可以介绍礼物的特殊性或者独特寓意，比如"这是我特意为您选的""这是我国非物质文化遗产蜀绣，图案则是代表好运的锦鲤，希望您喜欢"。

在递送礼品的时候，送礼者应该注意仪态大方自然，面带微笑，目视对方，双手递交。将礼品交与对方后，还要与对方热情握手。

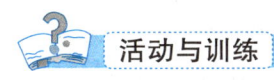

活动与训练

涉外送别礼仪

1. 任务介绍

鑫博联公司与马来西亚的天旺公司有长期的业务往来，天旺公司想要在马来西亚地区独家代理鑫博联的产品。为加强双方的交流，并洽谈独家代理事宜，天旺公司总经理以及市场经理，将于 10 月中旬前往上海进行商务拜访与洽谈。作为鑫博联公司的公关经理，你将如何接待天旺公司的来宾呢？

2. 任务成果展示

以小组为单位，制订接待方案，并进行情景演练。

3. 任务要求：

（1）包含参观陪同、离别赠礼、机场接机等场景，可分组随机抽取情景演练场景。

（2）自行设置天旺公司来宾的人数、职务、性别等信息。

（3）着重注意马来西亚的风俗习惯及禁忌。

（4）情景演练过程中，着装恰当、得体、落落大方。

4. 任务评价

请自行按表 7-3 所列的内容和步骤对任务完成情况进行评价。

表 7-3 任务结果测评

评价依据	得分区间	得分
接待日程符合访问目的；住宿安排合理；陪同礼仪到位；送别礼物选择恰当	90 分以上	
接待日程过紧或过松；住宿安排合理；陪同礼仪有待提高；送别礼物选择恰当	75～90 分	
接待日程、住宿安排随意；陪同礼仪有待提高；送别礼物选择不恰当	60～75 分	
接待日程、住宿安排、陪同礼仪、送别礼物选择出现重大礼仪失误	60 分以下	

五、出国商务考察礼仪的认知

出国商务考察通常是指对业务相关的企业进行参观、交流、考察及合作，也指政府部门、国内企业赴国外进行的考察及培训项目，具体涉及企业的技术、市场、生产、投资、战略合作等众多领域，旨在实现建立联系、经验交流、技术转移、对口合作等目标。

随着目前经济一体化、全球分工进一步细化、跨国生产和采购全球化的趋势不断深化，企业所面临的市场环境也越来越复杂。面对日益饱和的国内市场，不少企业选择了走出国门，去开拓国际市场，而在进军国际市场之前，往往需要对目标国家的政治制度、经济制度和社会情况有所了解，因此，企业的出国商务考察活动日益频繁。身在异国他乡，个人的形象就代表着国家的形象，从个人礼仪做起，得到世界的肯定和欢迎，不仅有利于后续的商业来往，更有利于维护和树立中国对外的良好形象。

（一）遵纪守法

每个国家都有自己的法律法规，各个国家的法律法规也各有不同，这种不同虽不像风俗习惯那么明显，但也不可忽视，以免给自己带来麻烦。例如，英国法律规定，英国公共水域的天鹅都是归英国女王所有，任何人不能随意捕捉。还有些国家对于环境卫生也十分重视，对于吐痰、乱扔烟头等行为，轻则罚款，重则坐牢。在许多国家，如果没有在指定的地点吸烟，或者吸烟没有征得周围人的同意，也有可能被告上法庭。

另外，现在办理国际驾照的手续简化，很多人也习惯于在国外租车自驾，而国外自驾从交通规则到行车道德都较国内规范很多，需要严格遵守，以免造成不必要的麻烦和危险。国外驾驶与国内最大的差异来自鸣笛，在国外城市道路及高速路行驶过程中几乎没有人鸣笛，除非极为特殊紧急的情况下才会使用鸣笛作为提示，所以请勿对行人鸣笛或催促其他车辆。还有一些基本的驾车规则，例如不超速，不超载，不闯红灯，系好安全带，不随意变道，礼让行人，不酒后驾车，等等，这些都需要牢记心间。像日本、韩国、法国等多个国家就规定，"行车不礼让行人"会处以极高的罚款。

因此在出国前，除了带齐各种旅行证件外，还需要了解目的国的法律法规，以免违法。

（二）入乡随俗

做到入乡随俗并不是个很困难的问题。一是多看多问，注意观察当地人在各类场合或情景中言谈举止的特别之处，不明白的地方真诚地向对方求教，无论当地风俗与自己已有的认知有多大的差异，都要抱着尊重的态度去了解；二是多学多了解，不仅学习对方是怎么做的，还要深入地了解当地人为什么这样做，从而真正地融入当地社会。

二、知识链接

世界各主要国家礼仪习俗

1. 日本

日本人见面多以鞠躬为礼,日本人的一生中要鞠躬的次数可能多到数不过来,无论大小事情都需要鞠躬来表达不同的意思。鞠躬弯腰的深浅不同,表示的含义也不同,最常使用的是十五度鞠躬礼,用于熟人或朋友的日常问候。三十度鞠躬礼多用于工作场合,有表示感谢和多多关照的意思。四十五度鞠躬礼,多用于一些比较重要场合,有表达谢罪和非常感谢的意思,或者用于送别重要客人,是最高级别的礼仪。此外,日本人待人接物态度认真、办事效率高,并表现出很强的纪律性和自制力,时间概念相当强,迟到是很不礼貌的行为。

2. 泰国

在泰国,进门时需要脱鞋,且千万不要踩门槛。泰国人见面通常施"合十礼",将手合十于胸前,头稍稍低下,互相问候"萨瓦迪卡"(你好)。行合十礼的时候,双手举得越高,表示对对方尊敬的程度越深。另外,在称呼礼仪方面,泰国人习惯称名而不称姓,例如,对刘华先生的称呼,中国人会习惯用"刘先生",而泰国人习惯称呼"华先生"。

3. 印度

印度人大部分信奉印度教,受宗教影响,印度人的礼仪禁忌比较多。例如,见面与分手时,男人与男人握手,但如果被引见的是女性,男人不应该与她握手而是双手合十,微微弯腰。递接物品的时候,忌讳用左手,而且牛在印度是很神圣的动物,因此不吃牛肉、不使用牛皮制品是对印度人的信仰尊重。

4. 美国

美国人喜欢运用手势或其他体态语来表达自己的情感。但是要注意以下四个禁忌:

(1) 盯视他人。

(2) 冲着别人吐舌头。

(3) 用食指指点交往对象。

(4) 用食指横在喉头之前。

美国人认为,以上体态语言都具有侮辱他人之意。另外,在与美国人交谈的时候要注意社交距离,因为美国人认为个人空间不容冒犯。

5. 德国

德国人守纪律、讲整洁、守时间、喜清静、待人诚恳,注重礼仪。与德国人握手时,有必要特别注意下述三点:一是握手时务必坦然地注视对方;二是握手的时

间宜稍长一些，晃动的次数宜稍多一些；三是握手时所用的力量宜稍大一些。另外，德国人在人际交往中非常重视称呼，对德国人称呼不当，通常会令对方大为不快。一般情况下，切勿直呼德国人的名字。称其全称，或仅称其姓都可以。

6. 沙特阿拉伯

沙特阿拉伯人大部分信奉伊斯兰教，受伊斯兰教影响，按照《古兰经》的训诫，主要宗教信仰为伊斯兰教的国家普遍禁酒，不吃猪肉、自死的动物和血液，且在每年伊斯兰历的9月有大概一个月左右的斋月，斋月期间，在日出和日落之间是禁止进食、饮水或吸烟的。

沙特阿拉伯人见面时，习惯首先互相问候说"Salam 萨拉姆"（你好），但如果沙特人带着妇女作伴，别指望与她握手，也别指望会把你介绍给她。

7. 希腊

希腊人喜欢吸烟，商务谈判和社交活动中都喜欢吸烟，甚至吃饭的时候也吸上几口，因此，在与当地人交往中不必对他们的吸烟习惯感到奇怪。希腊人对我国常用的招手手势很反感。因为这种手势在他们民族中，是表达"下地狱"之意的，是对人的一种侮辱手势。

8. 英国

英国人非常注意服装，他们对仪容仪表高度重视，彼此第一次认识时，一般都以握手为礼，随便拍打客人被认为是非礼的行为，即使在公务完成之后也如此。在英国经商，必须遵守信用，答应过的事情必须全力以赴、不折不扣地完成。英国人待人彬彬有礼，讲话十分客气，"谢谢""请"字不离口。请他办事时说话要委婉，不要使人感到有命令的口吻，否则会遭到冷遇。

（三）日常生活中的礼仪

1. 住宿礼仪

通行于世界的住宿酒店的礼仪主要包括以下几方面：

应当讲究礼貌。在酒店里住宿，对于自己所遇到的一切人，都应当以礼相待。在通过走廊、出入电梯或是接受酒店里所提供的各项服务时，要懂得礼让他人。对于为自己服务的各类饭店工作人员，要充分地予以尊重和体谅。

应当保持安静。酒店是专供住宿者进行休息的处所，因此，保持安静被视为酒店的基本规矩。在酒店内的公共场所，一定要注意调低自己说话的音量，走路轻手轻脚。即使是在自己住宿的客房里，亦应当保持安静，不给他人造成困扰。

应当注意卫生。在酒店内，包括在本人住宿的客房之内，最好不要吸烟，如要吸烟请向酒店前台申请吸烟房或者到指定地点吸烟。不要在公用的走廊里晾晒个人衣物。不要在客房内乱丢扔私人物品，或是将废弃之物扔到地上和窗外。

2. 小费礼仪

世界上许多国家都有付小费的习惯，因为我国没有付小费的习惯，所以在出国商务考察之前也需要对目的国的小费礼仪进行一定的了解，主要是了解哪些情况要付小费，以及付多少小费。

国外需要付小费的情况主要有六个情景：

（1）酒店。门童、行李员、送餐员、客房服务员。
（2）餐厅：领位员、侍者、乐手、卫生间保洁员。
（3）美发店：美容师、发型师、泊车者。
（4）出租车司机。
（5）影剧院：衣帽厅侍者、节目单发放者、剧场领位员。
（6）旅行团：导游、司机。

至于小费到底付多少，各国有不同的惯例，一般为消费总额的10%～15%。具体给多少，一是看当地惯例，二是看服务质量。

3. 摄影礼仪

随着科技的发展，摄影不仅限于相机，手中的手机也可以作为拍摄工具，在人人都是摄影师的年代，在出国考察的过程中就更应该注意摄影礼仪，遵守公共秩序，避免侵犯他人肖像权。

拍摄风景时，要注意爱护花草和公共设施，不能在人群中拥挤推搡，不能随意跨越栏杆，也不能攀爬高处，这既是为了维护公共秩序，也是为了摄影者自己的安全。

拍摄人物时，不能随自己喜好任意拍摄，应事先征得当事人同意，尊重当地风俗。例如，非洲人普遍认为相机对准人进行拍摄后，人的精气就会被吸收殆尽，因此拍摄之前最好征得被拍摄者同意。拍摄完毕后，很多人也喜欢把拍摄的照片在各个平台上分享，但是如果肆意分享拍摄的人物照，很可能会侵犯被拍摄者的肖像权。所以，在分享照片前，也要征得被拍摄者的同意，并且告知分享目的和发布位置。

对于一些特殊的场所和场合，比如音乐会、博物馆、宗教场所、私人领地等场所，在拍摄前，一定要提前确认该场所是否允许拍照，禁止拍摄的场所切记一定不能随意拍摄。

活动与训练

宗教信仰与礼仪禁忌

1. 活动介绍

鑫博联公司与马来西亚的天旺公司有长期的业务往来，天旺公司邀请鑫博联公司到马来西亚进行市场考察。作为鑫博联公司的外贸业务经理,你将陪同其他应邀人员前往马来西亚考察当地市场,你需要注意哪些方面的礼仪呢?

2. 活动成果展示

以小组为单位,进行讨论,并与全班分享。

3. 活动提示

马来西亚的宗教信仰是什么?礼仪禁忌是什么?是否需要给天旺公司送礼物?

课后思考

失败的迪拜行

钟先生是国内一家大型外贸公司的总经理,为一批机械设备的出口事宜,携秘书韩小姐一行赴迪拜参加最后的商务洽谈。

钟先生一行在抵达迪拜的当天下午就到对方的公司进行拜访,正巧遇上了他们的祷告时间。正在做祷告准备的迪拜公司经理示意他们稍作等候再进行会谈,以办事效率高而闻名的钟先生追着该经理进了祷告室,要求该经理在祷告前先看一看自己带来的产品资料,以便祷告后立即会谈。迪拜经理皱着眉将钟先生请出了祷告室。

晚上,东道主为表示对钟先生一行的欢迎,特意举行了欢迎晚会。秘书韩小姐希望以自己的服饰向众人展示中国文化的魅力,于是她穿上了中国传统的旗袍。当身穿无袖、高开叉旗袍的韩小姐出现在会场时,会场中人人都向她投来了诧异的目光。

宴会开始后,为表示敬意,主人向每位中国来宾递上了当地特色饮料椰枣茶。当习惯使用左手的韩小姐很自然地伸出左手接饮料时,主人并没有像对待其他客人一样将椰枣茶递到韩小姐的手中,而是将椰枣茶放在了旁边的餐桌上。韩小姐拿起椰枣茶喝了一口,因为椰枣茶实在太甜了,韩小姐情不自禁地露出了难受的表情。

第二天,一向很有合作诚意的东道主没有再和他们进行任何实质性的会谈。

思考:

为什么东道主没有再和钟先生进行实质性的会谈?

综合训练七

名人名言

商业礼仪是企业及管理者在商务场合中的脸面，如果不注重礼仪，你就会失去脸面。

——松下幸之助

训练目标

知识目标	1. 提升对涉外礼仪原则的理解； 2. 熟练掌握涉外服务礼仪和涉外商务礼仪
能力目标	能灵活运用涉外礼仪原则以及涉外服务礼仪、涉外商务礼仪参与国际商务活动，具备与各国人民进行涉外交往的礼仪技能
情感目标	树立学习者的公民意识，使学习者能积极而认真地参与国家和社会的公共外交活动，以维护中国国际形象为己任

重点和难点

1. 重点：通过情景模拟多国外宾来访接待，巩固认知。
2. 难点：根据不同国家外宾的礼仪习惯，灵活运用涉外礼仪原则以及涉外服务礼仪、涉外商务礼仪有针对性地完成涉外交往活动。

案例 7.9

特殊的客人

这天,温州某五星级大酒店迎来了一位特殊的客人,她是日本东京新大谷饭店派来相互交流学习的山口小姐。酒店大堂部王经理为了迎接这位贵客已经做了几天的准备,准备在今天给这位日本贵客带来完美的五星级酒店体验。

客人刚进入酒店大堂,王经理就马上认出了她,并且热情地过去打招呼:"非常欢迎您来到温州香格里拉大酒店,山口小姐!"王经理笑着说道,并且双手用力地握住了山口小姐的右手。为了表示礼貌,王经理立马掏出了名片,双手奉上。不料山口小姐的脸色有点难看,笑而不语,默默地接过了名片。王经理有点摸不着头脑,但也觉得没有什么大问题。

随后王经理把山口小姐带到了早就准备好的房间,是个豪华单人房,门牌号是604号。这位客人看到后大为不悦:"为什么要这个房间,我不喜欢。"王经理似乎还没预见事情的严重性,他打开了房门说:"山口小姐,我们精心为您布置了房间,相信您一定会喜欢的!"然而事情更加严重了,房门一打开,满目的紫色。王经理非常得意地解释道:"考虑到女士都喜欢非常浪漫的紫色,并且紫色能让人感受到轻松,您喜欢吗?"此时的客人非常生气:"你们简直糟透了,你们从来没有站在客人的角度考虑问题。难道这就是五星级酒店的水准吗?"

思考:
1. 王经理做了那么多的准备,但是山口小姐为什么会生气?
2. 通过这个案例,你学到了哪些涉外交往需要遵循的礼仪原则?

案例 7.10

不欢而散

中国某外贸公司总经理应美国合作方的要求到美国进行访谈,双方要讨论下一步的合作方案。到达美国之后,美方对中方提出的合作方案十分感兴趣,合作事宜基本确定,就等着签合同。等待合同期间,美国代表出于礼貌邀请该外贸公司总经理到他家里参加宴会,该总经理欣然应邀,他也很想看看美国人的家里是什么样子。

到达美方代表家里之后，为了拉近双方的距离，他热情地问美国代表："您的房子装修得很漂亮，应该花了不少钱吧？"美国代表淡淡地说了一声"谢谢"，却没有回答他的问题。中国经理明显对美国代表的两层小洋楼很好奇，又对对方提出要求："我能到楼上去看看吗？"美国代表冷着脸回答："不行。"中国经理此时也不大高兴了。

双方不欢而散，合作自然也鸡飞蛋打。

思考：
1. 为什么双方不欢而散了？
2. 如果你是中国经理，你在拜访美国客人的时候应该注意什么呢？

一、任务介绍

你就读的学校承办了一项重大的国际赛事活动——国际大学生运动会，将接待来自世界各国的代表团。作为校领导助理，你需要协助学校外事办完成以下任务：

（1）掌握来访人员情况。
（2）拟订接待方案。
（3）安排食宿。
（4）预订欢迎宴的菜品及酒水。
（5）准备离别赠品。
（6）接机。

二、任务成果展示

（1）分组抽取接待国家：泰国、韩国、美国、巴基斯坦、南非、伊朗、波兰……

（2）各小组自行设置代表团的人数、职务及性别，例如：美国10人，3女7男，1领队。

（3）各组根据来访人员情况拟订接待方案。
（4）各组展示欢迎宴菜品及酒水。
（5）各组展示所准备的礼品。
（6）分角色模拟接机情景。

三、任务结果测评

任务结果测评可按照表7-4所列的内容和步骤进行。

表7-4 任务结果测评

评价依据	得分区间	得分
接待方案合理；欢迎宴菜品酒水恰到好处；礼品选择恰当；接机情景设计流畅，情景模拟训练完成得很好	90分以上	
接待方案还有进步空间；欢迎宴菜品酒水有一定的失误；礼品选择恰当；接机情景设计较为流畅，情景模拟训练完成得较好	75~90分	
接待方案需要再优化；欢迎宴菜品酒水有一定的失误；礼品选择随意；接机情景模拟训练完成一般	60~75分	
接待方案随意；欢迎宴、礼品选择出现重大礼仪失误；接机情景模拟训练完成得较差	60分以下	

四、训练提示

（1）本模块的学习拓展了学习者的文化视野，引导学习者正确认识中外社会礼仪习俗的差异，增强了学习者的文化自信，使其形成了全球视野下平等、尊重、宽容、客观的文化观念。

（2）通过对本模块的学习，学习者感知到涉外礼仪的重要性，意识到每位中国公民都对维护和提升中国的国家形象负有不可推卸的责任，树立起用得体的涉外礼仪维护和增强中国人形象的积极意识，为新时代的公共外交培养更多具备礼仪素养的职业人。

思考与讨论

国礼相赠

1989年，刚就职一个多月的美国总统乔治·布什对中国进行了40个小时的工作访问，美国总统一上任就访问中国，这在美国总统中是绝无仅有的。20世纪70年代，中美恢复交往以后，布什先生曾任美国驻华联络处主任。此次以美国总统身份携夫人访华，旧地重游，是中美关系的大事，双方当然都很重视。送什么礼物给这位新上任的美国总统成为我国礼宾部的头号难题。最终，我国赠送给布什夫妇男女飞鸽牌自行车各一辆。原来70年代在北京工作期间，布什夫妇爱好骑自行车逛街。或许，这两辆自行车会使布什夫妇回忆起他们于20世纪70年代在北京工作和生活过的那段日子，并使他们感受到中方的亲切和友好的情谊。

思考：

1. 你认为这份国礼送得好不好？如果认为送得好，好在哪里？如果认为不好，那么你认为还有哪些更好的国礼可以送给布什夫妇吗？

2. 请你为这份国礼写一两句赠礼时的介绍语句，并与同学模拟赠礼环节。

附录一　称谓知识

一、传统称呼称谓

令尊——尊称对方的父亲　　令堂——尊称对方的母亲　　令爱——尊称对方的儿子
令爱——尊称对方的女儿　　令亲——尊称对方的亲戚　　令高足——尊称对方的学生
家父——对人称自己的父亲　　家母——对人称自己的母亲
家兄——对人称自己的哥哥　　小儿——称自己的儿子　　小女——谦称自己的女儿
父母同称——高堂、椿萱、双亲、膝下　　父母单称——家父、家严；家母、家慈
兄弟姐妹称——家兄、家弟、舍姐、舍妹　　兄弟代称——昆仲、手足
夫妻称——伉俪、配偶、伴侣
别人父母称——令尊、令堂　　　　　　别人兄妹称——令兄、令妹
别人儿女称——令郎、令爱　　　　　　妻父称——丈人、岳父、泰山
别人家庭称——府上、尊府　　　　　　自己家庭称——寒舍、舍下、草堂
男女统称——男称须眉、女称巾帼　　　老师称——恩师、夫子
学生称——门生、受业　　　　　　　　学校称——寒窗、鸡窗
同学称——同窗

二、古代年龄称谓

1. 牙牙：象声词，婴儿学语的声音。如牙牙学语，因亦指小孩过程开始学话。清袁枚《祭妹文》："两女牙牙，生汝死后，才周晬耳。"周晬，指婴儿周岁。

2. 孩提：初知发笑尚在襁褓中的幼儿。也有写作"孩提包"或"提孩"的，韩愈诗中就有"两家各生子，提孩巧相如"句。孩提：指2～3岁的儿童。

3. 总角：古代幼童把垂发扎成两结于头顶，把头发扎成髻，形状如角，因而也用"总角"来代指人的幼童阶段，借指幼年。在这里，"总"就是聚拢束结的意思。总角之交：幼年就相识的好朋友。总角是八九岁至十三四岁的少年（古代儿童将头发分作左右两半，在头顶各扎成一个结，形如两个羊角，故称"总角"）。

4. 童龀[chèn]：龀，往往是指人的儿童少年时期。也有说成"髫龀"的。始龀、髫年：男孩八岁。

5. 幼学：十岁。《礼记·曲礼上》："人生十年曰幼，学。"因为古代文字无标点，人们就截取

"幼学"二字作为十岁代称。外傅之年：儿童十岁。

6. 豆蔻：女子十三岁。豆蔻是十三四岁至十五六岁。

7. 及笄：古代女子一般到15岁以后，就把头发盘起来，并用簪子绾住，表示已经成年。"及笄"即年满15岁的女子。及笄：女子十五岁。男女成年的标志分别为"加冠""加笄"。

8. 束发：古人以十五岁为成童之年，把头发束起来盘在头顶。束发是男子十五岁（到了十五岁，男子要把原先的总角解散，扎成一束）。

9. 二八：16岁。破瓜、碧玉年华——女子十六岁。

10. 加冠：二十岁。古时男子二十岁行加冠礼，表示已成年。加冠：男子二十岁（又"弱冠"）。

11. 而立（而立之年）：三十岁。而立是男子三十岁（立，"立身、立志"之意）。

12. 不惑（不惑之年）：因为"三十而立，四十而不惑。"（孔子曰："吾十有五而志于学，三十而立，四十而不惑，五十而知天命，六十而耳顺，七十而从心所欲，不逾矩。"——《论语·为政》），所以后代称40岁为"不惑之年"。不惑之年：四十岁。不惑是男子四十岁（不惑，"不迷惑、不糊涂"之意）。

13. 知命：男子五十岁（知命，"知天命"之意）。"知命"是"知天命"的缩略语。

14. 耳顺、耳顺之年、还历之年、花甲之年：60岁；高龄：敬辞，称老人的年龄，多指六十岁以上。花甲：天干地支配合用来纪年，从甲起，六十年成一周，因此称六十岁为花甲。

15. 从心之年：称70岁为"从心之年"；古稀：称70岁为"古稀之年"。

16. 喜寿：77岁，草书喜字似七十七，故特代指77岁。

17. 耄耋之年：八九十岁。耄：八九十岁的年纪，泛指老年，如：老耄、耄耋之年。

18. 米寿：88岁。因米字拆开好似八十八，故借指88岁。此外，还含有年事虽高，但食欲旺盛之意。

19. 白寿：99岁，百少一为99，故借指99岁。

20. 期颐：百岁高寿，人至百岁，饮食、居住、动物等各方面都需要孝子照养，所以"百岁"称作"期颐"。

21. 茶寿：108岁。茶字上面为廿，下面为八十八，二者相加得108岁。

22. 双稀、双庆：140岁。

三、婚龄称谓

1 年——纸婚	2 年——棉婚	3 年——皮婚
4 年——花果婚	5 年——木婚	6 年——糖婚
7 年——手婚	8 年——古铜婚	9 年——陶器婚
10 年——锡婚	11 年——钢婚	12 年——丝婚
13 年——花边婚	14 年——象牙婚	15 年——水晶婚
20 年——瓷婚	25 年——银婚	30 年——珍珠婚
35 年——珊瑚婚	40 年——红宝石婚	45 年——蓝宝石婚
50 年——金婚	55 年——绿宝石婚	60 年——金刚婚
70 年——白金婚	80 年——钻石婚	

附录二　花卉知识

一、花色象征

红色：热情、活泼、热烈、吉祥、乐观、喜庆
橙色：时尚、青春、动感、炽烈的生命
蓝色：宁静、自由、清新、沉稳、和平
绿色：清新、健康、希望、新生、平静、健康、活力
紫色：神秘、高贵、优雅、冷艳
黑色：深沉、压迫、庄重、神秘
灰色：高雅、朴素、沉稳、寂静
白色：清爽、无瑕、冰雪、简单、纯洁、真诚、坦白
粉红：可爱、温馨、青春、明快、浪漫、愉快
黄色：崇高、辉煌、明朗、欢乐、光明

二、朵数代表的寓意

1 朵：你是我的唯一（一见钟情）
2 朵：世界上只有你和我
3 朵：I LOVE YOU
4 朵：至死不渝
5 朵：由衷欣赏
6 朵：互敬、互爱、互谅
7 朵：我偷偷地爱着你
8 朵：感谢你的关怀、扶持及鼓励
9 朵：长相守、坚定
10 朵：十心十意，十全十美，无懈可击
11 朵：爱你一生一世
12 朵：全部的爱；对你的爱与日俱增
13 朵：暗恋友谊长存
14 朵：骄傲
15 朵：歉意
16 朵：一帆风顺，顺利，顺心
17 朵：伴你一生
18 朵：永远年轻、真诚、坦率
19 朵：爱到永久
20 朵：此情不渝，永远爱你
21 朵：真诚的爱
22 朵：双双对对、两情相悦
24 朵：思念、纯洁的爱
30 朵：请接受我的爱
33 朵：三生三世的爱恋
36 朵：我的爱只留给你
40 朵：誓死不渝的爱情
44 朵：至死不渝、山盟海誓、亘古不变的誓言

48朵：挚爱

51朵：我心中只有你

57朵：吾爱吾妻

77朵：喜相逢、求婚、情人相逢、相逢自是有缘

88朵：弥补歉意、用心弥补一切的错

100朵：白头偕老、百年好合

108朵：求婚

123朵：爱情自由、自由之恋

365朵：天天爱你

1 000朵：忠诚的爱，至死不渝

1 314朵：一生一世

50朵：无悔的爱

56朵：吾爱

66朵：我的爱永远不变

99朵：天长地久

101朵：唯一的爱

111朵：无尽的爱

144朵：爱你生生世世

999朵：无尽的爱

1 001朵：直到永远

9 394朵：永生永世

三、主要花语

1. 百合花语

百合：顺利、心想事成、祝福、高贵

百合（香水）：纯洁、婚礼的祝福、高贵

百合（白）：纯洁、庄严、心心相印

百合（葵）：胜利、荣誉、富贵

百合（姬）：财富、荣誉、清纯、高雅

火百合（红）：奔放的热情

狐尾百合：尊贵、欣欣向荣、杰出

玉米百合：执着的爱、勇敢

编笠百合：才能、威严、杰出

圣诞百合：喜洋洋、庆祝、真情

水仙百合：喜悦、期待相逢

2. 玫瑰花语

玫瑰：爱情、爱与美、容光焕发

玫瑰（黑）：黑暗、挑战

玫瑰（红）：热情、热爱着你、热恋

玫瑰（粉红）：感动、爱的宣言、铭记于心、初恋

玫瑰（白）：天真、纯洁、尊敬、我足以与你相配

玫瑰（黄）：不贞、嫉妒、分手、褪色的爱

玫瑰（绿）：纯真简朴青春长驻

玫瑰（蓝）：神秘、妖娆

玫瑰（紫）：珍惜的爱

玫瑰（捧花）：幸福之爱

玫瑰（1朵）：一心一意唯一
玫瑰（11朵）：一生一世
玫瑰（999）：天长地久
麝香玫瑰：飘忽之美
香槟玫瑰：梦幻的感觉
蓝色妖姬：相守是一种承诺

3. 风信子花语

风信子：胜利竞技得意
紫色风信子：道歉、后悔
淡紫色风信子：轻柔的气质、浪漫的情怀
白色风信子：纯洁清淡或不敢表露的爱
红色风信子：感谢你，让人感动的爱
桃红色风信子：热情
粉色风信子：淡雅清香
黄色风信子：我很幸福
蓝色风信子：高贵浓郁
深蓝色风信子：因爱而有些忧郁

4. 菊花花语

菊花：清净、高洁、我爱你、真情
翠菊：追想、可靠的爱情、请相信我
春菊：为爱情占卜
六月菊：别离
冬菊：别离
法国小菊：忍耐
矢车菊：纤细、优雅、单身的幸福
麦秆菊：永恒的记忆、刻画在心
雏菊（延命菊）：愉快、幸福、纯洁、天真、和平、希望、美人、深埋心底的爱
非洲菊（扶郎花）：神秘、兴奋

5. 兰花花语

香罗兰：困境中保持贞节
紫罗兰：请相信我、青春永驻
吊兰：朴实、天真、淡雅、纯洁、希望、宁静
龙舌兰：为爱付出一切
蝴蝶兰：力量
剑兰：幽会、用心、坚固

白色铃兰：幸福即将到来

君子兰：高贵、宝贵、丰盛、有君子之风

6. 郁金香花语

郁金香：爱的表白、荣誉、祝福永恒

郁金香（红）：爱的宣言、喜悦、热爱郁金香（祝福永恒）

郁金香（粉）：美人、热爱、幸福

郁金香（黄）：高贵、珍重、财富、绝望之爱、拒绝、你的笑容里含着阳光

郁金香（紫）：无尽的爱、最爱、永恒的爱

郁金香（白）：纯情、纯洁

郁金香（双色）：美丽的你、喜相逢

郁金香（羽毛）：情意绵绵

7. 康乃馨花语

康乃馨：母亲我爱您、热情、真情

康乃馨（红）：相信你的爱

康乃馨（粉红）：热爱、亮丽

康乃馨（白）：吾爱永在、真情、纯洁

康乃馨（黄）：轻蔑

8. 樱花花语

樱花：生命、幸福一生一世永不放弃，命运的法则就是循环

山樱：向你微笑、精神美

西洋樱花：善良的教育

冬樱花：东方的神秘

樱花草：除你之外别无他爱

9. 蔷薇花语

红蔷薇：热恋

粉蔷薇：爱的誓言，执子之手，与子偕老

白蔷薇：纯洁的爱情

黄蔷薇：永恒的微笑

深红蔷薇：只想与你在一起

10. 水仙花语

中国水仙：多情、想你

西洋水仙：期盼爱情、爱你、纯洁

黄水仙：重温爱情

山水仙：美好时光、欣欣向荣

后　　记

　　在作者、编辑和教材专家的辛勤努力下，"高等职业教育公共基础课创新系列教材"中的《职业礼仪》（以下简称"本教材"）一书终于得以面世。

　　本教材由天津职业技术师范大学咸桂彩、成都工贸职业技术学院（成都市技师学院）雷朝晖担任主编。来自成都工贸职业技术学院（成都市技师学院）王容平、胡怡然、何莉、赵曾、徐健担任副主编，张雪担任编委。

　　参加本教材编写的有关人员分工如下：咸桂彩（编写模块二、四、六以及全书统稿工作）、雷朝晖（编写模块一、三、四、七）、胡怡然（编写模块一、五）、何莉（编写模块二、五）、赵曾（编写模块六、七）、王容平、徐健、张雪参与编写。《中国培训》杂志编辑部苗银凤负责本教材的统稿工作，并提供了许多专业资料、制作了电子课件和教学资源。

　　本教材的编写得到了教育部职业技术教育中心研究所王文槿教授、天津职业技术师范大学张元教授的悉心指导，北京理工大学出版社的编辑们也为本书的出版做了大量的工作，在此一并感谢。

编　者

2024 年 1 月